Margret Dörr · Birgit Herz (Hrsg.)

„Unkulturen" in Bildung und Erziehung

Margret Dörr
Birgit Herz (Hrsg.)

„Unkulturen" in Bildung und Erziehung

VS VERLAG FÜR SOZIALWISSENSCHAFTEN

Bibliografische Information der Deutschen Nationalbibliothek
Die Deutsche Nationalbibliothek verzeichnet diese Publikation in der Deutschen Nationalbibliografie; detaillierte bibliografische Daten sind im Internet über <http://dnb.d-nb.de> abrufbar.

1. Auflage 2010

Lektorat: Monika Mülhausen

VS Verlag für Sozialwissenschaften ist Teil der Fachverlagsgruppe
Springer Science+Business Media.
www.vs-verlag.de

Umschlaggestaltung: KünkelLopka Medienentwicklung, Heidelberg
Druck und buchbinderische Verarbeitung: Ten Brink, Meppel
Gedruckt auf säurefreiem und chlorfrei gebleichtem Papier
Printed in the Netherlands

ISBN 978-3-531-16088-7

Inhalt

Einleitung: Kulturen und Unkulturen in Bildung und Erziehung

Margret Dörr und Birgit Herz

In den Erziehungswissenschaften ist die Prämisse allgemein anerkannt, dass Gesellschaft und Kultur Voraussetzungen pädagogischer Praxis sind. Dabei impliziert diese Voraussetzung eine grundlegende Ambivalenz: Gesellschaft und Kultur ermöglichen dem Subjekt, seine Subjektivität zu entfalten, wie sie zugleich das Potential enthalten, diese Möglichkeiten zu behindern wenn nicht gar zu zerstören. Damit ist ein Spannungsbogen angedeutet, der in den historischen Zeiten unterschiedliche Ausformungen zeitigte, Formungen, mit denen sich Pädagogik auseinander setzen muss(te) obgleich sie als gesellschaftlich-historische Theorie und Praxis zugleich durch diese Spannung mit hergestellt ist.

Unsere derzeitige postmoderne Gesellschaft, die sich ideologisch, politisch und ökonomisch fast ausschließlich auf die Regulationskraft des Marktes verlässt, bringt eine besondere Spannung hervor, die nicht nur die Frage nach den daraus resultierenden pädagogischen „Kulturen" hervorruft, sondern auch das Verständnis der zentralen Grundbegriffe pädagogischen Denkens und Handelns – Bildung, Erziehung und sozialer Hilfen – erneut auf den Prüfstand hebt: Sehen sich die Erziehungswissenschaften noch einem kulturellen Vor- und Grundverständnis verpflichtet, das die universalistischen Prinzipien betont und damit die Selbstentfaltung und Autonomie jedes Einzelnen und die Würde des Menschen in den Mittelpunkt stellt? Sehen sie noch die Pointe von Bildung darin, dass Bildung ermöglicht werden muss, um die aufwachsende Generation zu einer selbstbestimmten solidarischen Lebensführung zu befähigen, so dass sie Kräfte zur partizipativen Gestaltung ihrer Gegenwart und ihrer Zukunft freisetzen können? (vgl. Klafki 1996)

Wenn wir nun im Titel dieses vorliegenden Bandes die zwei Extrem-Pole des angedeuteten Spannungsbogens – Kultur und Unkultur – gegenüberstellen, dann wollen wir damit die Fragen aufwerfen, wie denn die derzeitige spätmoderne gesellschaftlich-kulturelle Einbettung von Bildung und Erziehung hinreichend zu beschreiben und zu verstehen ist? Von welchen soziokulturellen Unterströmungen werden derzeitig pädagogische Planungs- und Handlungsprozesse begleitet, wenn nicht gar – mehr oder weniger unbemerkt – geformt? In welcher Weise gelingt es heute der älteren Generation – trotz einer Zunahme von Ungewissheitsstrukturen – der jüngeren Generation Hervorbringungshilfen zur Mündigkeit bereitzustellen, so dass die Reproduktion einer demokratischen Gesellschaft sowie ihre Weiterentwicklung möglich werden?

Offensichtlich findet heute eine tiefgreifende Veränderung des humanistisch und demokratisch begründeten Bildungsbegriffs statt. Bildung wird beispielsweise im Zuge der Lissabon-Strategie unübersehbar instrumentalisiert zur Humanressource und Humankapital. Nicht mehr die Befähigung des Menschen zu vernünftiger Selbstbestimmung, zur Freiheit im Denken und Handeln, d. h. an den Idealen der Aufklärung orientierte Bildung ist Leitidee, sondern die Umwandlung von Bildung in „Eigentumsoperationen mit Wissen als Ware" (Rilling/Lohmann 2002, S. 89). Die Ökonomisierung der Bildung befördert die Kommerzialisierung und Privatisierung des öffentlichen Bildungssektors; jeder Einzelne wird zum „Lebensunternehmer", der seine eigene Person zu bewirtschaften hat: Effizienz und Effektivität, Mobilität, Flexibilität sind (ökonomisch) nachgefragte Kompetenzen. „Die moderne, globalisierte Ökonomie setzt auf Gewinn, Konkurrenz, Effektivität der Lebensgestaltung, auf geplante Zeitstrukturen und Mobilität" (vgl. Thiersch 2007).

Die Anforderungen zur Bewältigung dieser Aufgaben produzieren Überforderungssituationen bei der System- und Sozialintegration der heranwachsenden Generation. Auf diese Weise bewirken die globalen ökonomischen Entwicklungen die Produktion von für das Wirtschaftssystem „Überflüssigen" (vgl. Baumann 2005; Bude/Willich 2006). Damit einher geht eine populistisch geführte öffentliche Debatte um einen schleichenden Erziehungsnotstand, der Eltern selbst in die Position der zu Erziehenden drängt.

Enkulturation als Prozess öffentlicher und privater Bildung und Erziehung ist in einer pluralen und individualisierten Gesellschaft risikoreich. Aber nicht die Kinder, Jugendlichen und jungen Erwachsenen sind problematischer oder schwieriger geworden, sondern ihre strukturellen Lebensbedingungen, die auch die Eltern betreffen. Uns scheint, dass sich ganz im Sinne von Pierre Bourdieu (1992) eine fatale Koalition gebildet hat, führt doch die Kombination von Bildungskapital und materiellem Kapital gleichsam zu einer doppelten Benachteiligung. Entsprechend steht insbesondere in der Sonder- und Sozialpädagogik die demokratische Bildungs- und Erziehungskultur auf dem Prüfstand. In diesem Kontext entwickelt sich eine Kultur der Punitivität mit einem zunehmenden Bedeutungszuwachs von Zwang und Disziplinierung, deren primäre gesellschaftliche und politische Funktion der Entlastung und damit dem ideologischen Versprechen dient, normative Gewissheiten zu (re-)etablieren. Die elementaren Grundlagen der Bildung, etwa politische Mündigkeit, Partizipation, Selbstbestimmung in einem sozialen Kontext und die Vielfalt der Bildungsorte erfahren unter den Bedingungen der Ökonomisierung der Bildung eine manifeste Entwertung und Dehumanisierung: Komplexitätssteigerung in den Arbeitsfeldern Schule und Kinder- und Jugendhilfe, aber auch Kinder- und Jugendpsychiatrie aufgrund massiver Ressourcenverknappung und kumulativer Problemlagen von Kindern und Jugendlichen (und deren Eltern) sind mit verantwortlich für einen (gar nicht so neuen) Trend, über schnelle Entlastung versprechende Programme „Normalisierung“ zu gewährleisten. Zusätzlich fördern pseudo- und populärwissenschaftliche Erklärungs- und Interventionsansätze das Entlastungsbedürfnis von PädagogInnen, LehrerInnen und ErzieherInnen, die qua Erziehungs- und Bildungsauftrag nur zu oft mit einer „schwierigen Klientel“ arbeiten. Auch die Medien bestärken einen autoritativen Zeitgeist, der als Grundform erzieherischen Handelns rigide Anpassung und strikte Unterwerfung proklamiert.

Die Konkurrenz um sozial anerkannte Positionen in der Gesellschaft beginnt spätestens in der Grundschule. Schulisches Scheitern und Versagen wird individualisiert; diese SchülerInnen werden mit dem euphemistischen Begriff des sonderpädagogischen Förderbedarfs in Sonderschulen segregiert. Scheitern Eltern in ihrer Erziehungsverantwortung, greift die Sozialpädagogik bspw. mit ihrem Katalog der Hilfen zur Erziehung ein. Die Klientel der Sonder- und Sozialpädagogik sind in extrema die Verlierer des aggressiven Marktwettbewerbes. Statt auf eine Kultur der Bildung und Erziehung treffen sie auf eine Unkultur. Die Wahl dieser Antiphrase erfolgt vor allem, um die Diskrepanzen und Autonomien der derzeitigen Entwicklung aufzugreifen. Unkulturen erlaubt als Metapher das System, in dem der Humanismus und Demokratie verpflichtete Bildungsbegriff pervertiert wird, zu beschreiben, um ihn von dieser Gegenseite her zu analysieren.

Diese Verkehrung ist gleichsam eine Zuspitzung kritischer Reflexivität im Feld der Normalisierungspflichten und -praktiken im Prozess der Verbetriebswirtschaftlichung von Bildung und Erziehung. Unkulturen, als deren Produkte bspw. die Biologisierung und Medikalisierung abweichenden Verhaltens ebenso zu zählen sind wie der punitive Trend in der Pädagogik, polarisiert als Begriff, steht gar im Verdacht, innovationsfeindlich zu sein oder einfach nur die eigene Larmoyanz zu pflegen.

Wir verbinden mit dieser Veröffentlichung das Ziel, zum Nachdenken anzuregen über die Konsequenzen der Wechselwirkungsprozesse der zeitlichen Entwicklungslogik von Kindern, Jugendlichen und jungen Erwachsenen, ihren Bildungs- und Erziehungsbedürfnissen und den gesellschaftlich-kulturellen Rahmenbedingungen pädagogischer Praxis. Die Komplexität des Themas erfordert einen mehrperspektivischen und interdisziplinären Zugang, entzieht sich eindimensionalen Analyse- und Reflexionskategorien.

Zu den einzelnen Beiträgen

Der erste Teil des Bandes zeigt verschiedene *Perspektiven auf eine dem Humanismus und der Demokratie verpflichtete Pädagogik* auf.

In seinem Beitrag „Der Weg ins Leben – eine Polarreise ‚mit Karten von den oberitalienischen Seen' (S. Freud)?“ diskutiert *Günther Bittner* die Frage nach dem Stellenwert der Befolgung von Regeln in der Entwicklung normaler wie sozial auffälliger Kinder und Jugendlicher. Dabei grenzt er sich sowohl gegen die derzeitige Punitivitätsdebatte im Erziehungsdiskurs ab als auch gegen deren selbstgefällige Kritiker, die es versäumen, pädagogische Gegenargumente zu formulieren. Entlang einer erhellenden Rekonstruktion der Moralkonzepte von Pestalozzi und Winnicott skizziert der Autor die Entwicklungsschicksale des archaischen Selbstgefühls („Gutheitsgefühls“) beim Kind und begründet die These, dass Regelverletzungen entwicklungsnotwendig und für die Konstitution eines moralischen Subjekts erforderlich sind. So kann er plausibel zeigen, dass im Erziehungsprozess keineswegs „Null-Toleranz“, sondern „Viel-Toleranz“ unentbehrlich ist und entlarvt den derzeitigen Regel- und Sanktionsfetischismus als einen unheilvollen Irrtum.

Benedikt Sturzenhecker begründet in seinem Artikel „Demokratiebildung als Antwort auf „Bildungsverweigerung“ engagiert und plausibel die notwendige Prämisse von Pädagogik, die Widerständigkeit von Kindern und Jugendlichen gegen formale Bildung als berechtigten, unexplizierten und doch aktiven Protest gegen gesellschaftliche Bildungsbedingungen und Bildungsungerechtigkeit zu lesen. Dies erfordert seitens der Pädagog/-innen, das implizite Potential dieser selbsttätigen Aneignung von Welt und Selbst zur Bearbeitung und Bewältigung von Lebensbedingungen hermeneutisch (insbesondere in ihren körperlichen- und sinnlich-symbolischen Ausdrucksformen) zu entziffern und ihre anerkennenden Antworten, in einem haltgebenden Rahmen des „Re-parenting“, den Kindern und Jugendlichen als „Resonanzboden“ zur selbstbestimmten Subjektbildung zur Verfügung zu stellen. Zudem besteht ihre Aufgabe darin, neben der Schaffung von innerinstitutionellen pädagogischen Partizipationsstrukturen, die Selbstbildung der Kinder und Jugendlichen mit demokratischen Mitentscheidungsrechten zu verbinden, damit diese ihre Positionen und Interessen öffentlich artikulieren lernen.

„Freiheitsentziehende Maßnahmen in der Kinder- und Jugendhilfe – Kultur aus der Unkultur?“ ist das für die Pädagogik brisante Reizthema von *Hanna Permien*. Auf der Basis eines empirischen DJI-Projektes eröffnet uns die Autorin einen differenzierten Blick auf einen pädagogischen Ort, der bei den Befürwortern als letzte Möglichkeit der KJH gilt, bei so genannten „Erziehungsverweigerern“ doch noch ihren Erziehungs- und Schutzauftrag zu erfüllen. Von den Gegnern wird er dagegen als Prototyp eines „Ortes der Unkultur“ bekämpft. Unter Verwendung anschaulicher Fallbeispiele zeigt uns Permien strukturelle, interpersonale und intrapsychische Fallstricke auf, die den Mitarbeitern und den Jugendlichen enorme Anstrengung abverlangen, um „Zwang und potentielle Freiheit zusammen zu bringen“. Eine Voraussetzung, damit jene pädagogische Orte nicht per se zu Orte der Unkulturen werden und Freiheitsentziehung für die Jugendlichen auch eine Chance sein kann, in einer zeitlich überschaubaren Phase der äußeren Unfreiheit mehr innere Freiheit und Handlungsalternativen zu entwickeln.

Der zweite Teil des Bandes eröffnet eine erneute *Kontroverse um die Prämissen und Praxis einer Konfrontativen Pädagogik.*

Jens Weidner berichtet über „Konfrontative Pädagogik: Erfreuliche Forschungsergebnisse und selbstkritische Neuorientierung beim Anti-Aggressivitäts- und Coolness-Training (AAT/CT ®)“. Nach einem kurzen historischen Rückblick auf die Entwicklung der tatkonfrontativen Methode informiert der Autor über die Zielgruppe, die involvierten Institutionen, den Umfang und des Einsatzes in der Schweiz und der Bundesrepublik Deutschland. Die Sicherung und Gewährleistung von Qualitätsstandards hat dabei oberste Priorität. Anhand von fünf qualitativen und quantitativen Evaluationsstudien gilt das AAT/CT als eine solide evaluierte- und erfolgreiche soziale Trainingsmaßnahme. Eine selbstkritische Neuorientierung der konfrontativen Trainingsangebote erfolgt in den Bereichen Medienarbeit, nontouch Verpflichtung und Betonung der gesellschaftskritischen Perspektive.

„Denn sie wissen nicht, was sie tun. Die Konfrontative Pädagogik und das väterliche Prinzip“ lautet der Beitrag von *Bernd Ahrbeck* und *Dana Winkler*. Nach einem systematischen Vergleich der Glenn Mills School und der Konfrontativen Pädagogik begründen die Autoren die Bedeutung der symbolischen Funktion des Vaters für die Innenwelt des Kindes. Väterlichkeit ist angewiesen auf einen triangulären Raum mit dem mütterlichen Prinzip zur Differenzierung. Sie kritisieren die Forderung nach einer Väterlichkeit gemäß dem Vorbild der

Glenn Mills Schools, da dort ein archaisches Männlichkeits- und Vaterbild glorifiziert wird ohne eine entwicklungspsychologische Perspektive für die jugendlichen Insassen aufzuzeigen. Die Argumentation nimmt Bezug auf eine Veröffentlichung von Teichner aus dem Jahr 2004, in der der Autor für ein Vaterbild in der pädagogischen Praxis im Glenn Mills Stil plädierte.

„Kulturen und Unkulturen des Grenzsetzens in der Pädagogik" von *Rolf Göppel* setzt sich kritisch mit der Polarisierung zwischen Kultur und Unkultur auseinander. *Göppel* entwickelt einen Begründungsrahmen, innerhalb dessen sich (sozial-) pädagogische Maßnahmen, die die konfliktorientierte Seite des Forderns, Einschränkens, Zumutens und Konfrontierens betonen, ethisch und erzieherisch legitimieren lassen. Mit Bezug auf eine Filmdokumentation über das Anti-Aggressionstraining, das der Autor als „Flaggschiff" der konfrontativen Strömungen bezeichnet, analysiert er dieses Training unter der Perspektive der Psychoanalytischen Pädagogik. Das AAT als sozialpädagogische Intervention im Verständnis einer Kultur des Grenzsetzens kann den Jugendlichen – so Göppel – einen möglichen Einstieg in eine Lebensperspektive ohne Kriminalitätsverfestigung eröffnen.

In „Bildungsprozesse zwischen Zerstörung und Lebbarkeit des schulischen Humanraumes" thematisiert *Joachim Bröcher* exemplarisch das Praxisfeld Förderschule für emotionale und soziale Entwicklung. Seine Ausführungen basieren auf Materialien einer prozessbegleitenden, zweijährigen Einzelsupervision in einer Institution sonderschulischer Bildung und Erziehung. Die Schulleitung und Teile des Kollegiums berufen sich auf die Konfrontative Pädagogik, um Machtmissbrauch und Grenzüberschreitungen gegenüber Schüler und Lehrer zu legitimieren. Aus der Perspektive des Supervisanden wird deutlich, dass ein einzelner Kollege aufgrund der beamtenrechtlichen Hierarchieebenen durch die Psychodynamik eines autoritativen Systems der Anpassung, Unterwerfung und Bestrafung zum Mobbingopfer werden kann. *Bröcher* lässt eine Praxis sprechen, deren Schulkultur einer Konditionierungsmaschine gleicht.

Die quotenträchtige Coaching-Sendung „Super-Nanny" ist Thema des Beitrags von *Elisabeth von Stechow*. Sie stellt die Frage: „Rückkehr zur schwarzen Pädagogik? Von Super Nannys und anderen Erziehungsnotständen". Die Autorin bezieht sich auf Katharina Rutschkys Studie im historischen Zugriff und vergleicht diese mit aktuellen Erziehungstendenzen hin zu konfrontativen Methoden. *Von Stechow* weist nach, dass Disziplinierungen in der Serie „Super-Nanny", die den Voyeurismus der Zuschauer befriedigt, gleichsam als öffentliches, dem Mittelalter vergleichbares Spektakel, mit dem Tabu sadistischer Erziehungspraktiken brechen und das Gebot der Gewaltfreiheit in der Erziehung unterwandern.

Die Prämissen und Praxis der „Konfrontative(n) Pädagogik“ sind auch Gegenstand des Beitrages von *Hans Joachim Plewig*. Entlang der Differenz zwischen Kriminal- und Devianzpädagogik verweist er auf gesellschaftliche Widersprüche und erhellt die jeweils unterschiedlichen Konsequenzen für Prävention und Intervention. Mit der Forderung an eine rationale Kriminalpolitik, fachlich qualifizierte Begründungen für einen nachhaltig wirksamen Umgang mit Jugendlichen in besonders schwierigen Lebenslagen zu entwickeln, analysiert der Autor Hintergründe und Konzept der ‚Konfrontativen Pädagogik’ mit dem Ergebnis, dass die wissenschaftlichen Bezugnahmen im Konzept AAThS sich als „theoretischen Irrgarten“ erweisen. Zum Abschluss formuliert *Plewig* Qualitätsstandards für eine umfassende wissenschaftliche Fundierung devianzpädagogisch qualifizierter Konzepte im Umgang mit abweichendem (insbesondere aggressiv-gefährlichem) Verhalten.

Im letzten Teil des Bandes werden *gesellschaftskritische Repliken auf (Un)Kulturen von Bildung und Erziehung* aufgegriffen.

Birgit Herz gibt in ihrem Aufsatz „Neoliberaler Zeitgeist in der Pädagogik: Zur aktuellen Disziplinarkultur“ sozialkritische Antworten auf die Frage nach dem derzeitigen gesellschaftlichen Akzeptanzrahmen der den neu erstarkenden punitiven Mainstream in der Pädagogik möglich macht. Dabei richtet sie nicht nur ihren Blick auf den Zusammenhang zwischen dem sukzessiven Abbau ehemals wohlfahrtsstaatlicher Sicherungssysteme und dem Ausbau eines funktionsfähigen staatlichen Gewaltapparats, sondern stellt diesen gesellschaftlichen, ökonomischen und politischen Transformationsprozess informativ in den Kontext einer internationalen Entwicklung zur „Abstrafung der Armen“. Des Weiteren macht *Herz* am Beispiel von Bootcamps und ADHS auf repressive Normalitäts- und Normativitätskulturen in den Sozialisationsinstanzen von Kindern und Jugendlichen aufmerksam, durch die die Würde des jungen Menschen wieder antastbar wird. Dieser unheilvollen Entwicklung – so die Autorin – muss sich eine reflexive Pädagogik theoretisch begründet und empirisch gesättigt entgegenstellen.

„Über die Verhüllung der Scham in der spätmodernen Gesellschaft und Auswirkungen auf die pädagogische Praxis“ ist der Gegenstand des Beitrages von *Margret Dörr*. Dabei richtet sie den Blick auf einen ‚heißen Affekt’, der in unserer leistungs- und marktorientierten Disziplinargesellschaft zwar kaum offen zutage tritt, gleichwohl für das einzelne – auf Selbststeuerung genormte – Subjekt ausgesprochen wirkmächtig ist. Unter Bezugnahme u.a. auf Foucault enthüllt sie, wie Beschämung als anonymes Kontroll- und Sanktionsmittel eingesetzt wird und wie diese unwürdige Disziplinartechnik durch den derzeitigen Mainstream einer konstruktivistisch-systemtheoretischen Pädagogik Unterstützung erhält. *Dörr* schließt ihren Beitrag mit kulturreflektierten psychoanalytisch-pädagogischen Prämissen, die sich gegen eine Heroisierung der Coolness stellen.

Auch in der Schweiz nehmen Repressionen und Kontrolle in Bildung und Erziehung zu.

Fitzgerald Crain analysiert in seinem Beitrag „Angst, Reflexivität und die Balance von Selbstbehauptung und Anerkennung" die Komplexität und Widersprüchlichkeit dieser Entwicklung, die Angst als Herrschaftsmittel einsetzt. Für *Crain* ist die reflexive Kompetenz ein zentrales Bildungsziel auch und gerade in der pädagogischen Qualifizierung. Die Funktionalisierung der universitären Bildung nach ökonomischen Regeln senkt den Qualitätsstandard der Professionalisierung für eine sonderpädagogische Praxis mit schwierigen Kindern und Jugendlichen. *Crain* zufolge führt mangelnde Reflexionsfähigkeit zu kurzfristigen Problemlösungen, etwa zur Medikalisierung bei ADHS.

Das wirtschaftliche Interesse an Bildung steht im Mittelpunkt des Beitrags von *Manfred Gerspach* „Über den heimlichen Zusammenhang von Bildung und Aufmerksamkeitsstörung". Bildung wird instrumentalisiert für wirtschaftliche Verwertungsinteressen, die Schulen und Universitäten zu Trainingsmaschinen für die OECD-Konkurrenz umfunktioniert. Neue Strategien zur Effizienzsteigerung mit ihrem mechanistischen Verständnis von Bildung und Erziehung führen zu einer Veränderung der Lern- und Prüfungskultur. *Gerspach* fordert eine am Kind orientierte Bildungspraxis ein, die ein Lernen im potentiellen Raum ermöglicht. Der Autor kritisiert die Biologisierung der Aufmerksamkeitsstörung und entwickelt mit Bezug auf die Psychoanalytische Pädagogik Alternativen für Entwicklungs- und Selbstbildungsprozesse.

In seinem Beitrag „Soziale Arbeit und gesellschaftliche Polarisierung – eine sozialräumliche Betrachtung" nimmt uns *Christian v. Wolffersdorff* mit auf eine beklemmende Erkundungsreise zur Beantwortung der Frage, in welcher Weise die sozialpädagogische Praxis von den Verwerfungen des Sozialen bereits erfasst ist. Am Beispiel ausgewählter „Raumbilder" Sozialer Arbeit öffnet er den Blick auf den sich zunehmend verengenden Rahmen für eine „gestaltende" Kinder- und Jugendarbeit und erhellt damit zerstörende Auswirkungen auf die Lebenspraxis der Adressaten und der professionellen Praxis der Sozialen Arbeit. Sein

Rundgang führt über die sozialpolitisch verbauten Spielräume einer lebensweltorientierten Sozialarbeit zu den „ausgebluteten Regionen“, in denen sich Fremdenfeindlichkeit ausweitet. Des Weiteren bietet er u.a. einen Ausschnitt auf das Panorama der gesellschaftlichen Sicherheits- und Angsträume sowie auf die verwandelten Landschaften traditioneller und kultureller Lebensorte in ökonomische Standorte.

Literatur

Baumann, Zygmunt (2005): Verworfenes Leben. Die Ausgegrenzten der Moderne, Hamburg: Hamburger Edition

Bourdieu, Pierre (1992): Die verborgenen Mechanismen der Macht. Hamburg: VSA

Bude, Heinz; Willisch, Andreas (2006): Das Problem der Exklusion. Ausgegrenzte, Entbehrliche, Überflüssige. Hamburg: Hamburger Edition

Klafki, Wolfgang (1996[4]): Neue Studien zur Bildungstheorie und Didaktik. Zeitgemäße Allgemeinbildung und kritisch-konstruktive Didaktik. Weinheim, Basel, Beltz

Rilling, Rainer; Lohmann, Ingrid (Hrsg.) (2002): Die verkaufte Bildung. Opladen: Leske & Budrich

Thiersch, Hans (2007[6]): Lebensweltorientierte Soziale Arbeit. Weinheim: Juventa

Perspektiven auf eine dem Humanismus und der Demokratie verpflichtete Pädagogik

Der Weg ins Leben – eine Polarreise „mit Karten von den oberitalienischen Seen“ (S. Freud)?

Günther Bittner

Father Flanagan, der Gründer der seinerzeit berühmten Jungen-Stadt „Boys Town“ soll nach dem Grundsatz gehandelt haben: „Es gibt keinen schlechten Jungen, es gibt nur schlechte Verhältnisse“. Als ihm der achtjährige Eddie übergeben wurde, der gerade einen bewaffneten Bankraub verübt hatte, verfuhr er nach diesem Grundsatz, was den Jungen dazu provozierte, ihm das Gegenteil zu beweisen: er trat in der frommen Einrichtung die Nonnen vors Schienbein, warf ein Tintenfass nach der Gipsstatue Ciceros und dergleichen mehr. Father Flanagan, getreu seinem Grundsatz, auch Eddie sei ein „guter“ Junge, nahm ihn in Schutz: „Es ist meine Schuld. Ich habe ihm nicht gesagt, dass hier nicht mit Tintenfässern geworfen wird“ (Oursler/Oursler 1961, S. 79). Father Flanagan nimmt gewissermaßen selbst die Schuld auf sich, weil er Eddie die in Boy’s Town geltenden Regeln nicht bekannt gemacht hat.

Vielleicht war diese Bemerkung humoristisch gemeint. Denn eigentlich braucht man ja niemanden zu erklären, dass es nicht den Regeln entspricht, Nonnen zu treten und Gipsstatuen mit Tintenfässern zu bombardieren. So was lernt man von Kindheit an, ohne dass es einem erst eigens gesagt werden muss; es sei denn – und dies ist der zweite Teil des Flanagan’schen Grundsatzes: man kommt „aus schlechten Verhältnissen“, d.h. man hat keine Gelegenheit gehabt, diese elementaren Lernprozesse zu durchlaufen. Ganz von der Hand zu weisen ist es freilich nicht, dass Father Flanagan den Satz ernst gemeint haben könnte. Er war sicherlich ein großer pädagogischer Praktiker; aber in Fragen der pädagogischen Theorie von eher schlichter Denkungsart, wie ein Elternratgeber, den er verfasste, erkennen lässt. Es könnte daher sein, dass er wirklich ein früher Vorläufer jenes pädagogischen Denktyps war, dem unsere gegenwärtige kritische Auseinandersetzung gilt: man muss klare Regeln aufstellen und die Abweichung davon konsequent sanktionieren.

Die Klassiker der Sozialpädagogik haben sich alle, ähnlich wie Father Flanagan, mit der Aufstellung von Regeln und der Sanktionierung von Abweichungen auseinandergesetzt. Makarenkos pädagogische Romane sind voll von Beispielen dafür. Ganz am Anfang: einige Jungen gehen fischen, um die kärgliche Kost aufzubessern; Makarenko sagt: wenn fischen, dann für alle. In der Kolonie werden Streitigkeiten nicht mit dem Messer ausgetragen, lautet ein weiterer

Grundsatz – wer es dennoch tut, fliegt raus. Und Makarenko scheut sich nicht, die Ankündigung wahr zu machen (Makarenko 1957, S. 55 u. 85f.).

Die psychoanalytischen Sozialpädagogen Aichhorn und Bernfeld liebäugelten mit der etwas romantisch-utopischen Idee, die Regeln des Zusammenlebens würden sich, entsprechende Freiheit und Nicht-Unterdrückung vorausgesetzt, „von selbst“ entwickeln. Aber schon Redl erkannte, dass es ohne strukturierende Eingriffe nicht geht: sein Ziel war es, ein praktikables System nicht-punitiver Reaktionen auf Regelverstöße darzustellen: vom berühmten „life space interview“ bis zum „aseptischen Hinauswurf“ (Redl 1971). Auch Zulliger (1958, S. 25f.) praktizierte z.B. in seiner Geschichte von Gusti, dem Raucher, eine Pädagogik, die auf der Verbindlichkeit von Regeln besteht (man darf im Stall nicht rauchen; Zigaretten klauen darf man auch nicht), verbunden mit der Gewährung (hinterm Haus darfst du rauchen; ich gebe dir einen Stumpen; du hast es nicht nötig Zigaretten zu klauen) und einer milden Sanktionierung (wenn du Zigaretten klaust, kann ich dich nicht mehr in die Stadt mitnehmen). Man sieht an diesen Beispielen: die Festsetzung und Durchsetzung von Regeln war bei allen diesen sozialpädagogischen Klassikern ein zentrales, aber – im Unterschied zur heutigen Punitivitätsdebatte – kein fetischisiertes, isoliertes, sozialtechnologisch verselbständigtes Thema.

Als ich die erste Fassung dieses Textes einem befreundeten Kollegen zum Lesen gab, fragte er, wie ich denn meinen Beitrag innerhalb der vorliegenden Veröffentlichung zu positionieren gedächte. Damit traf er den wunden Punkt. Mit der „neuen Punitivität“ habe ich nichts im Sinn, jedenfalls nichts Positives, aber ich gestehe: auch mit den Argumenten der Kritiker – seien es nun die bei Brumlik (2007) oder die in diesem Band versammelten – kann ich mich nicht rundweg identifizieren. Die ganze Debatte erscheint mir eher politisch und gesellschaftstheoretisch als pädagogisch akzentuiert.

Die pädagogische Kernfrage scheint mir zu sein: welchen Stellenwert hat die Befolgung von Regeln in der Entwicklung normaler bzw. sozial auffälliger Kinder und Jugendlicher? Was ist gewonnen (und was nicht?), wenn sie die Regeln respektieren? Sind Strafen und Sanktionen geeignet, junge Menschen zu „bessern“? Was heißt überhaupt „bessern“ bzw. “gut sein“?

Im Folgenden soll die These vertreten und begründet werden: die Verbindlichkeit von Regeln des Zusammenlebens einzufordern, ist vielleicht das A, aber keinesfalls das O sozialer und moralischer Erziehung. Die Beachtung solcher Regeln ist ein praktisches Erfordernis der Erziehung, aber sie ist weit davon entfernt, ihr wesentlicher Kern zu sein.

Als Makarenko den Eindruck gewann, er habe den ersten Zöglingen das Allernotwendigste für das gemeinsame Leben „mit Mühe beigebracht", war er sich zugleich darüber im Klaren, dass „diese Ruhe und Ordnung nur rein äußerliche Disziplin waren und daß dahinter nichts von Kultur steckte, nicht einmal die allerersten Anfänge von Kultur" (Makarenko 1957, S. 83). Makarenko unterscheidet also zwischen „rein äußerlicher Disziplin" und „Kultur".

Eine der schönsten Geschichten im „Pädagogischen Poem" ist überschrieben: „Semjons Leidensweg" (Makarenko 1957, S. 215 ff.). Semjon Karabanow hatte zusammen mit einem Kumpan gegen die Regeln verstoßen; Makarenko hielt eine „Amputation" für notwendig; beide mussten die Kolonie verlassen. Das war „rein äußerliche Disziplin".

Karabanow kam zurück; der andere blieb fort. Und nun erst begann Karabanows Leidens-, respektive Bildungsweg: Makarenko stellte ihn auf die Probe, indem er ihn mehrfach eine große Summe Geld für die Kolonie aus der Stadt holen ließ. Karabanow geriet in eine dramatische Krise; er musste einen heftigen inneren Kampf zwischen seinem Banditen- und seinem Kolonisten-Ich ausfechten und entschied sich für das letztere. „Kultur" im Sinn von Makarenko würde somit bedeuten: ein innerlich von den Werten des Kollektivs überzeugter und durchdrungener Mensch zu sein. „Kultur": das ist im Kern die „sozialistische Moral".

Obwohl das Wort auffällig vermieden wird: es geht auch in unserer Debatte im Kern um die Frage: was ist „Moral", was sind ihre Wurzeln und Realisierungsbedingungen, worin – wenn nicht im Sanktionieren und Bestrafen – besteht moralische Erziehung?

Regeln befolgen heißt noch nicht: „gut sein"

Dass Makarenkos sehr sinnvolle Unterscheidung sich nicht allgemein durchsetzen konnte, daran trägt – unter vielem anderen – einer der bedeutendsten Kinderpsychologen die Schuld: Jean Piaget. Sein Buch „Das moralische Urteil beim Kinde" (1954) beginnt mit einem faszinierenden Kapitel über die Spielregeln des Murmelspiels mit all den Varianten, die in verschiedenen Regionen der Westschweiz anzutreffen sind. Ein wunderschönes Stück zu einer Psychologie des Kinderspiels, nur: was hat es in einem Werk über das moralische Urteil des Kindes zu suchen? Piagets Antwort ist der eigentliche Streitpunkt in dieser Sache: „Jede Moral ist ein System von Regeln, und der Kern jeder Sittlichkeit besteht in der Achtung, welche das Individuum für diese Regeln empfindet" (Piaget 1954, S. 23).

Piagets Definition von Moral klammert den zentralen Punkt aus: die Frage nämlich, ob die Regeln diese Achtung verdienen, ob es „gut“ ist, ihnen zu folgen. Vor einigen Wochen erschien im „Spiegel“ (34/2008) ein Bericht über die Strukturen der kalabrischen Mafia. Auch sie hat ihre Regeln: wer einen Mord vorzuweisen hat, kann laut Regelwerk in der Rangstufe aufsteigen, wer gegen die Regeln verstößt, muss um sein Leben fürchten. Weder fehlt es also an einem System von Regeln noch an der Achtung, die die Einzelnen diesen Regeln entgegenbringen. Dennoch wird Piaget bei seiner Definition von Moral kaum an diese Art von Regelsystemen gedacht haben.

Das Kind, das beim Murmelspiel schummelt, fühlt sich nicht böse. Es wird mit Recht sagen: ist doch nur ein Spiel! Auch der Autofahrer, der vielleicht um Mitternacht eine Rotampel überfährt, wenn weit und breit niemand zu sehen ist, wird sich bei seiner Regelübertretung nicht übermäßig schuldig fühlen – ebenfalls mit Recht! Auch die Steuererklärung, die GEZ und vieles andere in unserer komplizierten Welt basieren auf Regelwerken, die das Gefühl des Gut- bzw. Böseseins nur am Rande berühren.

All diesen Regeln gebührt eher Be-Achtung als „Achtung“ im Sinn von Piaget. Wer „mitspielen“ will, muss die Regeln beachten, das ist alles. Eine darüber hinausgehende „Achtung“ für sie einzufordern, würde uns in die Position der von Piaget beschriebenen heteronomen Moral bringen, die alle Regeln, selbst die des Murmelspiels, als von Gott höchstpersönlich gegeben erlebt.

Piaget will darauf hinaus, dass das Kind fortschreitet (bzw. fortschreiten sollte) von einer heteronomen, auf Furcht vor den Erwachsenen gegründeten, zu einer autonomen, auf der Idee der Gerechtigkeit und der wechselseitigen Achtung basierenden Moral. Die neueren „punitiven“ Ansätze sind hinter diese „zwei Moralen“ Piagets wieder zurückgefallen und praktizieren nur noch die heteronome Moral, die vom Erwachsenen als Gesetz gegeben wird und deren Einhaltung durch punitive Sanktionen erzwungen wird.

Nur noch eingeschränkt – nach einer vorsichtigen Modifizierung in seinem neuesten Buch (2008) und seinen Erläuterungen in einem kürzlich im „Spiegel“ abgedruckten Interview – eignet sich Buebs berühmtes „Lob der Disziplin“ (2006) zum abschreckenden Exempel. Zwar hatte er seinerzeit in seiner Lobeshymne auf Regeleinhaltung und Disziplin als Grundlage menschlicher Freiheit und Selbstverantwortung dick aufgetragen:

> „Wir müssen wieder zu der alten Wahrheit zurückkehren, dass nur der den Weg zur Freiheit erfolgreich beschreitet, der bereit ist, sich unterzuordnen, Verzicht zu üben

> und allmählich zu Selbstdisziplin und zu sich selbst zu finden. Damit schafft er die Voraussetzung für sein Glück“ (Bueb 2006, S. 40).

Neuerdings zumindest sind die Akzente bei ihm anders gesetzt: Ziele und Regeln sollen den Schülern einsichtig gemacht, mit ihnen vereinbart werden; am Ende stehen freilich als Durchsetzungsmittel doch: Disziplin und Strafe. Zwar betont er, es komme zu vörderst darauf an, die Schüler in ihrem Selbstwertgefühl zu stärken, erst an zweiter Stelle komme die Regeleinhaltung – nur, wie es eben so geht: die zweite Hälfte der Botschaft wird verstanden und transportiert, die erste nicht. Zudem ist es auch für Bueb selber gar nicht so einfach zu sagen, wie diese Stärkung des Selbstwertgefühls denn zu bewerkstelligen sei, sieht man einmal von ebenso banalen wie wirkungslosen Schulmeister-Ratschlägen ab wie Lob, Erfolgserlebnisse verschaffen usw. Aber wir halten fest: die Fähigkeit und Bereitschaft, Regeln produktiv zu befolgen, setzt auch bei Bueb zumindest neuerdings ein entwickeltes Selbstwertgefühl (mit meinen Worten: ein „Gutheitsgefühl“) voraus und vermag keineswegs, dieses zu schaffen.

Erschreckender als die Texte von Bueb, denen eine gewisse Naivität nicht abzusprechen ist, waren für mich die von Brumlik (2007) eingesammelten Antworten „der Wissenschaft“ auf Buebs Provokation. Der Tenor: wie kann ein solcher Niemand, ein pensionierter Internatsleiter, ein bis auf Fachkreise bis dato völlig unbekannter ehemaliger Assistent Hartmut von Hentigs (Brumlik 2007, S. 7) es wagen, die aktuelle Debatte über Erziehung an sich zu reißen und an der pädagogischen Wissenschaft vorbei einen Bestseller zu schreiben? So fährt die geballte Fachkompetenz grobes Geschütz auf: „Rigide Verkürzungen“, „Missbrauch der Erziehung“, „Schwarze Pädagogik“ usw.

In meinen Augen ist das ein Beleg dafür, dass „die Wissenschaft“ eigentlich keine Alternative anzubieten, keinen grundlegend anderen Ansatz vorzuweisen hat, der den Regel- und Sanktionsfetischismus als einen Irrtum entlarvt. Vor lauter Eifer, dem Autor reaktionäre Gesinnungen nachzuweisen, zugleich die Gelegenheit zum Rundumschlag gegen alles Neo-Konservative, angefangen von Hahne über Di Fabio bis zu Eva Herman optimal zu nützen (vgl. Radtke in Brumlik 2007, S. 240), hat es diese „Wissenschaft“ versäumt, eine Perspektive zu artikulieren, die das naive „Lob der Disziplin“ nicht bekämpft, sondern überholt und unwichtig macht, indem sie es durch einen besseren Gedanken ersetzt – aber so etwas ist ja vielleicht nicht Aufgabe „der Wissenschaft“.

Dennoch soll es versucht werden. Meine Kritik richtet sich gleichermaßen gegen Piaget wie gegen Bueb und seine Geistesverwandten (und, leider, auch gegen seine selbstgefälligen Kritiker). Die Beachtung von Regeln, behaupte ich, ist eine praktische Notwendigkeit des sozialen Lebens. Sie ist weder der „Kern der Moral“ (Piaget) noch die Voraussetzung für das persönliche Glück (Bueb).

Das Aufstellen von Regeln, das Einfordern regelgerechten Verhaltens und die Bestrafung von Regelverletzungen sind für die heutige pädagogische Praxis so verlockend, weil es der moralischen Erziehung einen täuschenden Anschein von Rationalität verleiht. Dass moralische Urteile im Kern Gefühlsurteile sind, ist dem Zeitgeist unwillkommen: es entrückt die moralische Erziehung der durchgängig rationalen Planbarkeit. Darum wird das fundamentale Gute, das man fühlen kann, ersetzt durch Regeln, deren Befolgung das „Gutsein“ nur vortäuscht.

In meinen Überlegungen geht es um dieses Gute, das man fühlen kann. Es geht darum, dieses „gefühlte Gute“ genauer zu begreifen und weiterhin pädagogisch zu fragen, wie es ermöglicht und gefördert wird. Ein neu erschienenes Buch „Leben spenden. Was Menschen dazu bewegt, Gutes zu tun“ (Draculic 2008) erzählt von Menschen, die sich innerlich gedrängt fühlen, anderen zu helfen, und zwar auf radikale Weise: durch Organspenden. Sie tun es um der Befriedigung willen, helfen zu können, „gut“ zu sein. Einer von ihnen nennt die Organspende „eines der wenigen Dinge in meinem Leben, auf die ich stolz bin – ein Nachweis der eigenen Güte und Großzügigkeit“.

Auch wenn dabei neurotische Motive mit unterlaufen mögen, kann man sich doch fragen: gibt es womöglich einen originären Drang zum „Gutsein“, den zu entwickeln sich die Erziehung angelegen sein lassen sollte? Jedenfalls, wenn es Derartiges gäbe, wäre „Gutsein“ etwas diametral Verschiedenes von der Achtung für und der Befolgung von Regeln. Diesem letzteren könnte allenfalls ein Drang zum „Bravsein“ zu Grunde liegen, was keineswegs dasselbe ist.

Seit einigen Jahren gibt es Forschungsansätze zu einer Neurobiologie der Moral (vgl. auch Der Spiegel 31, 2007). Diese postulieren einen originären „Moralinstinkt“ (Hauser 2006), eine „Universalgrammatik der Moral“ (Mahlmann 1999), einen angeborenen „Moralsinn“, ein ursprüngliches Empfinden für gutes oder schlechtes Tun.

Diese Forschungen sind allerdings in zweifacher Hinsicht problematisch:

- sie stützen sich zumeist auf ziemlich konstruierte moralische Dilemmageschichten, die wenig geeignet sind, die ureigne Grammatik dieses angenommenen archaischen Moralsinns zu verstehen,
- sie werden vielfach von rechtsphilosophisch interessierten Forschern betrieben, deren Intention der Nachweis einer ursprünglich biologischen Verankerung des Rechtsempfindens ist.

Von der Konzeption her sind diese Forschungen so angelegt, dass sie, überspitzt ausgedrückt, begierig sind auf den Nachweis, wie viel vom Bürgerlichen Gesetzbuch bereits in den Babyköpfen zu finden ist. Sie postulieren die Verankerung der aktuellen Rechtsnormen in einer Urgrammatik von Gut und Böse. Ihr Anliegen ist es dabei weniger, die Konstruktion dieser Ur-Grammatik zu begreifen als vielmehr geltende Rechtsnormen durch Rückführung auf sie als „naturgemäß“ zu legitimieren.

Viel wahrscheinlicher als die prästabilierte Harmonie zwischen beiden erscheint mir der Konflikt: dass nämlich Urmoral und Regelmoral, Jungs „innere Stimme“, die „aus den dunklen Wassern der Tiefe“ schöpft, und die von Freud kritisch kommentierte Über-Ich-Moral (vgl. Bittner 2009, S.214ff.) in einem unauflöslichen Kontrast zu einander stehen, dessen unvermeidliche Friktionen ein gut Teil der Neurosen und psychosozialen Fehlentwicklungen hervorbringen. Der Mensch will vielleicht „von Natur aus“ das Gute – aber nicht unbedingt das, was sich Gesetzeslehrer und Regelverfechter darunter vorstellen.

Ich will also im Folgenden Grundlinien einer moralischen Entwicklung und Erziehung umreißen – anknüpfend an einen früheren, ziemlich lückenhaften Versuch (Bittner 1996, S. 163ff.) die nicht wie Piaget von der Achtung für und der Be-Achtung von Regeln, sondern von diesem ursprünglichen Gutheitsgefühl ihren Ausgang nimmt.

Ich werde

- zwei etwas ungleiche Klassiker dieses Konzepts von Moral und moralischer Entwicklung vorstellen: Johann Heinrich Pestalozzi (1746-1827) und Donald W. Winnicott (1896-1971),
- die Entwicklungsschicksale des archaischen Gutheitsgefühls beim Kind skizzieren
- und, vielleicht das gewagteste Stück: die These vertreten, dass auch der Konflikt mit den Regeln der Verteidigung dieses ursprünglichen Gutseins dienen kann.

Gut sein „von innen heraus“: Pestalozzi und Winnicott

Pestalozzi veröffentlichte 1797 ein recht konfuses, aber geniales Buch, das um die drei „Zustände“ des Menschen kreist, die sich zu einander verhalten sollen wie „Kinder-, Lehrlings- und Mannesjahre“: er nannte sie den „thierischen“, „gesellschaftlichen“ und „sittlichen Zustand“.

Das gesellschaftliche Recht hat die natürlichen Instinkte des Menschen („thierischer Zustand") gebrochen, hat die Menschen gezwungen, sich an Regeln zu halten, deren Befolgung viel mit gesellschaftlicher Brauchbarkeit, aber nur wenig mit Sittlichkeit und „Gutsein" zu tun hat[1]. Pestalozzi zieht eine klare Trennlinie: für ihn sind

> „bürgerliche Pflichten, die offenbar auf den Fundamenten meiner thierischen Selbstsucht ruhen, in soweit keine sittlichen Pflichten. Sie können als solche geradezu meiner Sittlichkeit entgegen stehen" (Pestalozzi 1797, S. 119).

Die Sittlichkeit – so wird er nicht müde zu betonen – ist nicht gesellschaftlich, sie ist gegründet in einem originären Gefühl des Menschen für sich selbst:

> „Kein Mensch kan für mich fühlen, ich bin.
> Kein Mensch kan für mich fühlen, ich bin sittlich" (Pestalozzi 1797; S. 106).

Reine Sittlichkeit führt mich zugleich zurück zu meinen Ursprüngen:

> „Thierisches Wohlwollen, sorgenlose Ruhe, Abscheu vor dem Blut, Glauben an das Lächlen der Menschen, diese Merkmale der Unverdorbenheit meiner Natur sind auch die ersten erkennbaren Zeichen, an denen ich die Beschaffenheit meines Geistes, von welcher meine Sittlichkeit ausgeht, wie in ihrer Knospe ... zu erkennen vermag". Das tierische Wohlwollen ist noch nicht die Liebe, aber sie „entkeimt" aus ihm (ebd.: 111, 37).

Schon in einem frühen Fragment hatte Pestalozzi menschheitsgeschichtlich abgeleitet, dass der bereits Frühmensch über elementare sittliche Erfahrungen verfügt habe, die ihn glücklich machten: Ein Wilder hat reichlich Nüsse gefunden, ein anderer nur wenige. Der mit der reichen Ausbeute gibt dem Armen ab von seinem Reichtum – oder auch nicht.

---

[1] Vor Jahren habe ich schon einmal diesen Gegensatz durchgespielt: die Befolgung von Regeln macht die Menschen „gesellschaftlich brauchbar": soziale Verlässlichkeit in diesem Sinn zu erreichen, ist das Anliegen der Sozialpädagogik. Aber soziale Verlässlichkeit ist nicht alles: die Seele braucht zum Gutsein Freiräume; sie braucht sogar, wie ich schon damals schrieb und heute bekräftige, „ein bißchen Asozialität ... , um sich entfalten zu können" (Bittner 1985, S. 627).

> „Gibt er ihm, so entstehet eine angenehme Empfindung im Wilden, im gegenseitigem Fall eine unangenehme. Das Wesentliche der Begriffe von Gut und Bös wird gefühlt" (Pestalozzi 1786/87, S. 439 f.).

Was der junge Pestalozzi menschheitsgeschichtlich bei den „Wilden" aufzuweisen suchte, fand der alte bei den Kindern. In seinem Brief an einen Freund über seinen Aufenthalt in Stans berichtet er ausführlich über „eine Idee sittlicher Erziehung", die er in seinem Waisenheim während der Kriegswirren von 1798/99 umzusetzen suchte. Seine Idee: die öffentliche Erziehung soll die häusliche nachahmen; das Fundament bildet die „allseitige Besorgung" der Kinder, für die er „wie eine Mutter" sorgt:

> „Waren sie gesund, ich stand in ihrer Mitte, waren sie krank, ich war an ihrer Seite. Ich schlief in ihrer Mitte. Ich war am Abend der Letzte, der ins Bett ging, und am Morgen der Erste, der aufstand" (Pestalozzi 1799, S. 9 f.).

Wie bei den „Wilden" mit ihren Nüssen ist auch hier die Elementarerfahrung: da ist ein Mann, der teilt mit uns. Daraus entstehen die Keime von Dank und Vertrauen, an die er pädagogisch anknüpfen kann:

> „Meine dießfällige Handlungsweise ging von dem Grundsatz aus: Suche deine Kinder zuerst weitherzig zu machen und Liebe und Wohltätigkeit ihnen durch die Befriedigung ihrer täglichen Bedürfnisse, ihren Empfindungen, ihrer Erfahrung und ihrem Thun nahe zu legen, sie dadurch in ihrem Innern zu gründen und zu sichern ..." (Pestalozzi 1799, S. 14).

Erst darauf aufbauend kann er den Kindern Ordnungen nahe bringen und Fertigkeiten angewöhnen, damit sie „dieses Wohlwollen in ihrem Kreis sicher und ausgebreitet ausüben" können.

> „Endlich und zuletzt komme mit den gefährlichen Zeichen des Guten und Bösen, mit den Wörtern: Knüpfe diese an die täglichen häuslichen Auftritte und Umgebungen an und sorge dafür, daß sie gänzlich darauf gegründet seyen ..." (ebd.).

Diese wenigen Zitate mögen belegen, dass Sittlichkeit für Pestalozzi sich auf Gefühle gründet, die das Kind sozusagen mit der Muttermilch aufnimmt, wie er in seiner späteren Schrift „Wie Gertrud ihre Kinder lehrt" (1801) darlegt: Alle tiefen Empfindungen wie „Menschenliebe, Menschendank und Menschenvertrauen" sollen „hauptsächlich von dem Verhältnis ausgehen, das zwischen dem unmündigen Kind und seiner Mutter statt hat".

> „Das Kind kennt den Fußtritt der Mutter, es lächelt ihrem Schatten; wer ihr gleich sieht, den liebt es; ein Geschöpf, das der Mutter gleich sieht, ist ihm ein gutes Geschöpf. Es lächelt der Gestalt seiner Mutter, es lächelt der Menschengestalt; wer der Mutter lieb ist, der ist ihm auch lieb; wer der Mutter in die Arme fällt, dem fällt es auch in die Arme; wen die Mutter küßt, den küßt es auch" (Pestalozzi 1801, S. 342).

Diskussion

1. Pestalozzi begründet Sittlichkeit in einer Gefühlserfahrung: Ich fühle eine Kraft in mir, alles Begegnende unter dem Gesichtspunkt meiner Veredlung – heute würden wir vielleicht sagen: meiner Entwicklung – zu betrachten. Alles bloße Regelverhalten gehört der Sphäre des Gesellschaftlichen, nicht des Sittlichen an.
2. Diese Gefühlserfahrung von Menschenliebe reicht über das tierisch-triebhafte Wohlwollen hinaus, hat aber seine Wurzel in ihm. Pestalozzi spricht von „thierischer Einlenkung der Sittlichkeit".
3. Immer wieder hat man auf die Affinität von Pestalozzis Gedanken mit denen der Psychoanalyse hingewiesen: die kindlich-triebhafte Basis, die Bedeutung der Urgefühle von Dank und Vertrauen zwischen dem Kind und seiner Mutter, Pestalozzis mit Freud verwandtes „Unbehagen in der Kultur".

Winnicott hielt 1962 im Rahmen einer Vorlesungsreihe „Moral Education in a Changing Society" einen Vortrag: „The Young Child at Home and at School", der später unter dem veränderten Titel „Moral und Erziehung" in sein Buch „Reifungsprozesse und fördernde Umwelt" (1974) aufgenommen wurde. Moralisches Gutsein, so die zentrale These, ist nicht etwas, das man den Kindern beibringen oder gar „einbläuen" könnte. Moralisches Gutsein entwickelt sich sozusagen von selbst, wenn die Eltern nur die Bedingungen dafür schaffen.

Zuerst wendet er sich polemisch gegen die Vorstellung, man müsse den Kindern die Moral von außen her beibringen. Das habe die Religion mit ihrer „Erbsünde" auf dem Gewissen, die die Idee vom ursprünglichen Guten im Kind habe verkommen lassen.

> „Die Religion ... hat dem sich entwickelnden Kind das Gute gestohlen und hat dann ein künstliches Schema aufgestellt, um ihm dieses Gestohlene wieder einzuflößen, das hat man dann ‚moralische Erziehung' genannt“ (Winnicott 1974, S. 122).

Moralische Erziehung (als Belehrung durch Worte) kann überhaupt nur funktionieren, wenn vorher ein Grund im Vorsprachlichen gelegt ist, den das Kind selber legt, indem es „das Material entwickelt hat, dem man, wenn man es in den Himmel hinauf versetzt, den Namen ‚Gott' gibt“ (ebd.) – also eine basale Idee oder Phantasie des Guten. Winnicott trennt hier nicht zwischen Moral und Religion, wie es auch seiner persönlichen religiösen Grundeinstellung entspricht; in diesem ersten Teil seines Vortrags redet er nach eigenem Eingeständnis als „Amateurtheologe“ (ebd.: 123).

Diese basale Idee des Guten – und damit kommt die Psychologie ins Spiel – bildet sich durch die Präsenz einer Mutter, die sich „mit ihrem Baby identifiziert, so daß sie weiß, was in jedem Augenblick gebraucht wird“ (ebd.: 125). Daraus gewinnt das Baby den elementaren „Glauben an Zuverlässigkeit“ (ebd.: 126). Das Kind baut zunehmend eine innere Welt auf, in der sich Kategorien wie „gut“ und „schlecht“ ausdifferenzieren – ein Prozess, der eng verflochten ist mit der Wahrnehmung mütterlicher Billigung und Missbilligung (ebd.: 127).

Das Kind bleibt nicht nur „es selbst“, es nimmt Objekte in sich auf, menschliche und kulturelle, die aber in seiner Welt vorhanden sein („herumliegen“) müssen, um aufgenommen werden zu können. In diesem Sinn „herumliegen“ können nicht nur Gummipuppen und Teddybären, sondern auch moralische Maßstäbe; z.B. gibt die Sauberkeitsgewöhnung Gelegenheit zu moralischen Lernprozessen; die frühe Moral ist eine „Sphinkter-Moral“ (ebd.: 129). Oder die Wertgefühle, die das Kind entwickelt, indem es sich seinen Gott erschafft, oder die Unwertgefühle, die es auf Märchengestalten (z.B. Hexen) projizieren kann. Dieser ganze Prozess des Aufbaus einer inneren Welt von Gut und Böse ist von außen her störbar und ver-störbar. „Unmoral bedeutet für den Säugling, sich auf Kosten der persönlichen Lebensweise zu fügen“ (ebd.: 132). Ich komme später auf diesen Punkt zurück: sich fügen kann, zumindest für den Säugling, „nicht gut“ und damit unmoralisch sein.

Den Abschluss dieses Frühstadiums der Moralentwicklung bildet die Phase, in der das Kind lernt, Verantwortung für seine destruktiven Regungen der Mutter gegenüber zu übernehmen, und ein Schuldgefühl erwirbt. Diese Phase

> „dauert etwa vom Alter von sechs Monaten bis zu zwei Jahren, danach kann das Kind die Vorstellung, das Objekt zu zerstören, und die Tatsache, dass es das gleiche Objekt liebt, in befriedigender Weise integriert haben“ (ebd.: S. 133).

Eine erfolgreiche Bewältigung dieses Stadiums eröffnet dem Kind die Möglichkeit, Wiedergutmachung zu üben: das Bewusstsein der „Zerstörung der Geliebten“ vermag sich in den Drang beim Kind umzusetzen, „zu arbeiten oder Fertigkeiten zu erwerben“ (ebd.: S. 134). Hier nun setzt die Aufgabe der (schulischen) Erziehung ein, dass sie dem Kind dazu die Gelegenheit verschafft und bereithält.

Zur Diskussion

1. Dieser Text nimmt vieles wieder auf, was schon bei Pestalozzi eine Rolle spielte: die Bedeutung der basalen emotionalen Erfahrung des Guten, die sich aus dem frühen Erleben des Gut-genug-Versorgtseins durch die Mutter (oder auch, wie bei Pestalozzi in Stans: der „allseitigen Versorgung“ durch den Erzieher) herleitet: stärker als bei Pestalozzi betont ist die Eigentätigkeit in der Assimilation „herumliegender“ kultureller Einflüsse: ganz neu aus der Psychoanalyse entnommen ist der Gedanke der Ambivalenz des Kindes und der Tendenz zur Wiedergutmachung.
2. Was bei Winnicott noch fehlt: die Entdeckung des eigenen Willens und damit eng verbunden die Fähigkeit, auch gegen die Gebote der Eltern zu handeln. Dieses, d.h. die Bedeutung des Ungehorsams – auch: den Eltern und Geschwistern weh zu tun – für die Moralentwicklung kommt bei Winnicott nur unter dem Aspekt der Gelegenheit zur Wiedergutmachung in den Blick. Das ist es sicher auch, aber zunächst einmal ist der Ungehorsam des Trotzalters etwas, worauf das Kind stolz ist – und mit gutem Grund stolz sein kann, weil er das Kind instand setzt „gut“ und nicht bloß „brav“ zu sein.
3. Besonders eingebürgert hat sich Winnicotts Wortprägung von der „good enough-mother“. Eine Mutter muss nicht ideal und perfekt sein: es genügt – nein, es ist sogar besser! -, wenn sie nur „good enough“ ist; sie darf auch Fehler haben und Fehler machen, nur: im Großen und Ganzen sollte sie „gut“ sein.

Eine Frage, die Winnicott meines Wissens nicht erörtert hat: wie wird eine Frau eine „good enough-mother“? Eine Antwort könnte lauten: wenn sie ein „good enough-child“ gewesen ist. Ein „good enough-child“ wäre eines, das nicht ideal und perfekt die Wünsche seiner Eltern erfüllt, das eigene und eigensinnige Wege geht, manchmal vielleicht sogar krumme Wege, aber das im großen Ganzen die Erwartungen, die man in es gesetzt hat, erfüllt.

Das ursprünglich Gute und seine Entwicklungsschicksale

Fixiert auf die alles entscheidende Bedeutung der „hinreichend guten Mutter", hat Winnicott nahezu alle Fragen offen gelassen, die sich im Hinblick auf Einzelheiten der notwendigen Entwicklungsschritte auf Seiten des Kindes stellen. Von der „Wiedergutmachung" angesichts der oralsadistischen Impulse gegen die Mutterbrust bis zu den späteren guten Schulleistungen, die durch diese Wiedergutmachungstendenzen motiviert sein sollen, ist es doch ein relativ großer Sprung.

Oder wenn er sagt: das Kind projiziere das Gute, das in ihm ist, auf Gott. Unbeantwortet bleiben dabei die drei Fragen, die hier erörtert werden sollen:

- Was ist dieses „ursprünglich Gute": welches das Kind auf Gott projiziert?
- Woraus resultiert die Notwendigkeit, dieses Gute von sich selber weg in Gott zu verlegen?
- Worin besteht die Chance, dieses weggegebene, entfremdete Gute zurückzuholen?

Meine längst verstorbene erste Analytikerin Baronin von Foelkersam lehrte mich die drei „Parolen" des Säuglings und des kleinen Kindes, an denen der erwachsene Neurotiker ihrer Meinung nach unberechtigterweise festhält:

- ich bin gut
- ich bin richtig
- ich bin wichtig (vgl. Böhringer 1962).

Nun, Wissenschaftstheorie war ihre Sache nicht, deswegen hielt sie sich nicht mit der in ihren Augen vermutlich spitzfindigen Frage auf, wie denn wohl der Säugling diese Parolen (also etwas seiner Natur nach Sprachliches) überhaupt zu bilden vermag. Spitzfindig, wie ich nun einmal bin, würde ich sagen, dass diese angeblichen drei Parolen in Wirklichkeit eine sind, die auch als Parole falsch bezeichnet ist, und die nur in drei aufgespalten wird auf Grund der Unzulänglichkeit unserer Wortsprache, die vieles umständlich auseinanderlegen muss, was dem Primärprozess (z.B. im kindlichen Denken) eines ist.

Es geht also um ein umfassendes archaisches, vorsprachliches – auch: vormoralisches – Gefühl von Gutsein, das wir dem kleinen Kind unterstellen. „Gut“ umfasst alles, was mich mich gut fühlen lässt. Mein Körper ist gut, wenn er ein geeignetes Werkzeug zur Erfüllung meiner Wünsche ist. Mein Kopf ist gut, wenn er mir hilfreiche Informationen und Gedanken zur Verfügung stellt (in der Rede vom „guten“ bzw. „schlechten“ Schüler klingt noch etwas von diesem vormoralischen archaischen Gut- bzw. Schlechtheitsbegriff an. Wie Elfriede Höhn vor Jahren (1967) gezeigt hat, wird – im Sinn dieses archaischen Konzepts – der „schlechte Schüler“ oft auch mit Attributen moralischer Schlechtigkeit ausgestattet.

Das moralische Gutsein ist in diesem archaischen Gutheitskonzept, das zugleich Starksein, Klugsein usw. umfasst, nur eine Facette unter anderen. Moralische Gutheit würde auf dieser Stufe etwa Pestalozzis „thierischem Wohlwollen“ entsprechen. Das Kind ist freundlich, hilfsbereit, weil es merkt, dass es für eigenes Gutsein auch Gutes zurückbekommt. Im Sinne dieses archaischen Gutheitskonzepts legitimiert sich auch das moralische gute Gewissen von daher, dass es, wie das Sprichwort sagt, ein „sanftes Ruhekissen“ ist.

Woraus resultiert nun, zweitens, für das Kind von einer bestimmten Entwicklungsstufe ab die Notwendigkeit, das „Gute“ zu projizieren? Das archaische Gutheitskonzept hat Schiffbruch erlitten. Das Kind hat die Erfahrung gemacht, dass das, was macht, dass es sich gut fühlt, nicht unbedingt die externale Billigung findet. Das Kind fällt nun ins andere Extrem: ich bin nicht gut, weder moralisch noch anderweitig; ich mache alles falsch, alles kaputt; bin hässlich, dumm und schmutzig; ich falle meinen Eltern zur Last, mache ihnen nichts als Ärger. Vielleicht sind meine Schwestern ja besser als ich.

Auf diese kindliche Geistesverfassung zielen die Dilemma-Geschichten von Piaget: wer ist schlimmer – wer eine Tasse absichtlich oder wer 15 Tassen unabsichtlich kaputt gemacht hat? Die grundlegende Verzerrung bei Piaget liegt darin, dass die kaputte Tasse, ob nun absichtlich oder unabsichtlich kaputt gemacht, überhaupt als großes moralisches Drama ausstaffiert wird. Piagets Geschichten klingen allesamt, wie wenn sie aus dem „Struwwelpeter“ stammten. Ich würde sagen: die „absichtlich“ kaputt gemachte Tasse oder die der Schwester weggegessene Schokolade oder was immer muss ersetzt werden, sofern Geld vorhanden und damit Schlussstrich, Ende – bloß kein moralisches Drama daraus machen (vgl. Bittner 2009).

Nachdem das archaische Gutheitskonzept gescheitert ist, gehen die Kinder mit einem – ebenso archaischen – Schlechtheitskonzept durch die Welt: ich bin nicht nur moralisch schlecht, sondern auch noch dumm, hässlich, schmutzig, ein Krüppel usw. Mit diesem negativen Selbstbild, dem archaischen Schlechtheitskonzept, ist der Boden für die Einpflanzung des Über-Ichs bereitet. Dies ist die Verfassung, in der Kinder, wie von Winnicott beschrieben, das Gute, das sie nicht bei sich selbst behalten können, auf Gott projizieren müssen, die sozusagen anlagesichere Unterbringung der Gutheitsphantasie.

Wie das weggegebene Gute zurückholen? Einiges trägt die kognitive Differenzierung bei: moralisch gut und in der Schule gut sind zweierlei; wenn ich kein Adonis und keine Sportskanone bin, ist das kein moralisches Versagen. Ein wenig mag diese Einsicht helfen, aber nicht viel.

Wichtiger ist etwas anderes: sich weniger an den kodifizierten Regeln als an seinem Gefühlsurteil zu orientieren. Wenn ich die Verhaltensregeln einhalte oder meine Steuern zahle oder meinen Kaffee im Dritte-Welt-Laden kaufe, ist die Ausbeute für das Gutheitsgefühl bescheiden. Wenn ich hingegen jemanden aus einer konkreten Verlegenheit helfe, dem z.B. die Wohnungstür zugefallen ist und für den ich den Schlüsseldienst herbeirufe, kann sie größer sein: ich sehe, wie der andere aufatmet und erleichtert ist; ich habe, auch wenn's mich nicht viel gekostet hat, eine gute Tat getan. Mein „Belohnungssystem", mit den Hirnforschern zu reden, spricht darauf an; ich habe selber was von meiner guten Tat.

Das gilt genau so in der moralischen Erziehung von Kindern und Jugendlichen, wie sie Winnicott skizziert: anstatt moralischer Belehrung das Verschaffen von Gelegenheit zum Gut-Sein in jenem konkreten Sinn, auf den das innere „Belohnungssystem" anspricht. Ein Jugendlicher sollte die Frage stellen dürfen: was habe *ich* davon, wenn ich anderen helfe? Die ehrliche Antwort, von Moralisten freilich verpönt, würde lauten: wenn du dich nachher gut fühlst, dann hast du auch was davon gehabt.

Das archaische Gutheitsgefühl kann auch ansprechen, wenn ich egoistisch bin, wenn ich meine Rechte energisch verteidige, wenn ich mich durchsetze, wenn ich obsiege, z.B. in den Ferien: In der Kneipe nebenan wird bis 2 Uhr nachts rumgegröhlt; ich kann nicht schlafen. Schließlich reißt mir die Geduld; ich rufe die Polizei. Eine halbe Stunde später ist Ruhe, und ich kann endlich schlafen. Ich bin stolz auf die Tat, zu der ich mich aufgerafft habe; sie ist mir jetzt buchstäblich ein „sanftes Ruhekissen".

Dieses „archaische Gutheitsgefühl" ist demnach nicht der pure Altruismus; tierisches Wohlwollen und tierische Selbstsucht, mit Pestalozzi gesprochen, liegen nahe beieinander.

(Passagere) Regelverletzung als Verteidigung des „ursprünglichen Guten"

Dieses Paradox, dass für das archaische Gefühl auch die Ich-Behauptung bis hin sogar zur konkreten Regelverletzung „gut" ist, passt nicht ins Weltbild derer, die den angeborenen Moralinstinkt zur Stützung positiver Rechtssysteme heranziehen wollen. Mein Tübinger Habilitationsvortrag (1970/1979) hatte „Gehorsam und Ungehorsam" zum Thema; er befasste sich, dem antiautoritären Zeitgeist entsprechend, vor allem mit letzterem. Der Trotz des kleinen Kindes, das den eigenen Willen unbedingt gegen den Willen der Erwachsenen durchsetzen will, wird allgemein als der Kern einer Autonomieerfahrung angesehen; insofern ist er „gut". Auch die Märchen, mit denen die kleinen Kinder (wenigstens damals noch) aufwuchsen, scheinen heimlich zum Ungehorsam zu ermutigen. Ich schrieb damals:

> „Die Märchen scheinen es, anders als der Struwwelpeter, auf irgendeine heimliche Weise mit dem Ungehorsamen, mit dem Tabu-Verletzer zu halten. Gewiß – wenn Rotkäppchen sich an das Gebot der Mutter gehalten hätte und auf dem rechten Wege geblieben wäre, dann wäre es nicht vom Wolf gefressen worden, doch dann lebte auch der Wolf noch heute" (Bittner 1979, S. 65).

Kinder müssen gehorchen, sich in die Ordnungen einfügen lernen: das ist wahr. Aber genau so wahr ist das andere: sie müssen ungehorsam sein, um ihr Ich und sein „ursprünglich Gutes" zu bewahren[2]. Verletzungen der von den Eltern gesetzten Regeln und Tabus sind daher entwicklungsnotwendig und insofern „gut".

Das Kind kann im Märchen etwas Wichtiges lernen: daß man oft gerade das tun muß, was tabu ist – ob es sich nun um eine heimliche Entdeckungsreise, um die erste Zigarette oder das erste Rendezvous handeln mag. Das Kind vergewissert sich seiner Freiheit nicht durch Denken, sondern durch Handeln. Indem es das tut, was tabu ist, reduziert es das magische oder mit göttlicher Autorität sanktionierte Verbot auf ein von Menschen gemachtes, dem allenfalls Achtung als einer zwischen Menschen geltenden Regel, doch keine darüber hinausgehende Reverenz gebührt. Im Ungehorsam vergewissert sich der junge Mensch, daß Ge-

---

[2] In größerer Breite ist die Gehorsamsdiskussion in einem „Streitforum" über einen Aufsatz von Gruen (2002) wieder aufgenommen worden. Gruen hat ja recht: die Unterwerfung im Gehorsam macht uns uns selbst zu Fremden. Aber er sieht nicht, dass das zwangsläufig geschieht – womit freilich zugleich das „ursprünglich Gute" in uns zerstört wird. Akte des Ungehorsams sind – vielfach frustrane – Aufbäumungen dagegen und Versuche, dieses „Gute in uns" zu retten (Bittner 2002).

bote von Menschen gemacht sind und bloß menschliche Autorität beanspruchen dürfen (vgl. ebd.: 65 f.).
Freud berichtet eine Erfahrung aus Analysen, die nur auf den ersten Blick erstaunlich scheint, dass nämlich Menschen während der Behandlung plötzlich anfangen, gesetzwidrige Handlungen zu begehen. Freud schreibt:

> „Die analytische Arbeit brachte dann das überraschende Ergebnis, daß solche Taten vor allem darum vollzogen wurden, weil sie verboten und weil mit ihrer Ausführung eine seelische Erleichterung für den Täter verbunden war ..." (Freud 1916; S. 390).

Seiner weiteren Erklärung, diese Taten dienten dazu, einem vorher bereits vorhandenen Schuldgefühl einen fassbaren Inhalt zu geben („Jetzt weiß ich wenigstens, für was ich mich schuldig fühle"), vermag ich nicht zu folgen. Es handelt sich mehr um die von mir soeben skizzierte Konstellation: seit Adam und Evas Zeiten gibt es die Lust, ein Verbot zu übertreten, scheinbar einfach um der Übertretung willen. Die Lust an der Übertretung dient aber der notwendigen Ent-Mystifizierung der Gebote und Verbote, der Auflehnung gegen den Terror des Über-Ichs, der Verteidigung des „Guten in mir" gegen das angeblich Gute, das mir, mit Winnicotts Worten, die Religion – oder auch die öffentliche Moral – von außen her einflößen will, nachdem sie es mir zuerst abgesprochen („gestohlen") hat.

All diese Regelverletzungen sind daher entwicklungsnotwendig nicht zuletzt und gerade auch für die Konstitution eines moralischen Subjekts. Denn sich „aus freien Stücken" moralisch verhalten schließt ein, dass man sich auch unmoralisch verhalten könnte; dieses letztere nicht nur als abstrakte, sondern als konkrete Möglichkeit. Eben das ist der heikelste Punkt: auch das egoistische Tun, selbst das Tun des Verbotenen kann vom archaischen Gutheitsgefühl positiv gewertet werden: vor allem die entwicklungsnotwendigen Tabu-Brüche. Sie sind ein Sich-Befreien aus dem zu eng gewordenen Käfig kindlichen Gehorsams, welches das Gutheitsgefühl zu steigern vermag. Darum habe ich seinerzeit geschrieben und bin heute noch davon überzeugt: „der Heranwachsende, der Mensch überhaupt, müsse die Fähigkeit erwerben, zu gegebener Zeit moralisch oder auch unmoralisch zu handeln" (Bittner 1996, S. 173).

Zum Schluss

In seiner Abhandlung „Das Unbehagen in der Kultur" (1930), die sich mehr als ursprünglich von Freud beabsichtigt zu einer Auseinandersetzung mit der

„Glückseinbuße durch die Erhöhung des Schuldgefühls“ in der menschlichen Kulturentwicklung ausgestaltet hat, streift er in einer Fußnote auch das Dilemma der moralischen Erziehung. Wie die Rolle, die die Sexualität im Leben spielt, werde auch die Rolle der Aggression vor dem „jugendlichen Menschen“ vernebelt.

> „Indem sie die Jugend mit uns so unrichtiger psychologischer Orientierung ins Leben entläßt, benimmt sich die Erziehung nicht anders, als wenn man Leute, die auf eine Polarexpedition gehen, mit Sommerkleidern und Karten der oberitalienischen Seen ausrüsten würde“. Die Strenge der ethischen Anforderungen „würde nicht viel schaden (das heißt: sie schadet eben doch! – G.B.), wenn die Erziehung sagte: So sollten die Menschen sein ..., aber man muß damit rechnen, daß sie nicht so sind. Anstatt dessen lässt man den Jugendlichen glauben, daß alle andern die ethischen Vorschriften erfüllen, also tugendhaft sind“ (Freud 1930, S. 494).

Ich erlaube mir, Freuds Interpretation zu erweitern. Diese Landkarten sind nicht nur deswegen falsch, weil man die Jugendlichen glauben lässt, alle verhielten sich nach den Regeln der Moral. Das wäre noch das kleinste Problem: das merkt ein einigermaßen aufgeweckter Jugendlicher mit der Zeit schon von selber, dass es sich anders verhält.

Was den Jugendlichen tatsächlich verheimlicht wird und weshalb man sie mit „Karten von den oberitalienischen Seen“ durch die Polarlandschaften des Lebens laufen lässt, ist die künstlich tabuierte Erkenntnis, dass aus der Perspektive des archaischen Gutheitsgefühls sogar das Schlechtsein manchmal eine Art von Gut-Sein ist. Wenn man gar nicht schlecht wäre, dann wär’s auch schlecht. Also muss man dem Kind und dem Jugendlichen (und nicht nur diesem) Raum für sein Schlechtsein geben.

Nicht „Null Toleranz“ ist deshalb angesagt, sondern „viel Toleranz“: Kein normaler Mensch wird alle Anforderungen der gesellschaftlichen Regelsysteme punktgenau erfüllen: *das* ist die grobe Täuschung, in der die Erziehung die Jugendlichen „aus pädagogischen Gründen“ meint halten zu müssen. Den Jugendlichen wird die Erkenntnis vorenthalten, dass das „Gut-Sein“ das zeitweilige Schlechtsein einschließt. Es kommt doch eigentlich nur darauf an, dass man im Großen und Ganzen in der Spur bleibt.

Rundherum gut zu sein ist nicht menschenmöglich. „Gut-genug-Sein“, mit Winnicott gesprochen, ist wirklich genug!

Literatur

Bittner, Günther (1970): Gehorsam und Ungehorsam. Wieder abgedruckt In: Bittner, Günther (1979): Tiefenpsychologie und Kleinkinderziehung, Paderborn: Schöningh

Bittner, Günther (1985): Der Mensch – ein „Geschöpf des Vertrages". Zur Begründung von Sozialpädagogik. In: Zeitschrift für Pädagogik 31. 613-629

Bittner, Günther (1996): Kinder in die Welt, die Welt in die Kinder setzen. Eine Einführung in die pädagogische Aufgabe. Stuttgart: Kohlhammer

Bittner, Günther (2002): Hat Ungehorsam eine Chance? In: EWE 13. 450-452

Bittner, Günther (2009): Muss ich mein eigener Feind sein? In: Dörr, Margret; Aigner, Josef Ch. (Hrsg.) (2009): Das neue Unbehagen in der Kultur und seine Folgen für die psychoanalytische Pädagogik. Göttingen: Vandenhoeck & Ruprecht: 209-229

Böhringer, Hans (1962/1963): Zur Erhellung der Entstehung und des Wesens der Neurose. In: Die Krankenseelsorge, S. 60-64, S. 7-13 (Sonderdruck)

Brumlik, Micha (Hrsg.) (2007): Vom Missbrauch der Disziplin. Antworten der Wissenschaft auf Bernhard Bueb, Weinheim, Basel: Beltz

Bueb, Bernhard (2006): Lob der Disziplin. Eine Streitschrift, Berlin: List

Bueb, Bernhard (2008): Von der Pflicht zu führen. Die zehn Gebote der Bildung. Berlin: Ullstein

Der Spiegel 31/2007; 34/2008

Dörr, Margret; Aigner, Josef Ch. (Hrsg.) (2009): Das neue Unbehagen in der Kultur und seine Folgen für die psychoanalytische Pädagogik. Göttingen: Vandenhoeck & Ruprecht

Draculic, Slavenka (2008): Leben spenden. Was Menschen dazu bewegt, Gutes zu tun. Wien: Zsolnay

Freud, Sigmund (1916): Einige Charaktertypen aus der psychoanalytischen Arbeit. GW X, Frankfurt a. M.: Fischer

Freud, Sigmund (1930): Das Unbehagen in der Kultur. GW XIV, Frankfurt a. M.: Fischer

Gruen, Arno (2002): Der Gehorsam. In: EWE 13. 441-450

Hauser, Marc (2006): Moral Minds. How Nature Designed Our Universal Sense of Right and Wrong. New York: Ecco/Harper/Collins

Höhn, Elfriede (1967): Der schlechte Schüler. München: Piper

Mahlmann, Matthias (1999): Rationalismus in der praktischen Theorie: Normentheorie und praktische Kompetenz. Baden-Baden: Nomos

Makarenko, Anton, S. (1957): Ein Pädagogisches Poem. „Der Weg ins Leben". Frankfurt a. M., Berlin, Wien: Ullstein, 1972

Oursler, Fulton; Oursler, Will (1961): Pater Flanagan von Boy's Town, Konstanz, Stuttgart: Diana

Pestalozzi, Johann Heinrich (1786/87): Über die Entstehung der sittlichen Begriffe in der Entwicklung der Menschheit. In: Sämtliche Werke, Bd. 7, Berlin: de Gruyter, 1930

Pestalozzi, Johann Heinrich (1797): Meine Nachforschungen über den Gang der Natur in der Entwicklung des Menschgeschlechts. In: Sämtliche Werke Bd. 12. Berlin: de Gruyter, 1938

Pestalozzi, Johann Heinrich (1799): Über den Aufenthalt in Stanz. Brief Pestalozzi's an einen Freund. In: Sämtliche Werke Bd. 13. Berlin: de Gruyter, 1932

Pestalozzi, Johann Heinrich (1801): Wie Gertrud ihre Kinder lehrt, ein Versuch, den Müttern Anleitung zu geben, ihre Kinder selbst zu unterrichten. In: Sämtliche Werke. Bd. 13. Berlin: de Gruyter, 1932

Piaget, Jean (1954): Das moralische Urteil beim Kinde, München: dtv 1986

Redl, Fritz (1971): Grenzziehung und Strafen aus der Perspektive der Ich-Psychologie. In: ders.: Erziehung schwieriger München (Piper)

Winnicott, Donald W. (1974): Moral und Erziehung. In: ders.: Reifungsprozesse und fördernde Umwelt, München: Kindler

Zulliger, Hans (1958): Schwierige Kinder, Bern, Stuttgart: Huber, 1963[3]

Demokratiebildung als Antwort auf „Bildungsverweigerung"

Benedikt Sturzenhecker

Der Begriff der „Bildungsverweigerung" wird neuerdings häufiger nicht nur in Diskussionen, in Medien und Politik, sondern auch in Fachdiskursen verwendet, um ein bestimmtes Handeln von Kindern und Jugendlichen zu beschreiben, oder eher um es zu bewerten. So widmete etwa die Fachzeitschrift für politische Bildung „kursiv" diesem Thema ein ganzes Heft[3]. Die Zuschreibung „Bildungsverweigerung" in Bezug auf Handeln von Kindern und Jugendlichen erscheint zunächst als eine groteske Verdrehung der Tatsache, dass in Deutschland vielen Kindern und Jugendlichen Bildung verweigert wird. Sie stellt eine Individualisierung dar, mit der Opfer struktureller Bildungsverweigerung zu ihren Tätern gemacht werden. Die bekannten Ergebnisse der PISA und IGLU Studien zeigen deutlich, dass Kinder aus armen, bildungsschwachen Familien und mit Migrationshintergrund in der Schulausbildung benachteiligt werden. Diesen Kindern und Jugendlichen werden strukturell gleiche Chancen auf qualifizierte Bildung verweigert.

Die Kinder und Jugendlichen, die angesichts dieser Situation „Bildung verweigern" sind vermehrt auch Klienten von Sozialpädagogik, besonders der Jugendsozialarbeit, die Exklusion (aus Schule, Berufsarbeit und Gesellschaft) verhindern soll. Die Verdrehung der „Verweigerungsverhältnisse" in der öffentlichen Debatte, stellt Sozialpädagogik auch vor die Anforderung, dazu Position zu beziehen.

Das wird im Folgenden versucht, zunächst über eine Argumentationsfigur, die auch Bildungsverweigerung als Selbstbildung (an-)erkennt. Subjektorientiert solchen Kindern und Jugendlichen Selbstbildung zuzugestehen, bliebe eine nur innerinstitutionelle pädagogische Strategie, wenn man nicht auch ihre Rolle als Subjekt in der Demokratie, d.h. als Bürgerin und Bürger mit ihnen entwickeln würde. Solche politische Bildung hieße sie zu unterstützen ihre Stimme öffentlich einzubringen, ihre Positionen und Interessen zu artikulieren und demokratische Rechte der Mitentscheidung in pädagogischen Einrichtungen, in Kommune, Staat und Gesellschaft wahrzunehmen. Die Verbindung von Selbstbildung mit

---

[3] Der vorliegende Text wurde in einer kürzeren Fassung im genannten Heft von „kursiv-Journal für politische Bildung", Heft 2/2008, S. 26-31 publiziert.

der Eröffnung demokratischer Mitentscheidungsrechte soll hier als Demokratiebildung gekennzeichnet werden.

Bildungsverweigerung als Bildung

Auf der Ebene der Subjekte wird mit Bildungsverweigerung eine Handlungsweise gemeint, die etwas präziser als Schulmüdigkeit, Schulverweigerung, Schulabsentismus bezeichnet wird. Es geht um Verweigerung der Teilnahme an formeller Bildung, also an dem hierarchisch strukturierten und zeitlich aufeinander aufbauenden Schul-, Ausbildungs- und Hochschulsystem, mit weitgehend verpflichtendem Charakter und unvermeidlichen Leistungszertifikaten (vgl. Bundesjugendkuratorium 2002). Bildungsverweigerung wäre also genauer eine subjektive Verweigerung von formeller Aus-Bildung. Untersuchungen gehen von einer Zahl von bis zu 10 % aller SchülerInnen aus, die zeitweilig, häufig oder ganz die Schule schwänzen. Schulverweigerung ist ein Phänomen eher von Jungen als von Mädchen, von Haupt- und Sonderschülern eher als von Realschülern und Gymnasiasten (vgl. Wagner/Dunkake/Weiß 2004). Besonders häufig handelt es sich dabei um Kinder/Jugendliche mit Migrationshintergrund und Bildungsbenachteiligung. Neben dem Schuleschwänzen kann auch das Phänomen der zahlreichen Schulabgänger/innen ohne Schulabschluss als Aspekt der Ausbildungsverweigerung verstanden werden. Pro Jahr betrifft dies in Deutschland etwa 80.000 Jugendliche, die überproportional aus Arbeiterfamilien sowie aus Familien mit Migrationshintergrund stammen (vgl. Bundesjugendbericht 2005, S. 208).

Man könnte angesichts dieser Phänomene davon sprechen, dass diejenigen, denen Bildungschancen verweigert werden, als Antwort darauf selber Bildung verweigern. Bildungsverweigerung wäre dann eine aktive Reaktion auf gesellschaftliche Bildungsbedingungen und Bildungsungerechtigkeit. Sie wäre nicht nur aktiv, sondern man könnte von außen sogar den Eindruck bekommen, dass sie „sinnvoll“ und nachvollziehbar ist. Denn Jugendlichen wird Schule zugemutet, obwohl sie erkennen können, dass die Erfüllung schulischer Leistungserwartungen kaum ein erfolgreiches Einmünden in eine erwachsene Erwerbsarbeitsbiografie sichert. Das ehemalige Versprechen der vergesellschafteten, bildungsoptimistischen Jugendphase – wer sich heute im Ausbildungssystem anstrengt, wird morgen erfolgreich in Arbeit und Erwachsenenstatus einmünden – ist brüchig geworden (vgl. Münchmeier 2005). Angesicht der Krisen der Arbeitsgesellschaft (die Migranten und Benachteiligte am stärksten trifft), haben die institutionellen Zumutungen dieser Jugendphase nur noch den Charakter einer „Als-Ob-Struktur“ (vgl. Hornstein 1989): ihre Curricula und institutionellen Bedingungen tun mit Druck und Drohung so, „als ob“ das Versprechen noch funktionieren würde. Das muss gerade diesen Jugendlichen angesichts ihrer real düsteren biografischen Perspektiven (in Richtung „Hartz IV“) nur noch als absurde hohle Fassade erscheinen. Die Zumutungen dieser sinnlosen Anstalten zu verweigern und sein „Heil“ außerhalb zu suchen, kann also Sinn machen.

Unterstellt man subjektiver Bildungsverweigerung Sinn, bewegt man sich in einen Bildungsbegriff, der die schlichte Bedeutung von Ausbildung überschreitet und der seit der Jahrhundertwende vom 18. zum 19. Jahrhundert (vgl. etwa die Konzipierungen von W.v. Humboldt und Pestalozzi) in der deutschen Pädagogik diskutiert wird. Bildung wäre danach selbsttätige Aneignung von Welt und Selbst in ihrem Zusammenhang, eine aktive Leistung der Bearbeitung und Bewältigung von biografischen, sozialen, institutionellen und gesellschaftlichen Lebensbedingungen, die gleichzeitig den Anspruch des Subjekts auf Autonomie erhebt und doch von den vorgefundenen Bedingungen und sozialen Beziehungen abhängt. Bildung wäre der Prozess,

> „wie Subjektivität sich in einer Auseinandersetzung mit historischer Welt konstituiert, wie das Subjekt sich in dem mühsamen Prozess zu begreifen und zu bestimmen unternimmt, in welchem es sich den Gegebenheiten und Zumutungen der Welt aussetzt, an diesen abarbeitet, um sich selbst fassen zu können“ (Winkler 2006, S. 186).

Im Unterscheid zum Begriff der Aus-Bildung könnte hier (etwas pleonastisch) von „Selbst-Bildung“ (vgl. Bundesjugendkuratorium 2002, S. 22) gesprochen werden.

„Bildungsverweigerung“ der Subjekte wäre dann ein Widerspruch in sich; Selbstbildung hingegen ist „immer und überall“. In dieser Beanspruchung des Potentials selbstbildender Aneignung bleibt allerdings die „Reichweite“ und das „Ergebnis“ dieses Prozesses offen. So können etwa die Voraussetzungen und ermöglichenden Rahmenbedingungen für Selbstbildung, die Qualität der sozialen Beziehungen zu bedeutsamen Bezugspersonen, die Bedingungen und Arten der Eröffnung und Förderung von selbsttätiger Aneignung, die gesellschaftliche und pädagogische Antwort auf Aneignungsweisen, Selbstbildung (teilweise empfindlich) behindern und beschränken.

Werner Schreiber (2004) reklamiert solche Selbstbildung auch für das extreme Handeln von psychosozial stark belasteten Jugendlichen, die durch frühkindliche emotionale Beschädigungen und Praxis von Drogensucht, Gewalttätigkeit und anderer Kriminalität gekennzeichnet sind. Er versteht ihre „Devianz als Bildungsfigur". Bei diesen Jugendlichen ist, auf Grund schwerer Mängel und Störungen der frühen emotionalen Beziehung zu nahen Bezugspersonen, kaum eine sichernde Basis einer Selbst-Entwicklung zu finden. Schreiber versteht die Abwehrmuster, die diese Kinder zur Bewältigung gegen solche extremen Bedrohungen entwickelt haben als „Handlungsantworten und damit als aktive Bildungs- und Bewältigungsleistung für eine schwierige Situation" (Schreiber 2004, S. 20). Diese sich angesichts wiederholter Bedrohungen und Beschädigungen biografisch fixierenden „Überlebensstrategien" können zwar entwicklungshemmend wirken, seien aber zunächst als Schutzstruktur und Lebensleistung anzuerkennen.

Ähnlich ließe sich auch für die Ausbildungsverweigerer (zu denen viele der belasteten Jugendlichen gehören) folgern, dass auch ihre Verweigerung als Widerstandsfigur und als Versuch der Selbstbildung anerkannt werden sollte.

Der Selbstbildung solcher Jugendlicher wiederfährt jedoch pädagogisch und gesellschaftlich eine „Bildungsverweigerung" als Verweigerung der Anerkennung von widerständigen Aneignungsweisen als Bildung. Solche Selbstbildung wird als defizitär und schädlich abgewertet, und ihr wird Unterstützung oder Assistenz versagt. In der widerständigen selbsttätigen Aneignung wird kein Potential entdeckt und wird nicht der auch noch so reduzierte und doch erhobene Anspruch auf Subjekthaftigkeit als solcher anerkannt und befördert. Im Gegenteil: man versucht „Bildungsverweigerung" durch Präventionsprogramme, Sondermaßnahmen, Kontrolle, Zwang (wie die „zwangsweise Schulzuführung" in Hessen) und Strafen zu verhindern. Die Jugendlichen sollen sich den Strukturen, Regeln und Curricula von Schule unterwerfen. Ihre eigensinnige Selbstbildung wird als Abweichung bekämpft, ohne zumindest auch ihre Potentiale zu entdecken und zu fördern.

Für die extrem belasteten Jugendlichen (und analog für Ausbildungsverweigerer) gilt: verweigerte Anerkennung, Drohung und Zwang jedoch sind genau Handlungsmuster, gegen deren Bedrohung sich ihre Abwehrleistung richtet. Gegen diese Abwehr pädagogisch so aggressiv vorzugehen, verstärkt sie. Schreiber schlägt hingegen vor, das Widerstandspotential als „Restbestand von Autonomie" und somit als Bildungsfigur anzuerkennen. Dieses hieße, mit dem Widerstand zu gehen, statt gegen ihn.

Ein erster Schritt des Mitgehens wäre dann, solches Handeln der Jugendlichen als Ausdruck ihrer Selbstbildung anzuerkennen und (fachlich) zu verstehen. Das darf allerdings nicht allein auf den oft reduzierten sprachlichen Ausdruck der Jugendlichen beschränkt bleiben, sondern sollte sich besonders beziehen auf „Bereiche des leiblichen Ausdrucks (Mimik, Gestik, Haltung, sensumotorische Stile, Bewegungsqualität, Körperspannungen u.a.) der situativen, interaktiven Konstellationen, der atmosphärischen, szenischen imaginativen Prozesse“ (Schreiber 2004, S. 26). Ein solches hermeneutisches Verstehen sollte jedoch aufruhen auf einer „nachnährenden“ verlässlichen Beziehungsgestaltung durch die PädagogInnen, die in einem „Re-parenting“ versuchen, wenigstens annähernd die schweren Schädigungen durch die Gewähr u.a. von Anerkennung, Zuwendung, Schutz und Gestaltung eines für die Klienten „guten Lebens“ auszugleichen.

Verstehen und Beziehungsgestaltung sind meines Erachtens verbunden im Konzept eines dialogischen Verstehens, eines „Verstehens als Antworten“ (Bodenheimer 1992), in dem gerade die Resonanz der Pädagogen auf den Ausdruck der Jugendlichen diesen eröffnet, sich in solcher Spiegelung zu erkennen und darüber zu bilden. Dabei kann helfen, ihren Selbstausdruck ästhetisch zu gestalten, ihn also als medial geformtes Produkt außerhalb ihrer Selbst ihnen gegenüber und zur bildenden Verfügung zu stellen. Ihrer Bildung zu assistieren hieße, ihnen Möglichkeiten zur Verfügung zu stellen, wie sie sich – wenn man so will- „doppelt reflexiv“ erfahren könnten: in der Resonanz des Gegenübers *und* im Blick auf einen medial gestalteten Selbstausdruck. Letzteres kann geschehen durch Angebot und Nutzung von Medien wie Skulpturier- und Malmaterial, SMS, (Handy-) Fotografie, Video, Karaokesysteme, mp3-Recoder, Musikinstrumente, aber auch Medien sprachlich-schriftlichen Ausdrucks, wie Wandzeitungen, Spraywände, elektronische Schriftlaufbänder, einfache Flugblätter etc.

Es ginge dabei darum, dem jugendlichen Widerstand Ausdruck zu verschaffen, wie rudimentär und „schlicht“ dies auch immer aussehen mag. In einem ästhetischen Gestaltungsprodukt lässt sich das Eigene „im Spiegel“ erkennen und das erlaubt Reflexivität (vgl. Sturzenhecker 2005a). Dadurch kann eine Öffnung gegenüber dem rigiden Festhalten an der schützenden Abwehr und damit die Suche nach Alternativen eingeleitet werden. Es macht einen Unterschied, ob das „Scheiß auf Schule!“ in einer sprachlos passiven Anonymität versinkt, oder ob es als selbstbildende Antwort auf „Welt“ dem Subjekt und seiner „Umwelt“ erkennbar und anerkennbar wird.

Im Sinne einer pädagogischen Assistenz von Selbstbildung ginge es auch darum, nicht nur den Widerstand gegen formelle Bildung (positiv) in den Blick zu nehmen, sondern auch die vielen anderen informellen (und informell-illegalen) Bildungsthemen, -felder und -anforderungen in der Lebenswelt der Jugendlichen, in denen sie erhebliche Bildungs- und Bewältigungsleistungen vollbringen. Bei Migrantenjugendlichen wäre dies zum Beispiel ihre gleichzeitige Bewältigung von Adoleszenz und Migration (die „verdoppelte Transformationsanforderung“, King/Schwab 2000), bzw. ihre Aneignung des Doppel-Status einer „natio-ethno-kulturellen (Mehrfach-) Zugehörigkeit“ (Mecheril/Hoffarth 2006) inclusive der Erfindung hybrider Sprachen. Allgemein leisten solche Jugendliche unter anderem ein Betreiben und Nutzen von Schattenökonomien; eine komplexe sozialräumliche Einschätzung und Bearbeitung jugendkultureller peergroups und Szenen; eine Inszenierung von Gemeinschaft in ihren eigenen Gruppen; eine differenzierte Einschätzung von und geschickten Umgang mit Institutionen der Hilfe und Kontrolle; häufig eindrucksvolle körperliche Selbstinszenierungen; eine Aneignung von Drogen- bzw. Rauschkulturen; etc.

Bildungsassistierend würde man die für die jugendliche Lebenswelt relevanten Themen in den Mittelpunkt stellen und mit den Jugendlichen ihre informellen Bildungsinhalte, Erfahrungen, Leistungen, Risiken, Schutz- und Unterstützungsbedarfe bearbeiten und qualifizieren, statt ihnen die Curricula formeller Bildung aufzuzwingen.

Politische Bildung als Antwort auf Ausbildungsverweigerung

Politische Bildung wird hier in Kürze konzipiert als politisches Handeln, als aktive Aneignung des Politischen durch die sich bildenden Subjekte. Damit geht es nicht (zumindest nicht vordringlich) um politische Aufklärung oder Wissensvermittlung. Politisches Handeln wird verstanden als Handeln, in dem Akteure ihre Interessen in einem Gemeinwesen (in einer pädagogischen Einrichtung, einem Stadtteil, einer Kommune, einer Gesellschaft) öffentlich artikulieren, einfordern, diskutieren, aushandeln und in einem demokratischen Entscheidungsprozess bearbeiten. Assistenz solcher politischer Bildung wäre dann die Eröffnung eines politischen Settings, als Schaffung von subjektiven, gruppenspezifischen und institutionellen förderlichen Rahmenbedingungen für politisches Handeln in pädagogischen Einrichtungen sowie im Gemeinwesen.

Der jugendlichen Verweigerung formeller Ausbildung wird nicht nur die Anerkennung als Bildung und die Bereitstellung von Bildungsassistenz verweigert, sondern ihr Widerstand wird zudem nicht als (wie immer rudimentäre) politische „Aussage“ gedeutet und beantwortet. Die in der Ausbildungsverweigerung zumindest implizit enthaltene Kritik an Schule, Bildungsbenachteiligung und mangelnden Zukunftsperspektiven wird pädagogisch nicht oder selten aufgegriffen. In den vielen in der Fachliteratur ausgewerteten Projektkonzepten und -berichten (vgl. z.B. Braun u.a. 2007; DJI 2004; Hofmann-Lun u.a. 2004) kann man keine Versuche finden, jugendlichen Widerstand als öffentliche und politische Kritik an Bildungsverhältnissen artikulierbar zu machen. Damit wird den Jugendlichen auch der Status eines politisch-demokratischen Subjekts verweigert, das seine Kritik und Interessen öffentlich vorstellt und sie in einen gemeinsamen Auseinandersetzungsprozess der Beteiligten zur Klärung und Veränderung der Verhältnisse einbringt und verantwortet. Indem man die Widerstandspositionen der Jugendlichen individualisiert, pathologisiert und als Abweichung bekämpft, macht man sie subjektiv und politisch sprach- und machtlos – auch das ist eine, allerdings negative politische Bildungserfahrung. Dabei läge genau in dem Ausdruck von Widerstand die Chance zu einem Einstieg in einen konstruktiven politischen Anerkennungs- und Bildungsprozess. Es ist unangemessen zu verlangen, dass politische Positionierung erst als solche anerkannt wird, wenn sie sich selber als politisch bezeichnet, die Konventionen der herrschenden politischen Kultur beachtet und positive Veränderungsinitiativen einbringt. Nein, allein der „negative“ Widerstand reicht aus, um die Arena des Politischen zu eröffnen. „Denn nur in der ‚gegen die Welt gerichteten’ Expression beweisen sich Menschen als politische Subjekte, und nicht dadurch, dass sie die Welt tatsächlich verändern können oder meinen, es tun zu können“ (Reichenbach 1999, S. 436).

Wie könnte nun ein politisch bildendes Aufgreifen der Ausbildungsverweigerung modelliert werden?

Politisches Handeln beginnt bei der Artikulation von eigenen Positionen, Kritiken und Interessen in einer Öffentlichkeit. Dazu müssen die Akteure einen gewissen Begriff von ihren Positionen haben und sie müssen deren öffentlichen Ausdruck (medial) gestalten. Zunächst kann es deshalb nötig sein, die Jugendlichen zu unterstützen aus der sprachlosen Verweigerung und dem Agieren von Unbehagen und Widerstand heraus überhaupt eine eigene Position zu erkennen und sie langsam und vorsichtig artikulierbar zu machen. Ihnen wie oben angedeutet ästhetischen Ausdruck und Resonanz darauf zu verschaffen, ist der Einstieg dazu.

Politische Bildungsassistenz müsste im Weiteren eröffnen, dass die Jugendlichen ihren Widerstand und ihre Kritik an Ausbildungsverhältnissen öffentlich artikulieren (vgl. Sturzenhecker 2007). Dabei müsste wiederum bei typischen lebensweltlichen bzw. jugendkulturellen Ausdrucksweisen und -medien angesetzt werden. Die Angebote solcher Ausdrucksweisen müssten Grade der Expressivität bzw. der Passivität, Unsicherheit und Zurückhaltung der jeweiligen Jugendlichen berücksichtigen. So kann es nötig sein, zunächst Medien zu wählen, die die Autorinnen und Autoren nicht direkt persönlich mit Öffentlichkeit konfrontieren, sondern die u.U. gar Anonymität gewähren. Manche der Jugendlichen, um die es hier geht, sind etwa in der Lage einen öffentlichen Schmäh-Rap (z.B. gegen Schule) vorzutragen, andere können nur eine Wand(-zeitung) mit einer einzigen Parole besprayen/beschreiben, oder in einem videografierten Interview ein oder zwei Sätze sagen.

Ebenso wie die Medien angemessen sein sollten, wäre darauf zu achten, welche Öffentlichkeit als Einstieg in die politische Arena gewählt wird: Das kann beginnen bei der Selbstpositionierung vor der eigenen peergroup, vor anderen Jugendlichen (etwa aus Schulklasse, Schule, Jugendhaus oder Projekt) und kann sich steigern zur Veröffentlichung in selbst gestalteten Printmedien, auf Versammlungen von beteiligten Erwachsenen (z.B. LehrerInnen und/oder KommunalpolitikerInnen) und vor demokratischen Gremien, etwa der Kommune. Da gerade die schulmüden Jugendlichen häufig Misserfolge bei der Präsentation von Leistungen in der Schule gewohnt sind, haben sie Schamgefühle und Ängste, sich und ihre Aussagen öffentlich zu zeigen. Deshalb ist ein vorsichtiges Üben und Steigern der Konfrontation mit Öffentlichkeiten empfehlenswert. Zuhörer/Zuschauer und Beteiligte brauchen Gelegenheit und Mittel, ihre Resonanzen auf die Präsentationen zu dokumentieren. Auch dieses kann unter Verwendung verschiedenster Medien geschehen. Damit beginnt man im Kleinen einen demokratischen Dialog: in einem öffentlichen Setting von Beteiligten wird eine Positionierung zu gemeinsamen Verhältnissen eingebracht und man erhält Antworten des Gegenüber und so wird eine weitere Auseinandersetzung, Aushandlung und Entscheidung eingeleitet.

Sozialpädagogische Demokratiebildung

Der erste Schritt politischer Bildung wäre hier also den Jugendlichen eine öffentliche Stimme („voice“) zu geben. Will man aber dabei nicht stehen bleiben würde der zweite Schritt darin bestehen, ihnen auch Rechte, Verfahren und Gremien der Beteiligung an Entscheidungen zu geben: auf „voice“ sollte „say“ (Croft/Beresford 1993, S. 32) folgen, als das Recht auf demokratische Mitentscheidung in pädagogischen Einrichtungen, der Kommune, in Staat und Gesellschaft (vgl. Sturzenhecker 2008; Hansen/Knauer/Sturzenhecker 2006). Unter Demokratie wird hier (als zentraler Aspekt) ein gleich-berechtigtes, freies Diskutieren und Aushandeln von gemeinsamen Entscheidungen der Bürgerinnen und Bürger in Öffentlichkeiten und direkten wie repräsentativen Verfahren und Gremien verstanden. Es wird hier also ein partizipatives bzw. prozedurales Demokratiemodell vorausgesetzt, in dem Verfahren und Diskurse gesellschaftlicher Öffentlichkeiten rationale gemeinsame Entscheidungen und damit auch deren Legitimität ermöglichen sollen. Demokratie wird nicht nur als Herrschaftsform, sondern auch als Gesellschafts- und Lebensform (vgl. Himmelmann 2007) verstanden.

Die Beteiligungsrechte (also der Status der Bürgerin, des Bürgers) können prinzipiell auch für Kinder und Jugendliche besonders in pädagogischen Institutionen in Anspruch genommen werden (vgl. Sturzenhecker 2005b). Da Demokratie von ihren Mitgliedern keine besondere Qualifikation oder bestimmten Entwicklungsstand als Voraussetzung zur Teilnahme verlangt, sollte diese Unterstellung von Teilnahmekompetenz durch Teilnahmerecht auch für Kinder und Jugendliche gelten.

Obwohl Demokratie ihren BürgerInnen Mündigkeit zuschreibt, sollen doch die Unterschiede der Beteiligten, ihre Benachteiligungen und Einschränkungen berücksichtigt werden. Für die Betroffenen sollen trotzdem möglichst gleichberechtigte Teilnahmemöglichkeiten eröffnet werden. Das geschieht generell zum Beispiel durch die sozialen Schutzrechte oder durch das Angebot des Erwerbs von Allgemeinbildung in der (Volkshoch-)Schule etc.

Ja, Demokratie rechnet auch implizit damit, dass die Kompetenzen demokratischen Handelns der BürgerInnen mit der Praxis von Demokratie wachsen. Man lernt Demokratie durch aktive Beteiligung.

Hier lässt sich der Zusammenhang von Demokratie und Bildungskonzept erkennen: Beide setzen auf die Mündigkeitspotentiale des Subjekts. Demokratie wie Bildungskonzept gehen von der selbsttätigen Aneignung aus, die auf die Entfaltung von Selbstbestimmung im Rahmen gesellschaftlicher Mitverantwortung/Mitgestaltung zielt. Autonomieentwicklung wird also immer in Bezug zu und Abhängigkeit von Anderen unter spezifischen gesellschaftlichen Bedingungen/Begrenzungen gedacht.

Demokratiebildung in der Sozialpädagogik müsste daher einerseits die Aspekte von Demokratie als Herrschafts- sowie Gesellschafts- und Lebensform in Strukturen und Handlungspraxis umsetzen und diese andererseits gleichzeitig bildungsorientiert als selbsttätige Aneignungserfahrung ermöglichen. Sozialpädagogik benötigte damit in ihren Organisationen sowohl eine demokratische *Verfassung*, als Kodifizierung der Beteiligungsrechte und Strukturen, als auch eine demokratische *Verfasstheit* (vgl. Müller 2005) alltäglichen Umgangs miteinander. Eine ebenso wiederum demokratisch zu erstellende Verfassung einer sozialpädagogischen Einrichtung würde analog zur allgemeinen staatlichen Demokratieform u.a. enthalten: Klärung der Grundrechte; Institutionen und Verfahren zu:

Mitgliedschaft, Wahlen, Entscheidungsgremien und Gruppenparitäten, Orte der Konfliktklärung, Verantwortung der Umsetzung von Entscheidungen; Verfahren der Erstellung von „Gesetzen“ und deren Revision (Hausordnung, Regeln...) sowie Verfahren der Machtkontrolle und des Minderheitenschutzes.

Eine demokratische Verfasstheit der Alltagspraxis in der Sozialpädagogik würde beinhalten: die Ermöglichung gegenseitiger Anerkennung, Solidarität und gemeinschaftlichen Handelns; einen dialogischen und symmetrischen Umgang und Dialog zwischen Erwachsenen und Kindern/Jugendlichen; Assistenz bei der Entwicklung von Interessen und Themen durch Individuen und Gruppierungen; Medien und Unterstützung der Artikulation von Interessen in der „Öffentlichkeit“ der Organisation (inklusive eines Empowerments von Benachteiligten und Schwachen); Bereitstellung von öffentlichen Foren des Austausches und Räumen der Aushandlung; Verfahren des Übergangs von informellen, öffentlichen Diskursen zu formalen Entscheidungen in repräsentativen Gremien und nicht zuletzt Formen des Übergangs zur demokratischen Beteiligung und Entscheidung in der Umwelt, besonders im Verhältnis zum Träger und zur Kommune (zu Demokratiebildung und Kommune vgl. Richter 2001).

Die neuere deutsche Forschung zur „Demokratischen Gemeinschaft“ (vgl. Sutter/Baader/Weyers 1998; Sutter 2003) zeigt empirisch ausgerechnet am Extrembeispiel demokratischer Gemeinschaften im Jugendstrafvollzug (in dem ja auch viele Bildungsbenachteiligte zu finden sind), dass eine solche Eröffnung demokratischer Partizipation in der Lage ist, Entwicklung herauszufordern, eben ohne sie pädagogisch vorzustrukturieren. Denn es sind nicht etwa pädagogisch eingebrachte und geforderte Wertorientierungen, die solche Entwicklungspotentiale freisetzen, sondern

> „eben jene institutionellen und sozialen Rahmenbedingungen, die (1.) wie vorläufig auch immer, die verbalen Auseinandersetzungen um Fragen und Konflikte des alltäglichen Zusammenlebens fördern, hierbei (2.) auch latente Konflikte und Widersprüche öffentlich werden lassen und (3.) demokratische Verfahrensprinzipien zur Problemlösung und Konfliktbewältigung strukturell begünstigen“ (Sutter 2003, S. 388).

Das hieße auch Ausbildungsverweigerer zu berechtigen, in pädagogischen wie kommunalen Institutionen eigene Themen einzubringen, nichts auszuschließen und über alles gemeinsam in demokratischen Verfahren zu entscheiden. Solche Partizipation thematisiert Kinder und Jugendliche als potentielle Subjekte, statt sie von vorneherein, von einer Defizitunterstellung ausgehend, als erziehungsbedürftige Objekte zu behandeln. Demokratie wird zugemutet (vgl. Sturzenhecker 1993). Die für sie nötigen Kompetenzen entstehen, wenn Partizipation als Strukturprinzip des gemeinsamen Handelns erfahrbar wird. Demokratie lernt man durch die Praxis demokratischen Handelns.

De facto muss man immer wieder von noch nicht ausgebildeter demokratischer Kompetenz der Kinder und Jugendlichen, wie z.B. der Ausbildungsverweigerer ausgehen, aber dieses darf nicht dazu führen, den Anspruch auf den Subjektstatus und die Rechte auf Mitentscheidung einzugrenzen. Pädagogisch muss man Sorge tragen, dass die Zumutung von Demokratie Herausforderungs- und nicht Überforderungscharakter hat. Hildenbrand (2005, S. 7) bestimmt Zumutbarkeit „als das Herausfinden des richtigen Maßes zwischen Unterforderung und Überforderung im Sinne eines Auslotens von Möglichkeitsspielräumen.“ Anders formuliert: Es müssen „Zonen nächster Entwicklung“ (Wygotski) eröffnet werden, nicht übernächster. Jedoch auch wenn die Zumutungen nicht bewältigt werden, ist dies ein Lernanlass auf dem Weg zu mehr mitverantwortlicher Selbstbestimmung. Die Verantwortung und Macht, Entscheidungsfreiräume für Kinder und Jugendliche zu eröffnen, bleibt bei den Pädagoginnen und Pädagogen. Die „taktvolle“ Abwägung zwischen Unter- und Überforderung kann nicht technisch operationalisiert werden, sondern kann immer nur in konkreten Situationen reflektiert und begründet werden (zu grundsätzlichen Qualitätsstandards demokratischer Partizipation mit Jugendlichen vgl. Knauer/Sturzenhecker 2005).

Solche hier entworfenen Rechte, Strukturen und Unterstützungen demokratischer Partizipation von Jugendlichen in den Institutionen formeller und nonformeller Bildung gibt es bis auf wenige Modellprojekte (z.B. im BLK Programm „Demokratie lernen und leben“) kaum. Auch in den sozialpädagogischen Sonderprogrammen zur Bearbeitung von Schulmüdigkeit und -verweigerung scheint eine verfasste, zugängliche und jugendgerechte Mitbestimmung kaum vorgesehen. Gerade in einer Zeit, in der das „Versprechen“ der vergesellschafteten Jugendphase, durch Ausbildung in eine erwachsene Normal-Lohnarbeits-Biografie einzumünden brüchig geworden ist, ist der Status des demokratischen Bürgers das einzige „Versprechen“, das Kindern und Jugendlichen durch die Gesellschaft gegeben werden kann. So Herrmann Giesecke bereits 1965:

> „Daß jeder Mensch von einem bestimmten Alter an das gleiche Recht und auch die gleiche Chance haben soll, sich in unserem Gemeinwesen politisch zu beteiligen – dies ist fast das einzige, was wir allen Heranwachsenden im Jugendalter voraussagen können. (...) Wir wissen weder, welchen Beruf der spätere Erwachsene ausüben und

> wie oft er ihn wechseln wird, noch, in welcher sozialen Umgebung er sich bewegen wird. Aber wir wissen, daß er bei den zu erwartenden politischen und gesellschaftlichen Änderungen soweit wie möglich Subjekt und sowenig wie nötig Objekt sein soll.“ (Gieseke 1965, S. 179)

Um so skandalöser ist es, wenn gerade der Gruppe von Jugendlichen, denen gleiche Chancen auf Bildung und damit Chancen gesellschaftlicher und beruflicher Integration vorenthalten werden auch die Erfahrung von Demokratiebildung als Verfügung über Mitentscheidungsrechte verweigert wird.

Literatur

Bodenheimer, Aron Ronald (1992): Verstehen heißt Antworten. Stuttgart: Reclam

Braun, Frank; Richter, Ulrike; Marquardt, Editha (2007): Unterstützungsangebote in Deutschland für bildungsbenachteiligte Jugendliche beim Übergang von der Schule in den Beruf. Expertise im Auftrag der Universität Luxemburg. München/Halle: DJI

Bundesjugendkuratorium (2002): Streitschrift „Zukunftsfähigkeit sichern! – Für ein neues Verhältnis von Bildung und Jugendhilfe“. Berlin

Bundesministerium für Familien, Senioren, Frauen und Jugend (Hrsg.) (2005): Bericht über die Lebenssituation junger Menschen und die Leistungen der Kinder- und Jugendhilfe in Deutschland – Zwölfter Kinder- und Jugendbericht – Bildung, Betreuung und Erziehung vor und neben der Schule. Berlin

Coelen, Thomas; Otto, Hans-Uwe (Hrsg.) (2008): Grundbegriffe Ganztagsbildung. Das Handbuch. Wiesbaden: VS-Verlag

Croft, Suzy/Beresford, Peter (1993): The politics of participation. In: Critical Social Policy, 35, 1993. 20-44

Deutsches Jugendinstitut e.V. (Hrsg.) (2004): Förderung schulmüder Jugendlicher. Neue Wege der Kooperation von Jugendsozialarbeit und Schulen in den Schulmüden-Projekten in NRW. Halle: DJI

Giesecke, Herrmann (1965): Didaktik der politischen Bildung. München (hier Webfassung http://www.hermann-giesecke.de/polditot.htm)

Hafeneger, Benno; Jansen, Mechthild M.; Niebling, Thorsten. (Hrsg.) (2005): Kinder- und Jugendpartizipation im Spannungsfeld von Akteuren und Interessen. Opladen: Leske & Budrich

Hansen, Rüdiger; Knauer, Raingard; Sturzenhecker, Benedikt (2006): Bildung und Partizipation. In: KiTa. Kindertageseinrichtungen aktuell 12. 2006. 247-251

Hildenbrand, Bruno (2005): „Zumutbarkeit“ als zentrale Kategorie therapeutischen Handelns. In: Zeitschrift für systemische Therapie und Beratung 29(1). 2005. 4-9

Himmelmann, Gerhard (2007): Demokratie lernen als Lebens-, Gesellschafts- und Herrschaftsform. 3. Auflage. Schwalbach/Ts.: Wochenschau-Verlag

Hofmann-Lun, Irene; Michel, Andrea; Schreiber, Elke (Hrsg.) (2004): Praxisprojekte im Handlungsfeld von Schulmüdigkeit & Schulverweigerung. Netzwerk Prävention von Schulmüdigkeit und Schulverweigerung. München/Halle: DJI

Hornstein, Walter (1989): Entstehung, Wandel, Ende der Jugend. In: Marefka u.a. (1989): 3-18

King, Vera und Müller, Burkhard (Hrsg.) (2000): Adoleszenz und pädagogische Praxis. Bedeutungen von Generation, Geschlecht und Herkunft in der Jugendarbeit. Freiburg i.Br.: Lambertus

King, Vera, Schwab, Angelika (2000): Flucht und Asylsuche als Entwicklungsbedingungen der Adoleszenz. In: King/Müller (2000): 209-232

King, Vera; Koller, Hans-Christoph (Hrsg.) (2006): Adoleszenz, Migration, Bildung. Bildungsprozesse Jugendlicher und junger Erwachsener mit Migrationshintergrund. Wiesbaden: VS-Verlag

Knauer, Raingard / Sturzenhecker, Benedikt (2005): Partizipation im Jugendalter. In: Hafeneger et al. (2005): 63-91

Marefka, Manfred; Nave-Herz, Rosemarie (Hrsg.) (1989): Handbuch der Familien- und Jugendforschung, Bd. 2: Jugendforschung. Neuwied: Luchterhand

Mecheril, Paul/Hoffarth, Britta (2006): Adoleszenz und Migration. Zur Bedeutung von Zugehörigkeitsordnungen. In: King et al. 2006: 221-240

Müller, Carsten (2005): Sozialpädagogik als Erziehung zur Demokratie – ein problemgeschichtlicher Theorieentwurf. Bad Heilbrunn: Klinkhardt

Münchmeier, Richard (2005): Jugend. In: Otto/Thiersch (2005): 816-830

Otto, Hans-Uwe/ Thiersch, Hans (Hrsg.) (2005): Handbuch Sozialarbeit/Sozialpädagogik. München: Juventa, 3. Aufl.

Reichenbach, Roland (1999): Demokratisches Selbst und dilettantisches Subjekt. Demokratische Bildung und Erziehung in der Spätmoderne. Habilitationsschrift. Freiburg/Schweiz. (zit. nach download vom 19.2.2008: http://egora.uni-muenster.de/ew/persoenlich/reichenbach/q_onlinepublikationen.shtml)

Richter, Helmut (2001): Kommunalpädagogik. Studien zur interkulturellen Bildung. Frankfurt a. M., Berlin, Bern, Bruxelles, New York, Wien: Peter Lang

Schreiber, Werner (2004): Gebildete Bildungsverweigerer – Devianz als Bildungsfigur. In: Zeitschrift für Sozialpädagogik 2. 2004. 14-31

Schweppe, C. (2003) (Hrsg.): Qualitative Forschung in der Sozialpädagogik. Opladen

Sturzenhecker, Benedikt (1993): Demokratie zumuten – Moralerziehung in der offenen Jugendarbeit. In: deutsche jugend 3. 1993. 111-119

Sturzenhecker, Benedikt (2005a): Anstöße ästhetischer Bildung – Playing Arts Impulse für die Jugendarbeit. In: Sturzenhecker et al. 2005: 21-48

Sturzenhecker, Benedikt (2005b): Partizipation als Recht von Jugendlichen. In: deutsche jugend 6. 2005. 255-262

Sturzenhecker, Benedikt (2007): Politische Bildung mit „politikfernen“ Jugendlichen in der Jugendarbeit. In: Aus Politik und Zeitgeschichte 32-33. 2007. 9-14

Sturzenhecker, Benedikt (2008): Demokratiebildung in der Jugendarbeit. In: Coelen et al. (2008): 704-713

Sturzenhecker, Benedikt /Riemer, Christoph (Hrsg.) (2005): Playing Arts – Impulse ästhetischer Bildung für die Jugendarbeit (in Kooperation mit der aej Deutschland), incl. DVD mit Projektbeispielen. Weinheim, München: Juventa

Sutter, Hansjörg (2003): Die sozialisatorische Relevanz des Alltäglichen in einem demokratischen Vollzug In: Schweppe (2003): 245-277

Sutter, Hansjörg; Baader, Meike; Weyers, Stefan (1998): Die „Demokratische Gemeinschaft“ als Ort sozialen und moralischen Lernens. Der Modellversuch in der Justizvollzugsanstalt Adelsheim – eine Zwischenbilanz. In: neue praxis 4. 1998. 383-400

Wagner, Michael; Dunkake, Imke; Weiß, Bernd (2004): Schulverweigerung. Empirische Analysen zum abweichenden Verhalten von Schülern. In: Kölner Zeitschrift für Soziologie und Sozialpsychologie 56. 2004. 457-489

Winkler, Michael (2006): Bildung mag zwar die Antwort sein – das Problem aber ist die Erziehung. In: Zeitschrift für Sozialpädagogik 2. 2006. 182-201

Freiheitsentziehende Maßnahmen in der Kinder- und Jugendhilfe – Kultur aus der Unkultur?

Hanna Permien

Freiheitsentzug = Unkultur?

Geschlossene Unterbringung in der Kinder- und Jugendhilfe (KJH) oder einfach „GU“ – das ist in der Kinder- und Jugendhilfe (KJH) seit jeher ein Reizthema, das viele der Kritiker jeglichen Freiheitsentzuges in der KJH mit „Unkultur“ – und mit den oft skandalösen Zuständen in den „Fürsorge“-Heimen etwa von 1950 bis 1970 – verbinden würden. Und auch, wenn heute nicht mehr von „GU“ im strengen Sinn gesprochen werden kann, weil die Unterbringung immer mit individuellen Öffnungsoptionen[1] erfolgt, so bedeutet auch dies eine sehr weitgehende Form der Exklusion von Jugendlichen. Zudem machen es die Bedingungen von teilgeschlossener Unterbringung in der Tat schwer, so etwas wie pädagogische Kultur zu entwickeln und aufrecht zu erhalten.

Denn zumindest während der Hilfeplanung, der Einweisung und der ersten Wochen des Aufenthalts in einer teilgeschlossenen Gruppe sind förderliche Voraussetzungen dafür meist kaum gegeben, werden doch dabei grundlegende Prinzipien der KJH verletzt, wie Freiwilligkeit, Offenheit und Wohnortnähe der Hilfe, Beteiligung der Jugendlichen an der Hilfeplanung, an der Gestaltung des Alltags und an der Aushandlung von Regeln in der Einrichtung sowie eine möglichst weitgehende Individualisierung der pädagogischen Interaktion. Die Befolgung dieser in den letzten Jahrzehnten mühsam etablierten Prinzipien sichert nicht nur so etwas wie die „pädagogische Kultur“ zwischen den Jugendlichen, ihren Eltern und den Professionellen in Jugendamt und Einrichtung (vgl. Petersen/Kriener 2003), sondern trägt auch dazu bei, dass die Jugendlichen[2] (und möglichst auch ihre Eltern) zu „Koproduzenten“ der Hilfe werden und so deren Erfolgswahrscheinlichkeit und Nachhaltigkeit erhöhen.

Allerdings weisen einige neuere empirische Studien darauf hin, dass teilgeschlossene Heimgruppen eben nicht schlicht als „Orte der Unkultur“ bezeichnet

---

[1] Nach Erhebungen von Hoops/Permien (2006) gab es Ende 2007 knapp 300 teilgeschlossene Heimplätze, wobei insgesamt knapp 86.000 Kinder und Jugendliche in Deutschland stationär untergebracht waren.

[2] Wenn hier von Jugendlichen die Rede ist, so ist die Altersgruppe der 12-16-Jährigen gemeint, Jugendliche diesen Alters (in Ausnahmefällen auch etwas Jüngere oder Ältere) können in teilgeschlossene Gruppen von Jugendhilfeeinrichtungen aufgenommen werden.

werden können, sondern dass ein differenzierender Blick notwendig ist (vgl. Hoops/Permien 2006[3]; Permien 2007, Schneider 2006, Stadler 2005).

Freiheitsentzug für „Erziehungsverweigerer"?

Die mangelnde Einhaltung bewährter Prinzipien im Falle von freiheitsentziehenden Maßnahmen wird mit den besonderen Problemen der davon betroffenen Mädchen und Jungen erklärt – bzw. mit den besonderen Problemen, die die Sozialisationsinstanzen Familie, Schule und KJH mit ihnen haben. Denn Freiheitsentzug in der Jugendhilfe gilt bei den Befürwortern als „ultima ratio", als letzte Möglichkeit der KJH, gegenüber diesen tendenziell „Unerziehbaren"[4] doch noch ihren Erziehungs- und Schutzauftrag zu erfüllen (vgl. Wiesner 2002). Neben aller individuellen Verschiedenheit haben diese Jugendlichen nach den Ergebnissen der vorliegenden Studien einige Gemeinsamkeiten:

- Sie haben häufig längere Abweichungs- und Hilfekarrieren hinter sich, wobei der Anteil von KJH und Schule am Scheitern in den einzelnen Stationen seitens der Institutionen kaum hinterfragt, sondern im allgemeinen den Jugendlichen und ihren (meist sehr belasteten) Familien zugeschrieben wird, wie die Analyse von 125 Heimakten im Rahmen des DJI-Projekts ergab (vgl. Hoops/Permien 2006).
- Sie werden meist gegen ihren Willen teilgeschlossen untergebracht, da sie in ihrer großen Mehrzahl keinerlei Einsicht in ihren Hilfebedarf erkennen lassen, bzw. sich gegen jedes (weitere) Hilfeangebot wehren. Dies, obwohl sie mit ihren bisher entwickelten (Überlebens-)Strategien (oft kein Schulbesuch, Auflehnung gegen Regeln und Autoritäten, Begehen von (schwereren) Straftaten, oft gemeinsam mit Peers, Suchtmittelmissbrauch, (drohende) Prostitution) eine „normgerechte" Bewältigung ihrer Entwicklungsaufgaben verfehlen, so dass sie auf Dauer ins gesellschaftliche Abseits zu geraten drohen.

---

[3] Das Projekt »Freiheitsentziehende Maßnahmen im Rahmen von Jugendhilfe, Psychiatrie und Justiz« („DJI-Studie") wurde von 2003-2008 vom DJI durchgeführt und mit Mitteln des Bundes, des DJI und aus neun Bundesländern finanziert. Die wissenschaftliche Bearbeitung lag bei Sabrina Hoops und Hanna Permien unter zeitweiser Mitarbeit von Martina Steger. Forschungsschwerpunkte waren vor allem die Klärung der Indikationen für Freiheitsentzug in Jugendhilfe oder Jugendpsychiatrie, die rechtlichen Vorgaben und deren Umsetzung, sowie eine Follow-Up-Erhebung mit unter Freiheitsentzug betreuten Jugendlichen und deren Bezugspersonen (vgl. Hoops/Permien 2006 und 2008. Ein Projektbericht kann kostenlos bezogen werden über permien@dji.de. Weitere Informationen unter: www.dji.de/freiheitsentzug.

[4] Zur Kritik des Konzeptes der „Unerziehbarkeit" und der daraus abgeleiteten Konsequenzen für „passende" Maßnahmen vgl. Oelkers et al 2008).

- Zudem wird ihr Verhalten und ihr Lebensstil von Jugendhilfe, (Förder-) Schule und ggf. Psychiatrie – und nicht selten auch von ihren Eltern als „Selbst- und Fremdgefährdung" eingeschätzt, ohne dass diese Instanzen bisher in der Lage waren, dieses Verhalten hinreichend zum Positiven zu beeinflussen.

Ein Fallbeispiel
Davids leiblicher Vater stirbt, als er vier Jahre alt ist. Er ist acht Jahre alt, als auch sein Stiefvater stirbt – für David ein zweiter, vielleicht noch schwererer Schock. Seine Mutter wendet sich nun immer mehr den Drogen zu, David bleibt sich selbst überlassen und schließt sich bald einer Clique mit älteren Jungen an. Gemeinsam gehen sie nicht nur auf Einbruchstouren, sondern brechen auch Autos auf und fahren sie anschließend nicht selten zu Schrott. Als David zwölf Jahre alt ist, geht er kaum noch zur Schule, raucht, trinkt, probiert diverse Drogen und hängt weiter mit seinen „Kollegen" ab. Mit 13 Jahren hat er ein ganzes Register von Anzeigen bei der Polizei. Der Versuch, Mutter und Sohn mittels offener Hilfen zu stabilisieren, scheiterte ebenso wie zwei Heimeinweisungen: Aus dem ersten Heim entweicht David immer wieder und sucht Unterschlupf bei seiner Clique. Im zweiten, von seinem Heimatort weiter entfernten Heim hält David sich an keine Regel, schwänzt die Schule und wird als „untragbar" entlassen, nachdem er eine Erzieherin tätlich angegriffen hat. Er kommt für sechs Wochen zur Abklärung in eine geschlossene Kinder- und Jugendpsychiatrie, dort wird u.a. eine Störung des Sozialverhaltens sowie eine (bisher nicht entdeckte!) Lernbehinderung und der Missbrauch von Drogen und Alkohol festgestellt und die Unterbringung in einer teilgeschlossenen Gruppe in einer Jugendhilfeeinrichtung empfohlen. Dies auch in der Hoffnung, sein Delinquenzverhalten noch beeinflussen zu können, bevor er mit 14 Jahren strafmündig wird. Die Mutter, die inzwischen darum kämpft, von ihrer Sucht loszukommen, stellt einen Antrag auf Genehmigung des Freiheitsentzuges beim Familiengericht. Diesem Antrag wird aufgrund des psychiatrischen Gutachtens und der Befürwortung der Maßnahme durch das Jugendamt stattgegeben. David wird dazu vom Richter zwar angehört, doch sein Protest wird als Zeichen seiner Uneinsichtigkeit und die teilgeschlossene Unterbringung als „letzte Chance" für ihn gedeutet. Bald darauf wird er in ein Heim mit teilgeschlossenen Gruppen gebracht, das mehr als 300 km von seinem Heimatort entfernt ist. In den ersten Wochen hat er keinen Ausgang, zur Mutter ist zunächst nur Briefkontakt erlaubt.

Subjektstatus und Partizipation auch in freiheitsentziehenden Maßnahmen?

Wie dieses Beispiel zeigt, werden Jugendliche wie David zumindest zunächst eher zum Objekt der Entscheidungen und des Handelns anderer – eine pädagogische Kultur, die den Subjektstatus von Jugendlichen respektiert, scheint damit in der Tat verletzt. Doch der (zeitlich möglichst eng begrenzte) Aufenthalt in teilgeschlossenen Gruppen soll, so wird argumentiert, „Erziehung wieder möglich machen". Dabei muss es gelingen, „Zwang und potentielle Freiheit zusammenzubringen" (Neumann 2003, S. 157), indem die Freiheit und die Partizipation von Jugendlichen an den das eigene Leben betreffenden Regelungen und Entscheidungen schrittweise vergrößert und quasi um ihre Mitwirkung an der eigenen Erziehung geworben wird. Denn beides gilt letztlich als unerlässlich, um das erklärte Ziel aller Erziehung im Rahmen der KJH zu erreichen: die Förderung der „eigenständigen und gemeinschaftsfähigen Persönlichkeit" (§ 1 SGB VIII). Auch im teilgeschlossen Setting also sollen Jugendliche wie David – soweit wie möglich – auf die eigenständige Gestaltung eines auch subjektiv gelingenden Lebens in einer immer komplexeren Welt vorbereitet und befähigt werden, ihre (wenigen) Chancen zu nutzen – auch wenn die Risiken des Scheiterns ungleich höher scheinen.

Das aber bedeutet nach Winkler, dass „pädagogisches Handeln immer in einen Freiheitszusammenhang einmünden" müsse (2008, S. 18). Freiheitsentzug sei überhaupt nur dann zu rechtfertigen, wenn dessen Ende für die Jugendlichen nicht nur absehbar, sondern auch beeinflussbar sei.

Die „Mitbestimmung" ihrer Situation besteht für Neuankömmlinge in einer teilgeschlossenen Gruppe zunächst allerdings nur in der Entscheidung, ob sie sich dem Tagesablauf und den Regeln in Schule und Gruppe soweit anpassen wollen (und können), dass sie sich dadurch einen ersten Ausgang „verdienen". Später dann entscheiden sie z.B. durch ihr Verhalten während der Besuche zuhause und durch pünktliche Rückkehr in das Heim darüber, ob und wann sie wieder nach Hause fahren dürfen. Zum Ende der Unterbringung schließlich müssen sie in den Hilfeplangesprächen mit darüber entscheiden, wie danach ihr Leben „in Freiheit" weitergehen soll.

Die Ergebnisse der im Rahmen des DJI-Projekts durchgeführten Befragung von Mädchen und Jungen gegen Ende ihres Aufenthalts in teilgeschlossenen Gruppe zeigen, dass diese anfangs fast ausnahmslos große Probleme mit dem „Eingesperrtsein" hatten. Allerdings reagierten sie – vermutlich entsprechend ihrer bisherigen Überlebensstrategien – unterschiedlich darauf (vgl. Schneider 2006): So versuchen manche Jugendliche, sich durch Überanpassung, „innere Emigration", Verstellung und „Unterwerfung" (wie es einige Jugendliche ausdrückten) mit den Zwängen zu arrangieren, um möglichst früh möglichst viele Freiheiten zurück zu gewinnen, während andere zunächst durch Rebellion und verstärkte Aggressivität versuchen, wieder „rauszufliegen" (wie in den Heimen vorher), sich in der teilgeschlossenen Gruppe aber nur unangenehme „Konsequenzen“ einhandeln. Einzelne auch beginnen einen dauerhaften „Kampf gegen das System“ und müssen auch aus dieser „ultima ratio“-Einrichtung entlassen werden – mit sehr ungewissen Perspektiven. Andererseits gibt es auch einzelne Jugendliche, die sich relativ leicht anpassen, so als hätten sie darauf gewartet, dass ihnen und ihrem letztlich orientierungslosen Treiben endlich eine Grenze gesetzt, aber auch endlich ein Ausweg gezeigt wird.

> *Martin z.B., der mit 15 Jahren nach einer langen Heimkarriere quasi von der Straße und, wie er sagt, „freiwillig“ in eine teilgeschlossene Gruppe kam, wusste sehr genau, dass dies tatsächlich seine „letzte Chance“ vor dauernder Obdachlosigkeit, Gefängnis und Sucht war – und zudem hatte er lange genug gelernt, was in Heimgruppen erwartet wird.*

Damit aus dieser von Machtausübung einerseits, Gezwungenwerden andererseits bestimmten Ausgangssituation überhaupt so etwas wie pädagogische Kultur erwachsen kann, reichen die üblichen verhaltenstherapeutischen Konzepte keineswegs aus. Vielmehr bedarf es einerseits der Entstehung einer pädagogischen Beziehung, andererseits müssen die Jugendlichen erkennen können, dass sich die Mitarbeit im Rahmen teilgeschlossener Unterbringung lohnt, „ihnen real Handlungsspielräume verschafft, und ihnen Perspektiven nach außen eröffnet (Winkler 2008, S. 19). Dies gilt wiederum als unverzichtbare Voraussetzung dafür, dass „Erziehung wieder möglich wird“ – und diese Möglichkeit gilt als die einzige Rechtfertigung für den Freiheitsentzug: „Gelingt es uns, Zwang und potentielle Freiheit methodisch zusammenzubringen, dann können wir auch ein legitimes pädagogisches Angebot für diejenigen Kinder und Jugendlichen entwickeln, die uns bisher ratlos machen“ (Neumann 2003, S. 157; vgl. auch Wiesner 2002). Eine produktive Nutzung dieses Angebotes stellt aber hochkomplexe Anforderungen sowohl an die Jugendlichen wie die Betreuenden und an ihre Beziehungsgestaltung.

Vom Zwang zur Freiwilligkeit? Anforderungen an die Beziehungsgestaltung

Die Jugendlichen müssen ermutigt werden und schließlich bereit sein, eine zumindest partielle Umdeutung, ein „Reframing“ des Settings zu leisten und es nicht mehr (nur) als Strafe, sondern (auch) als Chance zu sehen. Dann kann aus dem „Gezwungenwerden“ eine freiwillige Beteiligung an ihrer Erziehung werden. Dies scheint in vielen Fällen, wenn auch in unterschiedlichem Maße und auf unterschiedliche Weise zu gelingen.

Bei manchen Jugendlichen läuft dieser Prozess langsam und Schritt für Schritt, bei anderen „macht es plötzlich Klick". Wichtig für diesen notwendigen Prozess der Umdeutung kann – neben den Betreuenden – auch die Gruppe der anderen Jugendlichen sein: Denn die „alten Hasen" unterziehen die „Neuen" zwar einerseits oft harten Bewährungsproben, helfen ihnen aber andererseits häufig auch, den sehr belastenden Anfang zu bewältigen. Und sie vermitteln ihnen zudem, dass der Freiheitsentzug nicht nur Strafe ist, sondern auch eine Chance sein kann, in der äußeren Unfreiheit mehr innere Freiheit und Handlungsalternativen zu entwickeln. Dafür ist aber von zentraler Bedeutung, dass die Jugendlichen einen weiteren Schritt machen und ihre – für den Anfang nicht untypische – Einschätzung der Betreuenden als „Feinde" soweit aufgeben, dass sie diese zumindest partiell auch als Helfende und Unterstützende anerkennen (vgl. Permien 2007).

Diesen Perspektivenwechsel müssen paradoxerweise gerade solche Jugendlichen leisten, die u.a. wegen ihrer in traumatisierenden Beziehungserfahrungen entwickelten „Beziehungsstörungen" in diesem Setting landen. Zudem lädt das teilgeschlossene Setting die Jugendlichen zunächst viel eher als ein offenes Setting dazu ein, ihr Misstrauen als bewährte Überlebensstrategie beizubehalten. Trotzdem machen sie – und das scheint für viele von ihnen letztendlich hilfreich – in der Teilgeschlossenheit eine neue und wichtige Erfahrung, der sie sich aufgrund ihrer starken Flucht- und Vermeidungstendenzen ansonsten entzogen hätten:

> *„... dass man nicht weglaufen konnte, wenn es Probleme gab. Dass man das in dem Raum klären musste. Und nach einer Zeit findet man dann eine Bezugsperson, dann kannst du mit der über alles sprechen. ... Du kannst nicht mehr vor deinen Problemen weglaufen. Irgendwann sagt man was, weil irgendwann platzt man innerlich. Und dann hält man das nicht mehr aus, was man alles runtergeschluckt hat" (Madeleine).*

Ein gewisses Vertrauen entsteht also, das legen die im Rahmen der DJI-Studie geführten Interviews mit Jugendlichen und Betreuenden nahe, durch die „unausweichliche" Reibung, allerdings nur dann, wenn die Jugendlichen dabei erfahren, dass sie in dem teilgeschlossenen Setting nicht nur festgehalten, sondern auch gehalten und ausgehalten werden – und dass die Betreuenden etwas von ihnen halten.

> *So ist David ein Jahr nach Ende seines Aufenthalt, und nachdem er weitere Betreuende in offenen Settings kennen gelernt hat, überzeugt, dass sein Gruppenbetreuer in der FM „der beste für mich war“, denn der habe an ihn geglaubt, konnte ihm aber auch die nötigen Grenzen setzen, wobei David zugibt, „immer wieder Mist“ gemacht zu haben.*

Dies zeigt, dass sich pädagogische Beziehungen auch unter Zwang entwickeln können. Wie die Follow-up-Interviews zeigen, „hängen“ Jugendliche manchmal noch ein Jahr nach Ende der FM weiter sehr an den Betreuenden und der intensiven Zuwendung dort, z.T. allerdings mit der Folge, dass sie sich – ähnlich wie David – auf neue Beziehungen zu den Betreuenden in den Folgehilfen kaum einlassen wollen oder können. Bei anderen Jugendlichen – und gerade solchen, die nach der Entlassung nicht den von der Jugendhilfe vorgezeichneten Weg gehen, zeigt sich dagegen, dass für sie der Machtaspekt das bestimmende Element in der pädagogischen Beziehung war und diese, wenn noch weitere Kontakte besteht, mit dem Ende der FM durch den Machtverlust der Betreuenden entwertet wird: *„Was will sie denn noch, sie kann mich ja nicht mehr auf's Zimmer schicken“ (Amy).*

Damit ein gewisses Maß an Beziehungskultur unter Zwangsstrukturen entstehen kann, braucht es den Aufbau und die Aufrechterhaltung von soviel gegenseitigem Vertrauen, dass die Jugendlichen es wagen, ihren „Abwehrpanzer“ zumindest teilweise abzulegen, das eigene Verhalten kritisch zu reflektieren und Schritte der Veränderung zu erproben. Die Betreuenden ihrerseits brauchen das nötige Vertrauen, um den Jugendlichen sukzessive mehr Freiheiten zu gewähren in der Hoffnung, dass sie diese nicht „ausnutzen“ – was die Betreuenden zwingen würde, diese Freiheiten partiell wieder zurückzunehmen.

Damit dies gelingt, sind auch die Betreuenden stark gefordert. Anders als in offenen Einrichtungen leiten in FM die Betreuenden ihre Autorität und ihren Machtüberhang gegenüber den Betreuten (vgl. Wolf 1999) nicht nur aus ihrer Rolle als Erwachsene und als Pädagogen ab, sondern auch aus ihrer strukturell vorgegebenen Rolle als „Bewacher“, die nicht nur die Macht haben, die Jugendlichen empfindlich zu bestrafen, sondern auch festzuhalten und einzusperren. Ihr Machtüberhang – und vermutlich auch ihr Misstrauen – gegenüber den Jugendlichen sind also größer als in offenen Settings. Dies ist auch strukturbedingt, denn die Gefahren, durch eine „Zusammenballung“ von Jugendlichen, die als „besonders schwierig“ gelten können bis hin zu Gewaltakten gegen andere Jugendliche oder Betreuende reichen, werden durch die Geschlossenheit potenziert: so müssen die Betreuenden z.B. ständig darauf achten, dass die Jugendlichen nicht unkontrolliert über Feuerzeuge verfügen, denn Brände und Brandanschläge könnten in einer geschlossen Gruppe sehr schnell verheerende Folgen haben!

Die Betreuenden berichten, dass sie ihre Doppelrolle als potentielle Vertrauenspersonen und als Helfende einerseits und als „Bewacher“ mit Schlüsselgewalt andererseits in der Interaktion mit den sehr unterschiedlichen Jugendlichen ständig gekonnt und authentisch ausbalancieren und dabei beachten müssen, dass die Jugendlichen häufig zwischen gelerntem Misstrauen und Vertrauenwollen schwanken. Wut, Misstrauen oder zumindest Ambivalenz der Jugendlichen können sich in vielen Formen ausdrücken, zudem wechseln Abneigung und Zuneigung oft sehr schnell und erfordern die passende Reaktion. Die Betreuenden dürfen die Aggressivität der Jugendlichen weder „persönlich nehmen“ noch nachtragend sein. Und sie müssen den Jugendlichen angemessen Rückmeldung geben, also zwar z.B. ihre Enttäuschung über bestimmte Verhaltensweisen der Jugendlichen authentisch ausdrücken, aber dabei – damit die Beziehungskultur nicht in „Unkultur“ kippt – immer sorgfältig trennen zwischen einem (zu verurteilendem und konsequent zu sanktionierendem) Verhalten und ihrer (zu bewahrenden) Wertschätzung für die Person des Jugendlichen und ihrem Glauben an seine Veränderungspotentiale.

Der Abbau von Misstrauen und Verweigerung zugunsten von Mitarbeit und einem angemessenen Einlassen auf das Beziehungsangebot gelingt – wie schon angedeutet – den Jugendlichen in sehr unterschiedlich Maße und selten vollständig, meist bleiben Brüche und Ambivalenzen. Und auch im Miteinander bleibt – auf beiden Seiten – neben allen positiven Entwicklungen oft ein Rest von Gegeneinander, von Misstrauen, von Enttäuschung und Bedrohung. Einmal erreichtes Vertrauen und darauf beruhende Erfolge müssen nicht selten jeden Tag wieder neu erkämpft werden, bis sie sich stabilisieren.

Andererseits berichten Jugendliche wie Betreuende oft auch von gemeinsamen Erfahrungen von Entspannung, Zufriedenheit und Freude. So liegen pädagogische Kultur und Unkultur gerade in teilgeschlossenen Gruppen eng beieinander und können oft sehr rasch ineinander umschlagen.

Dies gilt auch für drei weitere zentrale Bereiche des Lebens in teilgeschlossenen Gruppen, die im Folgenden noch kurz skizziert werden sollen.

„Konflikt-Kultur“ zwischen Jugendlichen und Betreuenden

Die geringe Konfliktkompetenz vieler Jugendlicher in teilgeschlossenen Gruppen, die gelernt haben, sich Konflikten entweder zu entziehen oder sie mit verbaler und körperlicher Gewalt zu „lösen“, die strengen, wenig individualisierten Regeln und die schon erwähnten, sehr ungleichen Machtverhältnisse zwischen Betreuenden und Betreuten bergen ein erhebliches Konfliktpotential. Dabei besteht die Gefahr der Eskalation nicht nur seitens der Jugendlichen, sondern auch seitens der Betreuenden. Denn gerade, wenn letztere auf die Einhaltung von solchen Regeln drängen (müssen), die den Jugendlichen *„unsinnig“* oder *„ungerecht“* vorkommen, kann dies als Schikane und Willkür erlebt werden. Zudem unterscheiden die Jugendlichen genau, ob die Betreuenden sich trotz des wenig flexiblen Regelkatalogs bemühen, den individuellen Eigenheiten der Jugendlichen und der Besonderheit der Konfliktsituation und -interaktion Rechnung zu tragen – oder ob sie aus Unsicherheit, „schlechter Laune“ oder (vermuteter) persönlicher Antipathie ihre Strafmacht gegen die Jugendlichen ausspielen. So berichten die Jugendlichen von einzelnen Betreuenden, die z.B. bei dem geringsten Widerspruch gegen ihre Anweisungen (auch wenn diese den Jugendlichen noch so ungerechtfertigt erscheinen) sofort eine Strafe androhen und nicht sehen, wie sie durch ihr eigenes Verhalten zur Konflikteskalation beigetragen haben. Dabei deuten Aussagen von Heimleitungen darauf hin, dass die Betreuenden sich umso mehr an ihre Macht zur starren Regeldurchsetzung klammern, je unsicherer sie sind und je weniger konsolidiert das Team ist. Gut aufeinander eingespielte Teams bzw. sichere und erfahrene Betreuende sehen sich eher in der Lage, zumindest in einem gewissen Rahmen situations- und personangemessen flexibel zu handeln. Letzteres fördert eher eine Konfliktkultur, die die Jugendlichen zur Erweiterung ihrer eigenen Konfliktkompetenz nutzen können. „Unkultur“ wäre es dagegen, wenn die Jugendlichen aus Konflikten gedemütigt und mit erhöhter Aggressivität hervorgehen.

Strikte Konsequenzen – förderlich, nutzlos oder sogar schädigend?
Zu einer solchen „Unkultur“ aber kommt es nach den Ergebnissen der DJI-Studie (vgl. Permien 2006) verstärkt dann, wenn auf ein Fehlverhalten der Jugendlichen „inkonsequente Konsequenzen“ folgen, also Konsequenzen, die kaum neue Lernchancen bieten und eher Aggressivität und äußerliche Unterwerfung als neue Einsichten und Handlungskompetenzen fördern. Als eine solche „inkonsequente Konsequenz“ wirkt, so lässt sich aus den Interviews mit den Jugendlichen schließen, vor allem ein längerer, sich manchmal über mehrere Tage

hinziehende „Einschluss im Einschluss“, also die partielle oder völlige Isolierung von einzelnen Jugendlichen in ihren Zimmern oder in speziellen, reiz- und gefährdungsarmen Time-out-Räumen, über die ein Teil der Heime verfügt. Längere Isolierung erfolgt nach Aussagen des Heimpersonals meist als Konsequenz auf schwere Regelverstöße, etwa tätliche Angriffe auf Mitbewohner oder Betreuende. Solche „inkonsequenten Konsequenzen“ sind mitbedingt bzw. werden nahe gelegt durch die Struktur des teilgeschlossenen Settings und sind dafür durchaus funktional, erlauben sie es doch, in einem Setting, indem man sich sonst nicht ausweichen kann, eine weitere Konflikteskalation zu verhindern. So werden kurze Einschlüsse auch von einem Teil der Jugendlichen akzeptiert, *„damit man wieder runterkommt, wenn man ausgerastet ist“ (David)*, und damit andere Jugendliche vor Übergriffen geschützt werden.

Längere Isolierung wird dagegen häufig als extreme Strafe, Demütigung und Zwang zur Unterwerfung erlebt, wie das folgende Zitat von Susi zeigt, die wegen ihres häufigen „Ausrastens“ und ihrer Drohungen, sich selbst oder den Betreuenden etwas anzutun, anfangs öfter für bis zu drei Tagen isoliert wurde:

> *„Dann liegt man da in Unterwäsche auf der dreckigen Matratze!... Man fühlt sich halt total Scheiße. Weil man weiß, man kommt da nicht raus, man kann machen, was man will“.*

Manche Jugendliche verweisen darauf, dass die Isolierung Abwehr, Aggressivität, Angst, Selbstmord- und Fluchtgedanken, Unterwerfung oder totale Verweigerung oft noch verstärkt, was dann im Extremfall wie in einem Teufelskreis zur Verschärfung des Arrests führen kann. So berichtet Jenny:*„Ich saß dann nur noch in meinem Zimmer, dann bin ich ausgeflippt, dann wurde ich sogar im Zimmer eingesperrt“.*

Susi weist – ebenso wie viele andere Jugendliche – darauf hin, dass die Isolation keineswegs zur Verbesserung ihrer Konfliktfähigkeit beitrug: *„Und im Heim hat man Zimmer gekriegt, drei Tage lang ... und hinterher wurde gar nicht groß darüber gesprochen. Also man ist zwar bestraft worden, aber direkt auf die Situation bezogen wurde da kaum was gemacht.“*

Auch Jasmin, die aus ihrer großen Angst vor einer möglichen Isolierung heraus mit Überanpassung auf die Regeln reagierte, kritisiert den tagelangen Zimmerarrest: *„Wenn die Mädchen da nach drei Tagen rauskommen, sind sie noch viel aggressiver. Den meisten hätte einfach nur reden geholfen“.* Moritz schließlich meint lakonisch: *„Diese dreckigen Isos – abschaffen müsste man die!“*

Ist also die längere Isolierung mit ihrem Potential an Demütigung bzw. Abschreckung und ihren fehlenden Lernchancen als „Unkultur“ entschieden abzulehnen, zumal sie in hohem Maße (re-)traumatisierend wirken kann, so weisen die Ergebnisse der DJI-Studie andererseits darauf hin, dass viele Jugendliche in den teilgeschlossenen Gruppen durchaus auch eine „Konsequenz-Kultur“ erleben. Voraussetzung ist auch hier, dass sie mit der Zeit bereit sind, Tagesstrukturen, Regeln und Konsequenzen zumindest partiell als Orientierungshilfe und Unterstützung anzuerkennen, die ihnen – vielleicht erstmals in ihrem Leben – Verlässlichkeit vermitteln und es ihnen damit auch ermöglichen, zu planen und sich als selbstwirksam zu erfahren: *„Ich wusste dann, wenn ich mich an die Regeln halte, darf ich in 14 Tagen nachhause fahren“,* so Valerie. Diese Verlässlichkeit wissen die Jugendlichen durchaus zu schätzen, ebenso wie die Erfahrung, dass sie „draußen“ (etwa zuhause bei den Eltern oder auch bei Praktika außerhalb des Heims) besser zurechtkommen, wenn sie gewisse Regeln einhalten. Trotzdem: Viele Jugendliche kämpfen bis zum Ende ihres Aufenthalts mit dem Regelwerk – und sie bewahren meist soviel „Eigen-Sinn“, dass sie Regeln, die ihnen *„unsinnig und ungerecht“* erscheinen, auch immer wieder unterlaufen!

Zu erwähnen sind noch weitere Bereiche, in denen das Bemühen um „Kultur“ in teilgeschlossenen Gruppen sich immer wieder gegen „Unkultur“ behaupten muss.

Konkurrenz, Kooperation oder gar „Freundschaft“ mit den Gleichaltrigen?
Nicht nur in Bezug auf Erwachsene, sondern auch untereinander sollen die Jugendlichen ihre soziale Kompetenz verbessern und u.a. lernen, Konflikte verbal, fair und ohne „Ausraster“ zu lösen. Es mutet allerdings paradox an, dass Jugendliche Sozialkompetenz ausgerechnet in einer teilgeschlossenen Gruppe erwerben sollen, deren Mitglieder oft genau wegen ihrer sozialen Inkompetenz dorthin gekommen sind (vgl. Kindler/Permien/Hoops 2007). So zeigen die Interviews mit den Jugendlichen in der Tat, dass Kampf und Konkurrenz mit manchmal brutalen Mitteln in den Gruppen oft stärker scheinen als gegenseitige Unterstützung oder gar Freundschaften zwischen einzelnen – doch auch davon wurde immer wieder berichtet. Die Geschlossenheit kann hier insofern Lernprozesse initiieren, dass kein Ausweichen möglich ist. So wurde z.B. David von den anderen Jungen immer wieder auf sehr unsanfte Art mit seinen falschen Versprechungen, Susi dagegen mit ihren Drohungen und Intrigen konfrontiert.

Die Ergebnisse der Interviews mit Jugendlichen und Betreuenden weisen darauf hin, dass es für die in der Gruppe möglichen Lernprozesse oft entscheidend ist, über welche Konflikt- und Beziehungskompetenz das „Alphatier" der Gruppe verfügt und welche Position die Mädchen oder Jungen in der Gruppe erlangen: Manche bringen schnell zum „Gruppenboss" – oder zumindest zu dessen „bestem Freund", andere erreichen eine relative Unabhängigkeit. Wieder andere aber werden zu „Mitläufern" oder bleiben gar „Opfer" und können in erhebliche Loyalitätskonflikte geraten, wenn sie von Jugendlichen, die in der „Hackordnung" höher rangieren, gequält werden oder wenn diese einen „Betreueranschlag" oder eine Flucht planen: Denn all dies müssten sie eigentlich den Betreuenden melden, da diese eben doch nicht alles mitbekommen – wenn sie aber „petzen", müssen sie dafür büßen. So läuft selbst unter der dichten „Kontrolldecke" der teilgeschlossenen Gruppen einiges an „Unkultur".

Gerade für Jungen wäre es oft wichtig, in der Auseinandersetzung mit Gleichaltrigen künftig auf Gewalt zu verzichten, um nicht irgendwann im Gefängnis zu landen. Allerdings zeigen die Follow-up-Interviews, dass so mancher Junge, der wieder in sein Herkunftsmilieu zurückkehrt, das nicht durchhalten kann: Zu gegensätzlich sind die Strafrechtsnormen und die Normen bestimmter Subkulturen, gegen die man sich nur schwer auflehnen kann. Doch vielen Jugendlichen, so dem schon mehrfach erwähnten David, gelang es, sich von seinen früheren „falschen Freunden" zu distanzieren.

Mehr Selbstwirksamkeit durch Lernen statt durch Störung des Unterrichts?
Wie erwähnt, hatten die meisten Jugendlichen in teilgeschlossenen Gruppen vorher große Probleme mit der Schule. In der Heimschule dagegen kooperiert das Lehrpersonal eng mit den Betreuenden und kann gut auf die einzelnen Jugendlichen und ihren Leistungsstand eingehen. Zudem wird in Kleinstgruppen gelernt, so dass die Jugendlichen nicht nur viel individuelle Zuwendung erhalten, sondern sie auch durch ein Anknüpfen an ihre Ressourcen, Interessen und positiven Lernerfahrungen zum Lernen motiviert werden können (vgl. Rätzsch-Heinisch 2006). Unter diesen Bedingungen gelingt es erstaunlich vielen Jugendlichen im Laufe ihres Aufenthalts, ihren „Schulfrust" zumindest partiell zu überwinden. Sie können nun Selbstwirksamkeit erfahren, indem sie sich z.B. zutrauen, den Schulabschluss zu erreichen, und dafür regelmäßig zu lernen – und nicht mehr (nur) durch die von ihnen gut beherrschte Unkultur der Provokation von Lehrern und Mitschülern. Allerdings versagt die Gesellschaft diesen Jugendlichen im Anschluss an den Heimaufenthalt oft genug die nötigen beruflichen Chancen: Während es Susi immerhin gelang, mit ihrem guten Hauptschulabschluss eine Lehrstelle auf dem zweiten Arbeitsmarkt zu bekommen, hatte David ein Jahr später weder eine Ausbildung noch einen Job, noch irgendetwas in Aussicht.

Weitere wichtige Bereiche, in denen in teilgeschlossenen Gruppen mit wechselnden Erfolgen um Kultur gerungen wird, können hier nur noch gestreift werden:

So z.B. die Etablierung einer *„Körperkultur“:* Viele der Jugendlichen konnten *„gar kein“* bzw. nur ein gestörtes Verhältnis zum eigenen Körper entwickeln, wofür häufig traumatische Erfahrungen wie Vernachlässigung, Gewalt und Missbrauch verantwortlich sind. Um die Wertschätzung des eigenen Körpers und die Sensibilität für seine Bedürfnisse und Möglichkeiten zu stärken, wird in den teilgeschlossenen Gruppen keineswegs nur auf ausreichende Körperhygiene gedrungen, sondern vielfach gibt es auch attraktive Bewegungsanregungen (z.B. Trampolinspringen, Schwimmen, Klettern, Snowboard etc.) und es wird versucht, den Jugendlichen nicht nur Selbstbestätigung z.B. über sportliche Erfolge zu vermitteln, sondern ihnen auch Wege der Spannungslösung nahe zu bringen. Wichtig wäre hier sicher noch eine größere Sensibilität der Betreuenden für traumabedingte Körperreaktionen (vgl. Der Senator für Arbeit, Frauen, Gesundheit, Jugend und Soziales/Amt für soziale Dienste Bremen 2008).

In engem Zusammenhang damit steht das Bemühen von teilgeschlossenen Gruppen um eine „Esskultur“. Genussvolle gemeinsame Mahlzeiten – z.T. selbst zubereitet – mit Tischgespräch (das allerdings immer wieder vor dem Umschlagen in Streit bewahrt werden muss) sind für viele Jugendliche völlig ungewohnt und zunächst vielleicht sogar belastend.

Und auch eine *„Kultur der Kreativität“* hat hinter Mauern – zumindest gelegentlich – Platz: Kunst- und Filmworkshops, Kunsttherapie, Feste mit Spielen und Verkleidungen, freie Gestaltung des eigenen Zimmers etc. sind hier als Angebote zu nennen, die von vielen Jugendlichen gerne wahrgenommen werden.

Fazit

Durch sorgfältig und ausreichend gewährte Hilfen im Vorfeld sollte Freiheitsentzug in der KJH soweit wie möglich vermieden werden. Gelingt dies nicht, so kann ein Freiheitsentzug in teilgeschlossenen Gruppen eine „letzte Chance“ sein, wenn die Maßnahme – wie es derzeit in den teilgeschlossenen Gruppen der Fall zu sein scheint – den Zielen des SGB VIII verpflichtet ist, vor allem der Verbesserung der Chancen der Jugendlichen auf ein selbstständiges und auch subjektiv gelingendes Leben. Ein Freiheitsentzug unter diesen Bedingungen muss nicht zwangsläufig Unkultur bedeuten, auch wenn das tägliche Ringen um eine pädagogische Kultur unter den skizzierten Voraussetzungen und in den gegebenen

Strukturen deutlich erschwert ist und hohe Anforderungen nicht nur an die Betreuenden, sondern auch an die Jugendlichen stellt. Allerdings erscheinen manche Konsequenzen, vor allem die z.T. üblichen längeren Isolierungen von Jugendlichen in höchstem Maße problematisch.

Doch deutet einiges darauf hin, dass auch in der KJH die „Grammatik der Fürsorge" zunehmend einer „Grammatik der Härte" weicht (Lindenberg 2000, zitiert nach Oelkers et al. 2008, S. 186). Damit wächst die Gefahr, dass Drill- und Strafaspekte in freiheitsentziehenden Maßnahmen wieder Vorrang haben vor Erziehung.

Literatur

AWO Bundesverband e.V. (Hrsg.) (2008): Freiheitsentziehende Maßnahmen in der Jugendhilfe. Experten-/innenanhörung. Berlin

Brumlik, Micha (Hrsg.) (2008): Ab nach Sibirien? Wie gefährlich ist unsere Jugend? Weinheim, Basel: Beltz

Der Senator für Arbeit, Frauen, Gesundheit, Jugend und Soziales/Amt für soziale Dienste Bremen (2008): SpielRäume 40/41, Schwerpunkt: Trauma

Hoops, Sabrina; Permien, Hanna (2006): „Mildere Maßnahmen sind nicht möglich!" – Freiheitsentziehende Maßnahmen nach § 1631 b BGB in Jugendhilfe und Jugendpsychiatrie. DJI-Materialien. Als PDF erhältlich bei Permien@dji.de

Hoops, Sabrina; Permien, Hanna (2008): „Wir werden dir schon helfen!" Zwangskontexte im Rahmen von Kinder- und Jugendhilfe. In: Unsere Jugend 2008. 3. 98-112

Kindler, Heinz; Permien, Hanna; Hoops, Sabrina (2007): Geschlossene Formen der Heimunterbringung als Maßnahme der Kinder- und Jugendhilfe. In: ZJJ 2007. 1. 40-48

Kriener, Martina; Petersen, Kerstin (2003): Beteiligung in der Jugendhilfepraxis. Münster: Votum

Neumann, Guido (2003): Zwang in der Erziehung: legitimes Mittel oder schwarze Pädagogik? In: Evangelische Jugendhilfe 2003. 3. 150-158

Oelkers, Nina; Otto, Hans-Uwe; Schrödter, Mark; Ziegler, Holger (2008): „Unerziehbarkeit" – Zur Aktualität einer Aussonderungskategorie. In: Brumlik (2008): 184-216

Permien, Hanna (2006): „Es war Schocktherapie" – Wirkungen und Nebenwirkungen freiheitsentziehender Maßnahmen aus der Sicht junger Menschen. In: EREV-Schriftenreihe H. 4: Evaluation freiheitsentziehender Maßnahmen in der Jugendhilfe, S. 8-30

Permien, Hanna (2007): „Mit der Zeit merkt man, dass die nicht unsere Feinde sind!“ – Wirkungsstudie des DJI-Projekts. In: Dialog Erziehungshilfe 2007. 4. 17-27

Rätzsch-Heinisch, Regina (2006): Was tun mit schwierigen Jugendlichen! Sozialpädagogische Zugänge zur Initiierung gelingender Lernprozesse in der Jugendhilfe. In: Witte et al. (2006): 53-68

Schneider, Vanessa (2006): Erfahrungen und Bewertungen freiheitsentziehender Maßnahmen aus der Sicht junger Menschen. In: EREV-Schriftenreihe 4. 31-44

Stadler, Bernhard (2005): Therapie unter geschlossenen Bedingungen – ein Widerspruch? Eine Forschungsstudie einer Intensivtherapeutischen individuell-geschlossenen Heimunterbringung dissozialer Mädchen am Beispiel des Mädchenheims Gauting. Dissertation an der Humboldt-Universität, Berlin

Wiesner, Reinhard (2002): Freiheitsentziehung in pädagogischer Verantwortung? In: EREV-Schriftenreihe ‚Wenn Pädagogik an Grenzen stößt. Freiheitsentziehende Maßnahmen in der Jugendhilfe und die Rechte von Kindern und Jugendlichen’ 2002. 3. 90-105

Winkler, Michael (2008): FM aus Sicht der Pädagogik. In: AWO Bundesverband (2008): 15-22

Witte, Matthias D./Sander, Uwe (Hrsg.) (2006): Erziehungsresistent? „Problemjugendliche“ als besondere Herausforderung für die Jugendhilfe. Baltmannsweiler: Schneider

Wolf, Klaus (1999): Machtprozesse in der Heimerziehung. Münster: Votum

Erneute Kontroverse um die Prämissen und Praxis einer Konfrontativen Pädagogik

Konfrontative Pädagogik: Erfreuliche Forschungsergebnisse und selbstkritische Neuorientierungen beim Anti-Aggressivitäts- und Coolness-Training (AAT/CT®)

Jens Weidner

Einleitung

Im Folgenden werden die Eckpfeiler der Konfrontative Pädagogik, sowie die Methode der Anti-Aggressivitäts- und Coolness-Trainings nur marginal behandelt. Der umfassend interessierte Leser sei auf die einschlägigen Buchpublikationen zu diesen Themen hingewiesen (Kilb/Weidner/Gall 2006, Weidner/Kilb 2004, Colla/Scholz/Weidner 2001, Weidner 1993), insbesondere auch auf den Beitrag von Ludwigshausen/Böhm (2008) in der Zeitschrift „Pädagogik" zum Transfer der konfrontativen Methodik in den Bildungskontext.

Der vorliegende Text konzentriert sich auf Qualitäts-, Forschungs- und selbstkritische Themen:

1. Der aktuelle Stand: Kurze Information zum Umfang der Programme in Deutschland und der Schweiz
2. Die Qualitätsstandards für die praktische Arbeit in AAT/CT-Programmen
3. Fünf ermutigende Forschungsergebnisse: zur quantitativen und qualitativen Evaluation des AAT/CT
4. Die selbstkritische Neuorientierung konfrontativer Trainingsprogramme:
   - Die Änderung der Medienarbeit: weniger ist mehr
   - Die rechtlichen Grenzen des AAT/CT: die non-touch-Verpflichtung
   - Die Betonung der gesellschaftskritischen Perspektive: die aggressive Wettbewerbskultur als Negativvorbild.

Die tatkonfrontative Methode des Anti-Aggressivitäts-Trainings wurde 1987 – u.a. vom Verfasser – in Deutschland eingeführt. Tatkonfrontation heißt im erziehungswissenschaftlichen Sinne aggressive Menschen dort abzuholen, wo sie stehen. Dieser Standpunkt lässt sich aus tausenden von Einzelgesprächen ableiten, die der Verfasser und die AAT/CT Projektleiter und -leiterinnen in ganz Deutschland seit 22 Jahren geführt haben: mit Hooligans, Skin-Heads, deutschen, türkischen oder russlanddeutschen Schlägern. Diese jungen, heranwachsenden und erwachsenen aggressiven Menschen lieben – so ihre Selbstthematisierungen – die Konfrontation, die Action und den damit verbundenen Thrill. Entsprechend erleichtert bei dieser Zielgruppe ein konfrontativer Zugang die Kommunikation mit den Probanden, solange eine vertrauensvolle professionelle Beziehung geschaffen werden kann. Die verbale Konfrontation mit der Aggressionstat, mit den Rechtfertigungsstrategien und dem Opferleid wird von den Trainierten als dynamisch, spannend und erkenntnisreich empfunden.

Hassemer (2004, S. 353), Vizepräsident des Bundesverfassungsgerichts, würdigt diese zwanzigjährige Entwicklung mit den Worten: Erziehung

> „bringt aber auch die Chance produktiver Veränderung mit sich, wie man an Entwicklungen wie (...) ‚konfrontativer Pädagogik' oder Anti-Aggressivitäts-Training studieren kann." (Hassemer 2004, S. 353)

Diese Bewertung resultiert u.a. aus der Tatsache, dass das AAT/CT von vielen Jugendrichtern als letzter ambulanter Versuch, als ultima ratio, angesehen wird, bevor eine Inhaftierung zu erfolgen hat. Winkler (2003) unterstreicht diesen Aspekt, wenn er schreibt:

> „Die Klientel sozialer Arbeit und der Sozialpädagogik rekrutiert sich keineswegs aus guten Menschen, denen die Zumutungen erspart werden können, die mit Zivilisation einhergehen (...) Anders gesagt: Wenn sozial und kulturell hergestellte Ausgrenzung bedeutet, selbst die Zwänge zu verweigern, welchen wir uns um unseren Humanisierungen nicht entziehen dürfen, können Trainingsmethoden wie die von Kilb und Weidner mithin Gewicht bekommen. Vielleicht sind sie nötig (...) Treatment scheint dann allemal besser als schlichtes Einsperren oder gar dem Verhungern preisgeben." (Winkler 2003, S. 46)

Hier knüpft auch der Chefredakteur der ZEIT, Giovanni di Lorenzo (2008), bei seiner politischen Einordnung des Themas Jugendgewalt an:

> „Linke und Liberale müssen sich damit abfinden, dass es auch junge Täter gibt, die so gefährlich sind, das nur langes Wegsperren oder gar die Ausweisung zu vertreten sind. Hardliner dagegen, dass der Erziehungsgedanke bei Jugendlichen richtig ist und das gut geführte Heime und Antiaggressionstrainings in der Regel mehr helfen als Jahre der Verrohung im Gefängnis." (Lorenzo 2008, S. 1)

Und die Bundesministerin für Justiz Zypris (2008) stellt nüchtern, wie zutreffend das Anti-Aggressivitäts-Training als einen Baustein resozialisierender Programme in Deutschland dar:

> „Das geltende Jugendstrafrecht bietet eine breite Palette von Sanktionsmöglichkeiten (...) Die Rechtsfolgen reichen von Erziehungsmaßregeln, die die Lebensführung regeln sollen (z. B. Teilnahme an einem sozialen Trainingskurs, Anti-Aggressivitäts-Training oder einem Täter-Opfer-Ausgleich), (...) bis hin zu einer langjährigen Jugendstrafe." (Zypris 2008)

Allerdings finden das AAT/CT sowie die Grundüberlegungen zur Konfrontativen Pädagogik ihre Grenzen in Ausschlusskriterien: Nicht bei jedem Probanden darf Konfrontation als Hilfe verstanden werden, um eingefahrene Denk- und Verhaltensmuster in Frage zu stellen. Konfrontation kann – und darauf weisen Kritiker zu Recht hin (Herz 2005, Plewig 2008) – schaden. Deswegen gilt es vor Behandlungsbeginn zu differenzieren: Nicht konfrontativ behandelt werden u.a.:

- aggressive Menschen mit traumatischen Erfahrungen,
- mit autoaggressiven Tendenzen,
- Grenzfälle zur Psychiatrie oder
- psychisch labile Konflikt- und Beziehungstäter (Kilb 2005).

Bei diesen Menschen erscheint eine Tatkonfrontation kontraindiziert. Sie werden daher auch nicht in AAT/CT Programme aufgenommen.

Der aktuelle Stand: Kurze Information zum Umfang der Programme in Deutschland und der Schweiz

Das AAT/CT wurde vor 22 Jahren in Niedersachsen begründet. Es behandelt gewalttätige Menschen in sechsmonatigen Trainingskursen. Die Teilnahme erfolgt über richterliche Auflagen (§ 10 JGG) oder freiwillig. AAT/CT basieren auf einem lerntheoretisch-kognitiven Paradigma. Die lerntheoretischen Aspekte orientieren sich an Bandura (1979). Sie konzentrieren sich auf die Analyse von Aggressivitäts-Auslösern und den sich daraus ableitenden gewalttätigen Verhaltensgewohnheiten. Die kognitive Perspektive zielt auf die Steigerung von Opferempathie und Tatverantwortung ab.

Durch das Frankfurter Institut für Sozialarbeit und Sozialpädagogik (ISS), die Hochschule für Angewandte Wissenschaften in Hamburg, die Hochschule

Mannheim und das Deutsche und das Schweizer Institut für Konfrontative Pädagogik (IKD) wurden seit 1994 über 600 Sozialpädagogen, Psychologen und Lehrer als AAT/CT-TrainerInnen zertifiziert. Heute werden in Deutschland und der Schweiz jährlich in über 100 Trainingsprogrammen über 2000 Probanden betreut.

Das – in der Sozialbranche unübliche – Schützen des Begriffs AAT/CT® durch das ISS/ IKD beim Deutsche Marken- und Patentamt, hat seinen Ursprung weniger in merkantilen, sondern vielmehr in Qualitäts-Interessen. Auslöser des Markenschutzes waren Mitte der neunziger Jahre negative Erfahrungen mit Praktikern, die AAT Kurse an einem Wochenende anbieten wollten, um sich die üblichen 5 Monate intensiver Arbeit zu sparen. Die damit einhergehenden Qualitätsverluste schien diese Kollegen wenig zu stören. Ein so verunstaltetes AAT/CT hätte binnen kurzer Zeit seine Reputation eingebüßt. Darauf erfolgte der Markenschutz. Seit dem können Anbieter, die die Qualitätsstandards nicht einhalten, durch das ISS und IKD abgemahnt werden. Dies ist nach Hein (2006) unerlässlich, da Tatkonfrontationen ein eingriffsintensives Vorgehen darstellen. In seiner vielbeachteten Rechtsstudie zum AAT/CT betont er, dass sich alle Beteiligten und insbesondere die verantwortlichen Trainer über das „scharfe Schwert“, das sie mit dem AAT in den Händen halten, bewusst sein sollten. Dies gelingt nur über Qualitätssicherung.

Die Qualitätsstandards für die praktische Arbeit in AAT/CT-Programmen

Das Frankfurter Institut für Sozialarbeit und Sozialpädagogik (ISS) und das Deutsche Institut für Konfrontative Pädagogik (IKD) haben Qualitätsstandards festgelegt, die den Rahmen für die Durchführung von AAT/CT Programmen stellen:

- Das Trainingsprogramm wendet sich an Menschen, die körperliche Gewalt ausüben. Voraussetzung ist, dass die Teilnehmer dem Trainingsprogramm inhaltlich und sprachlich folgen können.
- Für Personen mit Suizidgefährdung, mit Traumatisierungen, aus der Kinder- und Jugendpsychiatrie, primär Alkohol- und Drogenabhängige sowie für Mitglieder der organisierten Kriminalität ist das Programm nicht geeignet.
- Der zeitliche Rahmen ist so zu gestalten, dass durch den Beziehungsaufbau ein konstruktives Arbeitsbündnis zwischen Teilnehmer und Trainer geschlossen wird, sowie eine angemessene individuelle Betreuungsintensität gewährleistet wird.

- Die empfohlene Trainingsdauer liegt bei 5 Monaten. Pro Teilnehmer sind mindestens 12 Stunden einzukalkulieren. Die Trainingsdauer kann durch Wochenendsitzungen verkürzt werden, sollte aber 4 Monate nicht unterschreiten.
- Die Gruppenleitung besteht aus zwei Personen mit abgeschlossenem Hochschulstudium in den Bereichen Sozialarbeitswissenschaft, Erziehungswissenschaften, Soziologie, Psychologie oder Kriminologie. Eine Person der Gruppenleitung muss über eine qualifizierte Zusatzausbildung zur/ zum AAT/CT®-TrainerIn, inklusive der Selbsterfahrung auf dem „heißen Stuhl", verfügen.
- Ergänzt wird das Team durch Tutoren: ehemalige, erfolgreich behandelte, Gewalttäter.
- Sekundäre Behandlungsmotivationen wie richterlicher Druck, drohender Schulverweis, drohender Widerruf oder anstehende Gerichtstermine werden zum Trainingseinstieg akzeptiert, sollen aber nach den ersten vier Sitzungen einer primären Behandlungsmotivation weichen (Schawohl 2009).
- AAT/CT sind Programme, die Berührungen vermeiden. Körperkontakte dienen maßgeblich der empathischen Kontaktaufnahme zur Vertrauensbildung, Beziehungsarbeit und emotionalen Zuwendung. Im Rahmen der Täterbehandlung können Berührungen bzw. Körperkontakte in Rollenspielen zur Aufmerksamkeitsherstellung, der Darstellung der Opferperspektive, eines einfühlsamen Nähe- oder eines gezielten Deeskalationstrainings sinnvoll und notwendig sein.
- Dem AAT/CT liegt ein optimistisches Menschenbild zugrunde. Die Trainerinnen und Trainer akzeptieren den Teilnehmer als Person, lehnen aber gleichzeitig seine Gewaltbereitschaft massiv ab.

Erst die Beachtung dieser Standards gewährleistet eine seriöse Praxis.

Fünf Forschungsergebnisse, fünf ermutigende Ergebnisse: zur quantitativen und qualitativen Evaluation des AAT/CTs

Das AAT wird seit seiner Gründung 1987 evaluiert und nachgebessert. Die erste Evaluation stammt aus dem Jahre 1989, die aktuellste Studie aus dem Jahr 2007. Es darf damit als eine sehr gut evaluierte Soziale Trainingsmaßnahme gelten. Die fünf Forschungsstudien haben zu folgenden Ergebnissen geführt:

1. Die qualitative Befragung von Projektleitern/ Auftraggebern des AAT/CT (Kilb 2002) in bundesweit 88 Projekten mit 952 Probanden ergab eine hohe Praxisakzeptanz wegen der Reduzierung der Gewalttätigkeiten in den betreuten Einrichtungen. Diese Zufriedenheit über eine „Befriedung vor Ort" erscheint einer der Hauptgründe dafür zu sein, dass die Trainings über Jahre von Städten und Gemeinden bzw. der Jugendhilfe und Justiz gefördert werden.
2. Die Rückfall-Forschung zum AAT (von 1987-1997 an 74 behandelten Mehrfachgewalttätern) durch das kriminologische Forschungsinstitut Niedersachsen, belegt, dass knapp 2/3 der behandelten Mehrfach-Gewalttäter nicht einschlägig rückfällig wurden und von den verbleibenden 1/3 die Hälfte deliktschwächer agierte (Ohlemacher 2001). Sie schlugen z.B. Ohrfeigen, misshandelten aber nicht mehr ihre Opfer krankenhausreif. Dennoch werden diese positiven Ergebnisse von AAT-Kritikern als unzureichend kritisiert, weil die nicht-AAT behandelte Kontrollgruppe in der Studie exakt dieselben Rückfallzahlen zu Stande brachte. Ergo – *so die Kritiker in ihrer Fehlinterpretation* – bewirke dass AAT nichts, wenn auch ohne AAT-Behandlung dasselbe Ergebnis erreicht werde. Dabei verschweigen sie – *und das gilt es hier richtig zu stellen* – die Zusammensetzung der Kontrollgruppe: Diese bestand nicht aus unbehandelten Gewalttätern, die im Vollzug nur verwahrt wurden. Trotz Bemühen konnte das KFN eine derartige Gruppe nicht für die Studie zusammenstellen. Stattdessen nahm man Gewalttäter in die Kontrollgruppe auf, die neben Schule oder Berufsausbildung in der Sozialtherapie, im Gesprächskreis Tötungsdelikte oder im Speziellen Sozialen Training ebenfalls deliktspezifisch behandelt wurden. Die Studie vergleicht also behandelte Gewalttäter mit behandelten Gewalttätern und kommt bei beiden Gruppen zu dem erfreulichen 2/3 Ergebnis. D.h. Täterbehandlung lohnt sich, ob mit AAT oder Sozialtherapie oder anderen intensiven Formen des Sozialen Trainings.
   Die KFN-Forschung resümiert entsprechend positiv: Die positiven Effekte des AAT liegen somit nicht über dem Durchschnitt anderer Maßnahmen in Hameln. Diese identische Gewaltrückfallrate (ca. ein Drittel der inhaftierten Gewalttäter) lässt allerdings durchaus verschiedene Deutungen zu: sie könnte z.B. sowohl schlicht die beste derzeit unter den Bedingungen des Jugendstrafvollzuges erreichbare sein oder auch auf einen allgemein wirksamen „Hameln-Effekt" (eben den einer Anstalt mit relativ vielen Angeboten zur Therapie und Resozialisierung Inhaftierter) zurückzuführen sein – und damit nicht gegen das AAT, sondern primär für Hameln sprechen.
3. Mit Hilfe des FAF (Fragebogen zur Erfassung von Aggressivitätsfaktoren) und des FPI (Freiburger Persönlichkeitsinventar) wurden in der Zeit von

1987-2002 in einem Pre-Post-Test-Design Erregbarkeit, Aggressivität sowie Aggressionshemmungen getestet. Die Ergebnisse der Experimentalgruppe zeigten sich in den Items geringerer Erregbarkeit und Aggressivitätsabbau deutlich besser und bei der Aggressionshemmung geringfügig besser, als in der nicht behandelten Vergleichsgruppe. Das Niveau durchschnittlich aggressiver junger Menschen (Vergleichsgruppe II) wurde allerdings auch von den Behandelten nicht erreicht (vgl. Weidner 1993; Wolters 1992; Brand 1999).

4. Die deutschlandweite angelegte testpsychologische Schanzenbächer-Erhebung (2002) zum AAT/CT erfasst Daten mittels des Fragenbogens zur Erfassung von Aggressivitätsfaktoren. Nur die Experimentalgruppe (n=125), nicht aber bei der Kontrollgruppe (n=17) weisen auf einen Abbau der nach außen gerichteten Aggressivität und eine Anhebung der Aggressionshemmung hin. Lamnek (2002) kommentierte als Evaluationsgutachter entsprechend: „Das AAT (...) lieferte schon sehr früh ein handhabbares Programm zur Behandlung gewalttätiger Jugendlicher (...) Schanzenbächers Evaluationsstudie (...) gibt Anlass zu der begründeten Feststellung, dass der Abbau der Aggressivitätsneigungen tatsächlich dem Anti-Aggressivitäts-Training zuzuschreiben ist.“ (Lamnek 2002, S.5f.)
5. Die aktuellste Evaluation des AAT/CT stammt von der katholischen Fachhochschule Mainz (Feuerhelm 2007). Darin heißt es resümierend: Bezogen auf die Gesamtteilnehmerzahl wird nur eine Minderheit, nämlich ein Drittel der insgesamt einbezogenen Personen wieder einschlägig rückfällig. Noch positiver erscheint das Bild, wenn man auf die Rückfallzeiten abhebt: Drei Viertel der Kursteilnehmer werden innerhalb des ersten Jahres nach dem Kurs nicht wieder im Gewaltbereich auffällig. Feuerhelm spricht von den reflexionsfördernden und gewalthemmenden Resultaten des AAT, die für eine weitergehende Persönlichkeitsreifung ausschlaggebend sein können.

Auf dem Hintergrund dieser vielfältigen und zum großen Teil korrespondierenden Evaluationen (vgl. www.prof-jens-weidner.de, Rubrik: Forschung) wäre es begrüßenswert, wenn sich AAT/CT-Kritiker wie Herz (2005) oder Plewig (2008) – trotz ihrer Bedenken gegen das konfrontative Handeln in der Sozialen Arbeit und Erziehungswissenschaft – zukünftig die Mühe geben würden, diese Ergebnisse korrekt wiederzugeben. Bock (2000) resümiert entsprechend: Das Anti-Aggressivitäts-Training „kann sowohl ambulant als auch stationär an erwachsenen und jugendlichen Gewalttätern durchgeführt werden. Positive Ergebnisse konnten bereits dahingehend erzielt werden, dass sich nach dem AAT die zur Erregbarkeit und Aggressivität ermittelten Werte verringert haben. Gleichzeitig fiel eine Erhöhung der Aggressionshemmung auf.“ {Bock 2000, S. 333) Schröder/Merkle (2007) konstatieren in ihrer fachliche Stellungnahme zur aktuellen Diskussion über Jugendgewalt: „Die Wirksamkeit von pädagogisch gestützter Gewaltprävention ist belegt.“ (Schröder/Merkle 2007, S. 52) Sie forschen an der Hochschule Darmstadt über die Programme und Verfahren zur Konfliktbewältigung und Gewaltprävention im Jugendalter, stellen qualitative Vergleiche an und erarbeiten Wegweiser. Ihre Ergebnisse zeigen, wie zielgruppenspezifisch und problemgenau die verschiedenen gewaltpräventiven Programme ausgerichtet sind. Dem AAT wurde unter den Sozialen Trainingskursen eine hohe Wirkung in der Reduzierung der Gewaltneigung bescheinigt. Einblicke in das Bundeszentralregister ergaben eine Senkung der Delikthäufigkeit und -intensität von AAT-Trainierten. Aber auch Schröder/Merkle betonen: Nur wenn die Konfrontation dazu führt, Gefühle zu bewegen und Einsichten zu erzeugen, kann sie auf Dauer bei dem Einzelnen etwas bewegen. Ein Verstehen bleibe deshalb auch die zentrale Grundlage für einen Zugang zu denen, die wir in ihrem Handeln zunächst nicht verstehen (vgl. Schröder/Merkle 2007, S. 52ff.).

Die selbstkritische Neuorientierung konfrontativer Trainingsprogramme

Es gibt im Bereich AAT/CT Handlungsbedarfe, die seit 2000 umgesetzt worden sind. Auslöser dieser selbstkritischen Neuorientierung sind:

- die Irritationen im Rahmen der Medienarbeit, bei der TV-Sendungen sich fast ausschließlich auf die Provokationstests auf dem heißen Stuhl konzentrieren und damit der Vielfältigkeit der 5-monatigen Behandlungsmaßnahme kaum gerecht werden;
- die Studie des Darmstädter Rechtswissenschaftlers Hein, der aus juristischen Gründen für ein non-touch-Gebot plädiert, dem sich die AAT/CT-Programme seit dem verpflichtet haben. Dies entspricht auch der Rückmeldungen von AAT/CT-Trainerinnen und Trainern, die betonen, dass die Tatkonfrontation auf dem heißen Stuhl konzentriert, aber nicht lautstark und übergriffig durchgeführt werden soll;
- die bis dato mangelnde Betonung der gesellschaftskritischen Perspektive im Kontext der Konfrontativen Pädagogik: Die aggressive Wettbewerbskultur soll als Negativvorbild für die aggressiven Probanden stärker thematisiert werden.

Die Änderung der Medienarbeit: weniger ist mehr

Das Thema „Gewalt“, sowie die Behandlung von Gewalttätern gilt als medial interessant. Die ZDF Dokumentationen „Abschied vom Faustrecht“ (1991), „Gewalt im Griff“ (1998), „Das Mörderprojekt“ (2005) und die Schweizer Filmstudie „Faustrecht“ (2008) können als realistische, vorbildliche Dokumentationen zur Praxis der Konfrontativen Pädagogik empfohlen werden. Allerdings gelingt es in der Gesamtschau der TV-Berichte zu selten, die Trainingsprogramme umfassend darstellen zu lassen. Die TV-Sender konzentrieren sich primär auf die Darstellungen von Provokationstests auf dem heißen Stuhl. Man sieht dabei meist laut stark provozierende, Nähe und Distanz überschreitende Trainer – ein Provokationsritual, das mit den betroffenen Probanden abgestimmt ist und das Ziel verfolgt, die Selbstkontrolle auch in inszenierten Stresssituationen zu erhöhen. Die Langwierigkeit des Beziehungsaufbaus, die diesen Inszenierungen vorangeht – und die vom Düsseldorfer Bewährungshelfer Röskens (2008) präzise dargestellt worden ist – geht in den Sendungen fast immer verloren. Der Zuschauer sieht vielmehr Projektleiter, die der physischen Gewalt der Probanden mit verbaler Aggressivität begegnen.

So hilfreich die Medienarbeit in den neunziger Jahren zur Etablierung der AAT-Programme war, so kontraproduktiv erscheint sie in den letzten Jahren, wenn sie nur ein rein punitiv provokatives Bild der Programme zeichnet. Begriffe wie

- Beziehungsaufbau,
- gegenseitiger Respekt,
- das Stop-Recht, d.h. jede Sitzung jederzeit unterbrechen zu können,
- die Interventionserlaubnis durch den Betroffenen an die Trainer, vor allem
- die Sympathie, die die Teams ihren Probanden entgegenbringen,

gehen bei diesen knappen medialen Arbeitseinblicken verloren. Daher gilt für die Medienarbeit der Zukunft: weniger ist mehr.

Die rechtlichen Grenzen des AAT/CT: die non-touch-Verpflichtung

Die folgenden Ausführungen orientieren sich an der Arbeit des Rechtsprofessors Hein (2006), der die rechtlichen Grenzen des AATs beleuchtet. Neben seinen rechtstheoretischen Kenntnissen greift er dabei auf seine praktischen Erfahrungen zurück, die er bei der Teilnahme an mehreren Anti-Aggressivitäts-Trainingskursen in Mainz gewinnen konnte. Dabei weist er zusammenfassend auf folgende Punkte hin:

- *Das fehlende Zeugnisverweigerungsrecht.* Dazu führt Hein (2006) aus, dass es insbesondere im Rahmen der Integrationsphase problematisch ist, dass aufgrund der einschlägigen methodischen Besonderheiten häufig sowohl das Trainerteam als auch die anderen Teilnehmer ein detailliertes Wissen um weitere (Gewalt-)Taten des jeweiligen Probanden erhalten. Der zeugenschaftlichen Einführung dieses Wissens in ein etwaiges Strafverfahren steht mangels eines einschlägigen Zeugnisverweigerungsrechts grundsätzlich nichts entgegen. Jedenfalls im Falle der gerichtlich auferlegten Teilnahme kommt zwar wegen des Verstoßes gegen den nemo-tenetur-Grundsatz auch ein Verbot der Verwertung der zeugenschaftlichen Aussage in Betracht, doch ist dieses aus Gründen der Effektivität aktueller und zukünftiger Kurse als nicht ausreichend anzusehen. Weil ein Verzicht auf die Benennung der „miesesten Taten" und das Bekennen „neuer" einschlägiger Vorfälle während des Kursverlaufes nicht möglich und zudem pädagogisch sinnwidrig ist, werden hier die Einführung eines originären bzw. abgeleiteten strafprozessualen Zeugnisverweigerungsrechts für die Trainer und Teilnehmer eines AATs befürwortet und entsprechende Vorschläge de lege ferenda unterbreitet.
- *Das non-touch-Gebot beim „heißen Stuhl":* Während der Konfrontationsphase könnten die Teilnehmer eines AATs in ihren Grundrechten verletzt werden. Die Veranstalter eines AATs unterliegen insofern auch sämtlich der Bindungswirkung der Grundrechte. Im Verlauf des Heißen Stuhls kommt es zwar nicht zu einer Verletzung der Menschenwürde, so Hein, doch stellen sowohl körperliche Angriffe als auch zu Zwecken der Provokation erfolgende Berührungen („Tätscheleien") Eingriffe in das Grundrecht der Teilnehmer auf körperliche Unversehrtheit dar, für die keine gesetzliche Ermächtigungsgrundlage ersichtlich ist. Auch ein eventueller Grundrechtsverzicht wäre hier angesichts einer wenn nicht ohnehin gerichtlich auferlegten, dann doch auch sonst regelmäßig nicht völlig „freiwilligen" Teilnahme unwirksam, da der Heiße Stuhl ein „Nadelöhr" des Kurses darstellt und damit nicht nur als zentraler, sondern als zwingender Kursbestandteil anzusehen ist. Die beschriebenen Eingriffe in Art. 2 II 1 GG sind somit verfassungsmäßig nicht zu rechtfertigen, machen zudem eine gerichtliche Weisung unzumutbar im Sinne der §§ 10 I 2 JGG, 56c I 2 StGB und haben insofern zu unterbleiben.
- *Das Rollenspiel zur Vermittlung der Opferperspektive*: Anders stellt sich die Situation während der Opfersitzung dar. Hier erfolgen im Verlauf von Rollenspielen, in denen die Probanden entsprechend geschützt einen für sie typischen Tatverlauf in der Rolle des Opfers erleben, zwar gleichfalls Eingrif-

fe in deren Grundrecht aus Art. 2 II 1 GG, doch ist bei strikter Beachtung der Freiwilligkeit der Teilnahme an dieser Kurseinheit und Einhaltung der sonstigen einschlägigen Voraussetzungen grundsätzlich ein den Eingriff rechtfertigender Grundrechtsverzicht denkbar.

- *Die zwingende Notwendigkeit des fachlichen Problembewusstseins:* Die Gefahren einer allzu sorglosen Ausweitung der Methode und eines verantwortungslosen Umgangs mit Konfrontation werden nach Hein (2006) deutlich, doch kann diesen etwa durch ein entsprechendes Problembewusstsein und die Fähigkeit zur Selbstkritik, eine hohe fachliche Qualifikation der Trainer, die fortwährende wissenschaftliche Begleitung und Fortentwicklung der Methode sowie nicht zuletzt auch durch die grundsätzliche Bereitschaft entgegengewirkt werden, die Kurse „offen" für Interessierte und Gäste durchzuführen, um so schon den etwaigen „bösen Schein" von „Gehirnwäsche" oder „Schwarzer Pädagogik" zu vermeiden.

Heins Ergebnisse sind fester Bestandteil der berufsbegleitenden Zusatzausbildung geworden. Mit dieser selbstkritischen Neuorientierung soll auch der Kritik aus Fachkreisen Rechnung getragen werden.

Die Betonung der gesellschaftskritischen Perspektive: die aggressive Wettbewerbskultur als Negativvorbild

Die Vielzahl der Publikationen zum AAT/CT sowie zur Konfrontativen Pädagogik haben die gesellschaftliche und institutionelle Perspektive im Kontext von Gewalt bis dato zu wenig thematisiert. Dies soll sich ändern. Galtungs Begriff der „strukturellen Gewalt" gilt es stärker hervorzuheben, Heitmeyers Verständnis vom „Modernisierungsverlierer" oder Pfeiffers – wenn auch populistische Formulierung – von der „winner-looser-Kultur" in Bezug auf gewalttätiges Handeln. Notwendig bleibt, sich theoretisch wie im praktischen Handeln gegen Migrationsbenachteiligungen und für ein integrierendes Verständnis von Internationalisierung einzusetzen (Toprak 2005). Es gilt eine stärkere wettbewerbskritische Perspektive zu verfolgen. Die Grundüberlegung ist dabei das Verständnis vom gewalttätigen Menschen als Spiegelbild einer aggressiven Wettbewerbs- und Wirtschaftskultur. Das bundesrepublikanisch akzeptierte aggressive Verhalten im Wettbewerb findet in Begriffen wie „feindliche Übernahme" oder „positive Aggression" ihren Ausdruck. Der Verfasser hat die dahinter stehende Haltung in über 500 Interviews mit Deutschen und Schweizer Führungskräften am Gottlieb-

Duttweiler-Institut für Wirtschaft und Gesellschaft (GDI) in Zürich präzisiert. Die Interviews konzentrierten sich auf zwei Fragen:

- Welche Schattenseiten brauchen Sie zur Stabilisierung oder zum Ausbau Ihres wirtschaftlichen und beruflichen Erfolges ?
- Welche aggressiven Taten haben Sie in Ihrem Berufsleben begangen oder welchen sind Sie zum Opfer gefallen ?

Die Ergebnisse dieser Interviews sind im Campus-Ratgeber „Die Peperoni-Strategie. Wie Sie Ihre berufliche Aggression konstruktiv nutzen" (Weidner 2005) publiziert worden. Die dort beschriebenen beruflichen Machtspiele, stoßen bei vielen Führungskräften auf Interesse, was sich unter anderem darin widerspiegelt, dass das Buch 33 Wochen Platz 1 im Wirtschaftsbuch-Ranking der Financial Times Deutschland belegte. Bosshart (2004), Direktor des GDI bringt dieses Interesse auf den Punkt:

> *„Management heißt: Härte, Mut, Augenmaß. Es braucht zunächst und am wichtigsten als Voraussetzung den Biss, etwas zu wollen. Dann braucht es den Mut, ambitiös zu sein. Und nicht zuletzt braucht es die Kunst, das Augenmaß zu halten."* (Bosshart 2004, S. 1)

Vergleicht man auf diesem Hintergrund die Wirtschaftsmachtspiele mit dem aggressiven Handeln junger Täter, so kann man schlussfolgern, dass sich hier zwei Seiten einer Medaille zeigen. Insofern dürfen gewalttätige junge Menschen als ungekonnte Prototypen einer aggressiven Wettbewerbskultur verstanden werden. Im Bereich von white-collar-crime werden in der Wirtschaftskultur sogar die Eigentums-, Raub- und Sachbeschädigungs-Schäden von delinquenten Jugendlichen bei weitem überboten, wobei – unfairer Weise – die Jugendlichen weit eher mit Haftstrafe bedroht sind, als etwa Steuerhinterzieher, die unterhalb der Millionen Euro-Grenze auf Bewährung hoffen dürfen. Dieses Ungleichgewicht gilt es in Zukunft stärker zu thematisieren.

Resümee

In der Sozialarbeitswissenschaft gilt die Betroffenen Perspektive als wichtiger Eckpfeiler professionellen Handeln. Dahinter steht die Frage, wie die theoretisch-konzeptionellen Überlegungen von den betroffenen Probanden eigentlich wahrgenommen werden. Qualitative Interviews können hier Aufschluss geben, wie sie etwa in der Studie von Schawohl (2009) zur primären und sekundären Behandlungsmotivation von Gewalttätern durchgeführt worden sind. Wer wissen möchte, wie die aggressiven Probanden sich selbst thematisieren, dem sei die Lektüre empfohlen. An dieser Stelle soll allerdings eine Mail als erster Hinweis ausreichen, die den Verfasser am 21.10.2008 von dem ehemaligen AAT Seminarteilnehmer U.L. aus dem Jahre 1989 erreichte:

> *„Hallo Jens. Ich habe ein Bild von Dir im Netz gesehen. Hoffe, Du weist noch wer ich bin (Ex-Tutor mit bester Beurteilung). Das letzte Mal, das wir telefoniert haben war 1993. Das ist eine lange Zeit her. Ich bin seit 5 Monaten in Südamerika. Wir bauen hier ein Stahlwerk auf einer der größten Baustellen der Welt. Mein Job hier ist Stahlbauinspektor. Ich beaufsichtige, kontrolliere die Arbeiten in der Nachtschicht. Den Job mache ich seit 5 Jahren. Mein Leben hat sich radikal geändert. Ich habe eine Familie (2 Kinder und bin seit 1999 verheiratet). Ein altes Haus mit Weserblick.... Gestern habe ich meinen 40ten gehabt. Komisch wie schnell die Zeit vergeht. Ich hoffe es geht Dir und deiner Familie gut, und alles liebe Glück und Gesundheit für Euch wünscht .... P.S Ein Rückschreiben wäre echt super.“*

Mich hat diese Mail sehr gefreut, zumal U.L. vor dem Absolvieren seines AAT die Schlagkraft seines Baseballschlägers an Kühen erprobte – aus Angst seine menschlichen Opfer versehentlich zu erschlagen. Er hielt dies seinerzeit für rücksichtsvoll – eine Verrohung von der er sich schon vor Jahren verabschieden konnte.

Daher meine Empfehlung für die interessierte Leserin und den interessierten Leser am Schluss:

- Arbeiten Sie erfolgreich in der Gewaltprävention.
- Nehmen Sie aggressives Verhalten im pädagogischen Schonraum ins Kreuzfeuer der Kritik.
- Praktizieren Sie dadurch aktiven Opferschutz und
- leisten Sie damit etwas beruflich zutiefst Zufriedenstellendes!

Literatur

Bandura, Albert (1979): Aggression. Eine sozial-lerntheoretische Analyse. Stuttgart: Klett Cotta

Bock, Michael (2000): Kriminologie. München: Vahlen

Bosshart, David (2004): Vorwort. In: Weidner et al. (2004): Mit Biss zum Erfolg. Mönchengladbach: Forum-Verlag Godesberg

Brand, Markus; Saasmann, Michael (1999): Anti-Gewalt-Training für Gewalttäter. Ein sozialpädagogisch konfrontatives Training zum Abbau der Gewaltbereitschaft. In: DVJJ-Journal 4. 1999. 419-425

Colla, Herbert; Scholz, Christian; Weidner, Jens (Hrsg.) (2001): Konfrontative Pädagogik. Das Glen Mills Experiment. Mönchengladbach: Forum-Verlag Godesberg

Corsini, Raymond (1994): Konfrontative Therapie. In: Corsini (1994): 555-570

Corsini, Raymond (Hrsg.) (1994): Handbuch der Psychotherapie. Bd.1. Weinheim, Basel: Beltz

Eggert, Anne; Feuerhelm, Wolfgang (2007): Evaluation des Anti-Aggressivitäts-Trainings und des Coolness Trainings. Forschungsbericht, Mainz

Förster, Jens; Weidner, Jens (2005): Internatserziehung für kriminelle Jugendliche. Die Glen Mills Schools jetzt in Europa! Vom Entwicklungsstand Holland und Entwicklungsland Deutschland. Mönchengladbach: Forum Verlag Godesberg

Hassemer, Winfried (2004): Jugend im Strafrecht. Eröffnungsvortrag zum 26. Deutschen Jugendgerichtstag. In: Zeitschrift für Jugendkriminalrecht und Jugendhilfe 4. 2004. 344-356

Hein, Knud-Christian (2006): Rechtliche Grenzen von Anti-Aggressivitäts-Trainings. Münster: Lit-Verlag

Herz, Birgit (2005): Ist Konfrontative Pädagogik der Rede wert? In: Zeitschrift für Jugendkriminalrecht und Jugendhilfe 4. 2005. 365-374

Heyder, Bernd (2008): „Die Konfrontative Pädagogik auf dem Prüfstand" – Stellungnahme zu H.-J. Plewig. In: Zeitschrift für Jugendkriminalrecht und Jugendhilfe 1. 2008. 52-59

Kilb, Rainer (2006): Offensichtlich ja! – Eine Antwort auf Birgit Herz „Ist Konfrontative Pädagogik der Rede wert?" In: Zeitschrift für Jugendkriminalrecht und Jugendhilfe 3. 2006. 278ff

Kilb, Rainer (2005): Weshalb und wozu Konfrontative Pädagogik? In: Zeitschrift für Sozialpädagogik 1. 2005. 15-19

Kilb, Rainer (2004): Paradigmenwechsel in der Arbeit mit gewaltbereiten Jugendlichen. In: Deutsche Jugend 3. 2004. 115-120

Kilb, Rainer; Weidner, Jens; Gall, Reiner (2006): Konfrontative Pädagogik in der Schule. Weinheim: Klinkhardt

Kilb, Rainer/ Weidner, Jens (2002): „So etwas hat noch nie jemand zu mir gesagt...". In: Kriminologisches Journal 34 (4). 2002. 298-303

Lamnek, Siegfried (2002): Vorwort. In: Schanzenbächer 2002

Schanzenbächer, Stefan (2002): Anti-Aggressivitäts-Training auf dem Prüfstand. Gewalttäter-Behandlung lohnt sich. Herbolzheim: Centaurus

Lorenzo, Giovanni di (2008): Jugendstrafrecht – Koch und seine Kellner. In: DIE ZEIT 04. 2008. 1
Ludwigshausen, Claudia; Böhm, Christian (2008): Das „Cool in School"®-Projekt. In: Pädagogik 12, 2008. 22-25
Plewig, Hans-Joachim (2008): Neue deutsche Härte – Die „Konfrontative Pädagogik" auf dem Prüfstand. In: Zeitschrift für Jugendkriminalrecht und Jugendhilfe 1. 2008. 52 ff.
Ohlemacher, Thomas u.a. (2001): Anti-Aggressivitätstraining und Legalbewährung: Versuch einer Evaluation. In: Bereswill et al. (2001): 345-386
Mechthild Bereswill; Werner Greve (Hrsg.) (2001): Forschungsthema Strafvollzug. Hannover: Kriminologisches Forschungsinstitut Niedersachsen
Röskens, Klaus (2008): Tatkonfrontation: Keine neue deutsche Härte, sondern sozialpädagogische Notwendigkeit – Zum „heißen Stuhl". In: Zeitschrift für Jugendkriminalrecht und Jugendhilfe 3. 2008. 279ff.
Schawohl, Horst (2009): Zur Behandlungsmotivation bei Gewalttätern: Von der sekundären zur primären Behandlungsbereitschaft. Mönchengladbach: Forum-Verlag Godesberg
Schanzenbächer, Stefan (2002): Anti-Aggressivitäts-Training auf dem Prüfstand. Gewalttäter- Behandlung lohnt sich. Herbolzheim: Centaurus
Schröder, Achim; Merkle, Angela (2007): Leitfaden Konfliktbewältigung und Gewaltprävention. Schwalbach
Toprak, Ahmet (2005): Jungen und Gewalt: Die Anwendung der Konfrontativen Pädagogik in der Beratungssituation mit türkischen Jugendlichen. Herbolzheim: Centaurus
Weidner, Jens; Kilb, Rainer (Hrsg.) (2004): Konfrontative Pädagogik. Konfliktbearbeitung in Sozialer Arbeit und Erziehung. Wiesbaden: VS-Verlag
Weidner, Jens; Kilb, Rainer; Kreft, Dieter (Hrsg.) (2002): Gewalt im Griff. Weinheim : Beltz
Weidner, Jens (1993): Anti-Aggressivitäts-Training für Gewalttäter. Mönchengladbach: Forum-Verlag Godesberg
Weidner, Jens (2005): Die Peperoni-Strategie. Wie Sie Ihre berufliche Aggression konstruktiv nutzen. Frankfurt a. M.: Campus
Winkler, Michael (2003): Verliebt in das eigene Programm. In: Sozialextra 27. 4. 44-46
Zypris, Brigitte (2008): Antwort von Brigitte Zypris. In: www.abgeordnetenwatch.de, 8. Dezember

Denn sie wissen nicht, was sie tun. Die Konfrontative Pädagogik und das väterliche Prinzip

Bernd Ahrbeck und Dana Winkler

> „Vom Delinquenten zum Gentleman, verehrte Leser/innen, das ist doch eine Perspektive, für die es sich zu engagieren lohnt, auch in Deutschland!"
> (Weidner 2001, S. 49)

Einleitung

Erfolgreich formatierte Fernsehbeiträge über amerikanische Boot- und deutsche Trainingscamps dürften, ebenso wie andere Quoten bringende Sendungen, ein Vehikel auf der Suche nach immer neuen medialen Sensationen sein. Das Interesse, das ihnen entgegen gebracht wird, beschränkt sich jedoch nicht allein darauf. Auch die inhaltliche Seite spielt eine gewichtige Rolle: Es geht dort um Erziehung, dokumentiert an Erziehungsmaßnahmen für schwer dissoziale und delinquente Jugendliche. Die üblichen pädagogischen Mittel haben bei ihnen versagt; für Eltern, Schule und Jugendhilfe sind sie nicht mehr erreichbar gewesen. Die sich daran anschließende Frage lautet deshalb, ob ihnen in Camps und mit einer Konfrontativen Pädagogik adäquater begegnet werden kann. Die öffentliche Aufmerksamkeit für diese Frage ist beträchtlich. Wie begründet angenommen werden darf, bezieht sie sich nicht nur auf den genannten Personenkreis, sondern geht über ihn hinaus. Ein wichtiger Anknüpfungspunkt dafür dürfte die allgemeine Verunsicherung sein, die sich im Erziehungsgeschehen seit langem etabliert hat[1]. Insofern mag es die Hoffnung geben, aus diesen Sendungen auch etwas über Erziehung im Allgemeinen und das eigene Erziehungsverhalten zu lernen. Nicht in der krassen Weise, wie in den Camps praktiziert, wohl aber durch eine Annäherung an die dort vertretenen Prinzipien.

Auch in den wissenschaftlichen Diskurs hat die Konfrontative Pädagogik Einzug gehalten. Bereits Ende der 1990er Jahre brachten Weidner und Colla den konfrontativen Ansatz ins Gespräch: Als einen möglichen Ausweg für die Sozialpädagogik, die übermäßig häufig in der Arbeit mit schwer beeinträchtigten, vor

[1] Es sei hier nur an die über viele Jahre währende Diskussion über Grenzsetzungen erinnert, zum Beispiel an Gaschkes (2001) „Erziehungskatastrophe".

allem dissozialen und delinquenten Jugendlichen gescheitert ist (Colla/Scholz/Weidner 2001; Kilb/Weidner/Gall 2006). Gefordert wurde ein Umdenken im pädagogischen Selbstverständnis, weg von einer „Kuschelpädagogik", hin zu einer vermehrten und konsequenten Grenzsetzung. Eine Erziehung mit „klarer Linie und Herz", wie Weidner (1999, S. 101) formuliert, sollte als Zukunftsvision für den erfolgreichen Umgang mit mehrfach delinquenten Jugendlichen dienen. „Konfrontative Pädagogik oder präziser formuliert: die konfrontative Methodik in der Pädagogik, versteht sich in diesem Sinne als Ergänzung, als pädagogische ultima ratio, wenn akzeptierendes Begleiten, non-direktive Gesprächsführung, einfühlsame Einzelfallhilfe oder ein lebenswelt-orientierter Zugang nicht mehr ausreichen" (Weidner 2001, S. 7). Weidner nimmt damit eine deutliche Eingrenzung vor: Es geht ihm stärker um eine spezielle Methodik als um ein pädagogisches Gesamtkonzept und der Personenkreis, auf den er sich bezieht, ist recht eng umschrieben.

Das fachliche Interesse, das sich auf eine Konfrontative Pädagogik richtet, ist jedoch weitreichender. Es resultiert unter anderem aus der Unzufriedenheit mit den Überresten und Folgen einer 1968er Pädagogik, die sich allzu sehr am Eigenwillen der Kinder orientiert und als autoritätsfern erwiesen hat. Insbesondere wird der Verlust einer väterlichen Anleitung beklagt, zugunsten einer übertriebenen mütterlichen Nachgiebigkeit. Kinder und Jugendliche sollen nunmehr eine bestimmte Form von Autorität achten lernen, auf Normen und Werte verpflichtet und bei inadäquatem Verhalten konfrontiert werden. Dazu gehört auch, dass sie sich auf Gruppen einlassen und ihre Regeln akzeptieren.

Ob eine „Konfrontative Pädagogik" die bestehenden Erziehungsprobleme zu lösen vermag, lässt sich allerdings bezweifeln. Eine breit angelegte kritische Analyse ist in dem hier vorgegebenen Rahmen nicht möglich. Die weiteren Ausführungen verfolgen deshalb ein begrenztes Ziel. Sie beschäftigen sich mit der Rolle, die das „väterliche Prinzip" in der Konfrontativen Pädagogik einnimmt. Damit wird eine bisher nur wenig explizierte Thematik aufgenommen, die in dem zur Diskussion stehenden Gesamtkontext des konfrontativen Anliegens jedoch von einiger Bedeutung ist.

Als Bezugspunkt dient ein Beitrag Tischners (2004), der das väterliche Prinzip in der Konfrontativen Pädagogik als besonders fruchtbringend vertreten sieht. Bevor wir auf seine Überlegungen genauer eingehen können, wird zunächst das Urkonzept der Konfrontativen Pädagogik anhand der Glen Mills School erläutert und durch die Darstellung der konfrontative Methodik Weidners ergänzt.

Die Glen Mills School

Aus der begrenzten Originalliteratur geht hervor, dass sich die Glen Mills School an einem für hiesige Verhältnisse ungewöhnlichen Verständnis von Delinquenz ausrichtet. Als entscheidende Kategorie gilt das manifeste Verhalten, die Faktizität delinquenten Handelns, das selbst nicht weiter hinterfragt wird. Delinquenz basiert dem entsprechend auf einem sozialen Defizit, das es aufzuheben gilt. Eine wie auch immer gelagerte psychische Problematik der Jugendlichen wird verneint. „Delinquenz ist kein psychiatrisches Syndrom, sondern ein soziales Faktum, genauso wie Armut und Scheidung soziale Faktoren sind" (Ferrainola, zit. nach Colla 2001, S. 65). Die Rückkehr zur Gesetzeskonformität soll durch Gruppenerfahrungen und die Vermittlung prosozialen Verhaltens geschehen. Konstituierend dafür sind folgende Gegebenheiten:

a) Die Glen Mills School wird wesentlich durch die Person des langjährigen Leiters geprägt, Cosimo „Sam" Ferrainola, dem man eine charismatische Ausstrahlung nachsagt. Sein Führungsstil ist patriarchalisch zu nennen: Er dominiert das Geschehen der Einrichtung, seine „Familie", die Mitarbeiter und Zöglinge umfasst. In dieser „Familie" spielt Individualität eine nur äußerst geringe Rolle, auf beiden Seiten, bei Mitarbeitern ebenso wie bei den Jugendlichen. Das zentrale Ziel der Arbeit ist eine normkonforme Homogenisierung des Verhaltens, die aus einer konsequenten und strengen Kollektiverziehung resultieren soll. Anders gelagerte Interventionsformen werden abgelehnt und auf wissenschaftliche Begründungen bewusst verzichtet. Beide gelten als überflüssig.
b) Insofern ist es nur folgerichtig, wenn Ferrainola „[...] nicht müde [wird] zu betonen, dass seine Einrichtung ohne die Mitwirkung professioneller Erzieher, Psychologen oder Sozialpädagogen auskommt. Unter seinen Mitarbeitern befinden sich nicht wenige ehemalige Zöglinge der Anstalt, alle werden sorgfältig ausgewählt [...]" (Körner 2002, S. 54), vor allem danach, ob sie sich mit der Einrichtung identifizieren. Die Regeln des Zusammenlebens sind einfach, klar und durchschaubar. Über ihre Einhaltung wird genau gewacht, Abweichungen werden präzise registriert und die Jugendlichen bei Fehlverhalten in einiger Unerbittlichkeit konfrontiert. Auf der Beziehungsebene begegnen die Jugendlichen Mitarbeitern, die sich entschieden für die Einhaltung des Regelwerkes einsetzen. Als Vorbilder, vor allem als Helden oder Idole, die sich selbst mit einer erheblichen Härte begegnen oder sie lebensgeschichtlich aufgebracht haben. Ihnen gilt es nachzueifern, persönlich nahbar sind sie dabei nicht. Härte wird als positives Attribut von Männlich-

keit verstanden, das zur Verhaltenskorrektur ausreicht. Auf Empathie und Fürsorglichkeit seitens der Mitarbeiter kann deshalb getrost verzichtet werden.

c) In der Glen Mills School dominiert „eine Männerwelt“, es herrscht „fast [ein] Männlichkeitskult“ (Vieten-Gross 1997, S. 141). Weibliche Mitarbeiter kommen nach den vorliegenden Angaben so gut wie gar nicht vor. Lediglich Tischner (2004) und Weidner (2001) erwähnen die Schwiegertochter von Ferrainola, die offensichtlich eine Ausnahme darstellt. Auch sie ist davon überzeugt, dass die Jugendlichen ausschließlich durch eine „Männerwelt“ erreicht werden können: „Wir sind eine Schule für Jungen, kräftige junge Burschen aus harten Verhältnissen. [...] Wir müssen ihnen diese männliche Welt bieten, nur so erreichen wir sie. [...] Das ist Realismus, wie alles hier. Die Alternative für diese Jungen wäre: Knast, Rückfall, Knast, vielleicht lebenslang“ (Kersten 1997; zit. nach Weidner 2001, S. 49). Ein familiäres Angebot mit unterschiedlichen männlichen und weiblichen Rollen und, was noch wichtiger ist, differenten psychischen Prinzipien existiert also nicht. Im Gegenteil: Es ist ausdrücklich unerwünscht. Insofern handelt es sich, sofern der Familienbegriff hier überhaupt Sinn macht, um eine „kalte Familie“. Sie verzichtet auf Individualität und verfehlt ganz bewusst das Ziel, zur Identitätsbildung im üblichen Sinne beizutragen. In ihrer eindimensionalen Welt bleibt kein Platz für intensive zwischenmenschliche Beziehungen wie zum Beispiel Freundschaften unter den Jugendlichen oder persönliche Bindungen an die Erziehenden. Sie werden systematisch unterbunden, begründet mit der Sorge um den Erfolg der Maßnahme. Kein Störfaktor in der Maschinerie Glen Mills darf diese Zielsetzung gefährden.

Der Beitrag Weidners

Weidners konfrontative Methodik ist von der Glen Mills School abgeleitet, unterscheidet sich aber in wichtigen Punkten von ihr und enthält einige weiterführende Überlegungen. Während es sich bei Glen Mills um einen konzeptgemäß durchstrukturierten Schulalltag handelt, beschränkt sich Weidner auf ein Trainingsprogramm, das dem konfrontativen Ansatz verpflichtet ist. Es ist ausgerichtet auf aggressive und vielfach auffällige jugendliche Täter, die sich als weitgehend erziehungsresistent erwiesen haben. Alle bisherigen, auf sie gerichteten Bemühungen haben sie zum Scheitern gebracht, unter anderem deshalb, weil sie keine Veränderungsmotivation zeigen. Sie erweisen sich dabei als durchaus robust, bejahen ihre Aggressivität und möchten sich deshalb „[...] auch nach einem Resozialisierungs-Prozess als durchsetzungsstark und nicht als Versager (Dully) definieren [...]" (Weidner 2001, S. 7). Diese Personengruppe stellt eine Art „Jugendkriminalitätselite" dar, sie gehört zu den „9 % der Jugendlichen, die für die Hälfte aller Straftaten verantwortlich sind" (Weidner 2001, S. 15). Soziale Kompetenzen fehlen ihnen in einem erheblichen Umfang, ihre innere Steuerungsfähigkeit ist nur gering entwickelt und ihr moralisches Bewusstsein unzureichend ausgebildet.

Eine konfrontierende Auseinandersetzung soll zu einer Veränderung führen oder besser gesagt: sie erzwingen. Wichtige methodische Vorbilder sind die konfrontative Therapie Corsinis (1994) sowie Farellys (Farelly/Matthews 1994) provokative Therapie, die „einen schlagartigen, schnellen Erkenntnisgewinn des Menschen" anstrebt (Weidner 2005, S. 11). Die ehemals depotenzierten Mitarbeiter geraten dadurch wieder in eine aktive Position, sie gewinnen das Konzept des Handelns zurück. Dazu bedarf es konfliktfähiger Profis, die Auseinandersetzungen nicht scheuen. Sie sollen sich eines „autoritativen Erziehungsstils" bedienen. Eine persönliche Zuwendung wird ausdrücklich angestrebt, sie spielt neben verständlich begründeten Strukturen und klaren Grenzen eine wichtige Rolle. Eine Abkehr von dem „autoritär-patriarchalischen Erziehungsstil", wie ihn die Glen Mills School praktiziert, ist unübersehbar.

Gleichwohl werden die Jugendlichen, was unbestritten bleibt, durch die Konfrontationen psychisch erheblich belastet. Etwa dann, wenn ihren Gewaltrechtfertigungen im Sinne Farellys mit Übertreibung, Verzerrung, Spott oder Ironie begegnet wird. Verneint wird aber, dass dadurch in nennenswertem Maße schädigende Überforderungen entstehen – dazu sei diese Personengruppe zu robust. Ihre psychische Fragilität werde gemeinhin überschätzt, als ein realitätsinadäquates Fantasieprodukt, das sich fälschlicherweise in den Köpfen der meisten Pädagogen festgesetzt hat. Es entstamme einem tradierten Pädagogikverständnis, das Anforderungen gering schätzt und Konflikte vermeidet. Die herkömmliche Sozialarbeit habe diese Jugendlichen unterfordert, sie dadurch ermüdet und sich in ihren Augen als schwach und hilflos erwiesen. Ihre Ergebnislosigkeit und ihr Scheitern seien auch bei distanzierter Betrachtung offensichtlich.

Eine wichtige Differenz zu Glen Mills Wissenschaftsferne oder gar -feindlichkeit besteht darin, dass sich unter anderem Weidner um eine theoretische Untermauerung seines Konzeptes kümmert. Er stellt vielfältige und differenzierte Bezüge zu unterschiedlichen wissenschaftlichen Theorien her und rekurriert unter anderem auf Korczak, Makarenko, Redl, Rogers, Perls und Hurrelmann. Damit kommt er dem drängenden Wunsch nach einem unkomplizierten und wirkungsvollen Handlungskonzept nach, das zudem theoretisch untermauert ist.

Die väterliche Dimension in der Konfrontativen Pädagogik

Im Jahr 2004 veröffentlicht Tischner einen Artikel mit dem Titel „Konfrontative Pädagogik. Die vergessene ‚väterliche' Seite der Erziehung." Tischner geht von einem Fehlen männlicher Vorbilds- und Identifikationsfiguren in Schulen und Jugendhilfemaßnahmen aus. Im Zuge der 1968er Generation sei eine „Feminisierung der Pädagogik" entstanden, die beide Geschlechter umfasst. Eine emotional warme, authentische und empathische Beziehung stehe im Mittelpunkt pädagogischen Begehrens, Konflikte und Grenzsetzungen würden so weit wie möglich vermieden. Aus dem Blick geraten sei dabei, dass Kinder und Jugendliche für eine gute Entwicklung beides brauchen, ein weibliches wie ein männliches Prinzip, Zuneigung und Schutz ebenso wie deutliche Differenzerfahrungen und konflikthafte Auseinandersetzungen.

In der Schule sind Jungen faktisch vor allem mit weiblichen Bezugspersonen konfrontiert, die sich aus vielfältigen Gründen von der „väterlichen" Seite der Erziehung distanzieren. Unter anderem um einer Diskriminierung der Mädchen entgegenzuwirken, sei ein „jungenfeindliches Biotop" entstanden (Tischner 2004, S. 26). Mädchen würden massiv bevorzugt, was sich unter anderem in besseren Schulleistungen niederschlägt. Ihr der schulischen Situation angepassteres, „pflegeleichtes" Verhalten sei heimlich, still und leise zur allgemein verbindlichen Verhaltensnorm erkoren worden. Jungen seien dagegen chancenlos: Ihr tradiertes Rollenverhalten, das lauter und aggressiver ist, ziehe umgehend eine Abwertung nach sich, sichtbar daran, dass der Anteil der Jungen in Therapie und Erziehungsmaßnahmen rund zwei Drittel beträgt. Lehrer, die das männliche Erziehungsprinzip verkörpern, stünden ihnen nicht ausreichend zur Verfügung – obgleich sie dringend darauf angewiesen wären. Zum einen, damit ihr extrovertiertes Verhalten nicht nur als aggressiv und defizitär empfunden wird. Zum anderen, um ihnen mit einiger Entschiedenheit Grenzen aufzuzeigen und sozial verbindliche Normen- und Wertesysteme nahe zu bringen.

Gerade letzteres sei in intakten Familien die Aufgabe des Vaters. Dramatisch veränderte Familienkonstellationen stünden dem jedoch zunehmend entgegen:

> „Potenziert werden die Folgen des vor allem in Kindergärten und Grundschulen bestehenden Männermangels durch den familialen Wandel: Immer mehr Jungen wachsen ohne jede männliche Bezugsperson auf, weil inzwischen in jeder sechsten Familie die Mutter alleine erzieht. Die desaströsen Folgen für die Persönlichkeitsentwicklung gerade für Jungen, wurden kürzlich in einem Zeit-Artikel (2003) dargestellt:

> Der Anteil jener Kinder, die ohne Vater aufwachsen, ist unter späteren Schulversagern, Studienabbrechern, Drogenabhängigen, Vergewaltigern und Gefängnisinsassen überproportional hoch. Fast zwei Drittel aller Vergewaltiger, drei Viertel der jugendlichen Mörder und ein ähnlich hoher Prozentsatz jugendlicher Gefängnisinsassen mussten ohne Vater groß werden" (Tischner 2004, S. 27).

Angesichts der Tatsache, dass immer mehr Kinder in Familienkonstellationen ohne real vorhandenen oder psychisch präsenten Vater aufwachsen, falle es öffentlicher Erziehung zu, diesen Part zu gewährleisten. Was den Jungen vor allem fehlt, seien Grenzsetzungen und eine Konfrontation mit Normen, Regeln und Fehlverhalten. Die Pädagogik dürfe sich dieser Aufgabe nicht entziehen. Sie ist, so Tischner, ihrem Wesen nach konfrontativ verfasst. Die beteiligten Pädagogen werden deshalb aufgefordert, diesem Teil ihres Erziehungsauftrages ein stärkeres Gewicht zu verleihen. Einen denkbaren Ausweg sieht Tischner im Konzept von Glen Mills. Dort gibt es, als Gegengewicht zu einer feminisierten Pädagogik, keinen Mangel an männlichen Vorbildfiguren. Es wird vielmehr ein markantes Männlichkeitsprofil angeboten, ein beinahe gewollt heldenhaftes Bild von Männlichkeit, das den bisherigen inner- und außerfamiliären Mangelerfahrungen entgegen wirken soll. Orientiert an den Vorbildern des Spitzensports oder auch des Militärs, vermag es den Jugendlichen das zu geben, was sie zur Ausbildung einer eigenen männlichen Identität benötigen.

Kritische Überlegungen

Die vorstehenden Ausführungen deutschsprachiger Autoren verdeutlichen, dass sich die Konfrontative Pädagogik nicht einfach auf äußere Verhaltenskorrekturen reduzieren lassen will. Dafür sprechen Weidners weitreichenden theoretischen Ausführungen ebenso wie der Beitrag Tischners, der die bisherige Diskussion mit der Frage nach der psychischen Bedeutung des Vaters um ein wichtiges Moment erweitert. Er eröffnet damit einen spezifischen Raum für die Innenwelt der Jugendlichen, an den sich pädagogische Überlegungen anschließen.

Es gibt in der Tat gute Gründe dafür, Tischners Ausführungen zum Verlust der väterlichen Dimension ernst zu nehmen. Elisabeth Roudisnesco (2008, S. 120) hat in einer klugen historischen Analyse beschrieben, wie die

> „Macht des Vaters immer mehr zerfiel und in eine zunehmend abstrakte symbolische Ordnung überging", ... [mit einem] ... „sehr verschwommene[n] Bild der vä-

terlichen Autorität, die sich im Nichts der wachsenden Maternalisierung aufzulösen schien“ (Roudisnesco 2008, S. 112).

Auch die Psychoanalyse ist über einige Zeit dieser Entwicklung gefolgt und dem weiblichen Charme erlegen, indem sie die Mutter-Kind-Beziehung in den Fokus der Theoriebildung stellte und die Bedeutung der Mutter für die kindliche Entwicklung überhöhte. Mit dem ödipalen Konflikt, dem „Kernkomplex der Neurose[n]“ (Freud 1912, S. 24), blieb daneben jedoch ein essentielles Gerüst erhalten, das auf Mann *und* Frau, Mutter *und* Vater verweist – auf eine reale und eine symbolische Ordnung. Und damit auf das (biologische) Geschlecht, die (gesellschaftliche) Geschlechterrolle und – neu eingeführt – das Begehren als psychische Dimension.

Zu einer theoretischen Rehabilitierung des Vaters kommt es um die Jahrtausendwende (Grieser 1998; Aigner 2001). Unter besonderer Beachtung früher Triangulierung wird die Unverzichtbarkeit des Vaters in vielfältiger Hinsicht betont. Er ermöglicht als Repräsentant der Außenwelt die Ablösung von Mutter und Kind und trägt als Identifikationsobjekt auf unterschiedlichen Entwicklungsstufen entscheidend zur psychischen Strukturbildung des Kindes bei, durch die Vermittlung von Werten, Geboten und Verboten, diversen Anregungen zur Ich- und Selbstentwicklung, einen maßgeblichen Einfluss bei der Ausbildung der geschlechtlichen Identität, der generationalen Differenzierung und der Identitätsentwicklung. Besonderes Augenmerk wird dabei auf die symbolische Funktion des Vaters gelegt, die Bedeutung des väterlichen Prinzips für die Innenwelt des Kindes. Insofern geht es nicht nur um real anwesende oder gar leibliche Väter, sondern um etwas noch Elementareres. Nämlich eine gesetzgebende väterliche Funktion, den „Namen des Vaters“ (le nom du père), wie es bei Lacan heißt (vgl. Julien 1992). Dies soll hier nicht im Einzelnen und im einschlägigen Fachvokabular ausgeführt werden. Ebenso wenig werden Untersuchungsbefunde vorgestellt, die auf die negativen Folgen einer mangelnden väterlichen Präsenz verweisen (vgl. Küchenhoff 2002; Dammasch/Metzger 2006; Metzger 2008).

Überraschend an den Ausführungen Tischners ist nun, dass er die „vergessene väterliche Seite der Erziehung“ und eine Rehabilitierung des Vaters in der Glen Mills School wiederzufinden glaubt. Dort, wo ein eindimensionales Beziehungs- und Erziehungskonzept vertreten wird, das den Lebensalltag lückenlos im Sinne einer totalen Institution abdeckt. Es beruht auf einer massiven äußeren Verhaltenskontrolle: Sie zielt machtvoll darauf hin, dass ein unbedingter Gehorsam entsteht und trainiert die Jugendlichen bis zur Widerstandslosigkeit – nicht selten dadurch, dass sie bewusst an die Grenzen ihrer physischen und psychischen Leistungsfähigkeit getrieben werden. Mit rigoroser Strenge wird jegliche Selbstständigkeit im Denken und Handeln unterbunden.

> „Ziel ist ein Gleichklang von formeller und informeller Erziehungsstruktur, pointiert formuliert: ein subkulturfreies Milieu, d. h. die Normen der Mitarbeiter (von der Leitung über den Erzieher bis zum Hausmeister) und der Jugendsubkultur streben Deckungsgleichheit an“ (Weidner 2001, S. 12).

Die Erziehung des Einzelnen erfolgt in der Gruppe, durch die Gruppe, für die Gruppe.

Was ist daran väterlich, so möchte man fragen. Als ein entscheidendes Element der Väterlichkeit wird von Tischner in der Durchsetzung eines gesetzlichen Rahmens gesehen, der Regeln der Einrichtung. Sie werden konsequent vertreten von Mitarbeitern, die den Jugendlichen weder ausweichen noch Konflikte scheuen. Verständnisvoll, nachgiebig und manipulierbar sind sie nicht. Männliche Vorbilds- und Identifikationsfiguren stehen ihnen zweifelsfrei zur Verfügung, wobei allerdings zu klären ist, welche Bedeutung sie haben und welchen intrapsychischen Niederschlag sie finden.

Es sei noch einmal ins Gedächtnis gerufen, dass die hier interessierenden Jugendlichen als persönlich und pädagogisch unerreichbar beschrieben werden. Über ihre psychodynamischen und strukturellen Hintergründe existieren in der Glen Mills Scholl konzeptgemäß keine Angaben. Weidners Ausführungen verweisen auf erhebliche Störungen der Persönlichkeit: Mit überhöhten Idealbildern des eigenen Selbst, einer schwer erschütterbaren Identifikation mit abweichendem Verhalten und persönlicher Unnahbarkeit. Was vor allem imponiert, ist ihre Rigidität. Sie lässt einen flexiblen Dialog mit sich selbst (und anderen) nicht zu: Sei es, da sie ausschließlich über archaische, das heißt unlegierte innere Stimmen verfügen, zu denen sich keine Nebentöne einstellen. Oder weil sie, was wahrscheinlicher ist, mit großer innerer Härte gegen jeden Widerspruch in sich selbst vorgehen.

Vor diesem Hintergrund treffen sie in Glen Mills auf eine Außenwelt, die ebenfalls harte bis härteste Anforderungen stellt und eine archaische Männlichkeit ohne jede Relativierung repräsentiert. Da die Gesetze der Einrichtung zudem entpersonalisiert vertreten werden, gibt es gute Gründe für die Annahme, dass sie auf der inneren Bühne ohne Überzeugungs- und Haltekraft bleiben. Denn es ist kaum vorstellbar, dass auf diese Weise notwendige psychische Integrationsleistungen gefördert oder angebahnt werden. Allenfalls schließen sich die neuen Erfahrungen an die bestehenden problematischen Strukturen an, bedienen sich ihrer und führen sie im günstigen Fall unter veränderten Vorzeichen fort. Auf der Ebene der Objektrepräsentanzen ist eher mit Idolisierungen als mit Idealisierungen zu rechnen, die ein Übergangsstadium auf dem Weg zu realistischen Selbst- und Idealbildern sein können. Idolisierungen unterscheiden sich von Idealisierungen dadurch, dass sie grobschlächtiger erfolgen, entpersonalisierter bleiben und sich psychisch als ein Fremdkörper etablieren, der kaum differenzierte innere Ableitungen ermöglicht.

Das Konzept der Väterlichkeit ist in der einschlägigen Literatur in einen triangulären Raum eingewoben; also in einen Rahmen, der andere vorfindet, ihre Existenz voraussetzt. Der Vater erhält als Dritter seine Bedeutung für das Kind dadurch, dass er hinzukommt. Dieser triangulären Konstellation ist inhärent, dass unterschiedliche Positionen anerkannt und aufeinander bezogen werden. Insofern geht es immer um ein Ringen zwischen den beteiligten Personen und eine Abstimmung darüber, wie mit Differenzen umgegangen wird. Väterlichkeit existiert demnach nie in einer reinen, das heißt unlegierten Form.

Konkreter gefasst und beispielhaft erläutert: Der Einfluss, den der Vater als Vorbild und Resonanzkörper auf die Moralentwicklung des Kindes ausübt, erfolgt auf der Grundlage einer bereits zuvor gelegten mütterlichen Basis. Der Vater tritt nicht ausschließlich als Fremder auf, der unbequeme Gesetze vertritt, sondern auch als jemand, der sich um ihre Vermittlung und Relativierung bemüht. Verbote und Grenzsetzungen werden nicht umstandslos ausgesprochen, sondern auf die Situation des Kindes bezogen. Dazu gehört eine freundliche Unterstützung des Kindes, die Anerkennung seines Ringens um Erkenntnis und Einsicht, aber auch eine Standhaftigkeit, die vor übergroßer Relativierung und Entwertung schützt. All dies geschieht in einem triangulären Raum, an dem auch die Mutter als eine deutlich verschiedene, aber nicht völlig separierte Person beteiligt ist. Reife und realitätstüchtige psychische Strukturen zeichnen sich durch eine innere Flexibilität aus, im Falle des Über-Ich durch gesicherte Verbote, gepaart mit der Einsicht in eigene Fehlbarkeit und Möglichkeit des Verzeihens. Dies setzt einen äußeren Erfahrungsraum voraus, der sich als hinreichend differenziert erweist, sowohl im Sinne eines männlichen als auch eines weiblichen psychischen Prinzips. Gleiches gilt für die narzisstische Dimension. Ein stabiler, auch in Belastungssituationen (relativ) gesicherter Selbstwert und ein realistisches, mit den eigenen Möglichkeiten und Grenzen versöhntes Ichideal werden sich nur etablieren können, wenn ausreichend Gelegenheiten zu gewährenden wie begrenzenden Erfahrungen existieren.

Von all dem ist in Glen Mills nicht die Rede und auch nicht in Tischners Versuch, dort die väterliche Seite der Erziehung wieder zu entdecken. Unübersehbar dominiert in Glen Mills ein radikal aufgespaltenes und damit partiell entleertes Vaterbild. Die Entfaltung eines triangulären Raumes wird von Anfang an behindert durch einen radikalen Verzicht auf eine weibliche Dimension, für die es schlichtweg keinen Platz gibt. Eine generationale Differenzierung unterbleibt gleichermaßen. Sie wird durch ein Gruppenkonzept von Gleichen ersetzt, das auf beiden Seiten – den Zöglingen wie den Mitarbeitern – auf eine größtmögliche Homogenisierung setzt. Die Gruppen selbst unterscheiden sich durch die Funktion, die sie ausüben, nicht aber in ihrer inneren Struktur. Die Erziehenden schöpfen ihre Qualifikationen aus ihrem Lebensalltag, einem Alltag, der dem der Zöglinge sehr ähnlich ist und es auch sein soll. Bevorzugt werden Mitarbeiter eingestellt, die eine ebenso problematische Vorgeschichte aufweisen wie die Jugendlichen selbst. Die Erziehenden verfügen konzeptgemäß zumeist über keine pädagogische Ausbildung, so dass auch dadurch eine zentrale, inhaltlich und generational ausgewiesene Trennungslinie zwischen beiden Gruppen entfällt.

Insofern lässt sich fragen, an welche Vorerfahrungen der Jugendlichen Glen Mills anknüpft. Vieles spricht dafür, dass den Jugendlichen auf einer frühen, noch unreifen Entwicklungsposition begegnet wird. Ein wichtiger Beleg dafür findet sich in einem archaischen Männlichkeits- und Vaterbild, dem fast bedingungslos gefolgt werden muss. Die entscheidende Differenzerfahrung, die zu einer Veränderung führen soll, besteht in einer radikalen Umorientierung von Werten in einer streng hierarchisch strukturierten Beziehungskonstellation. Damit wird auf einer Ebene agiert, die den Jugendlichen von ihrer inneren Verfasstheit her allzu bekannt ist. Darüber hinaus lassen sich keine systematischen Gründe dafür erkennen, wie von dieser Position aus eine psychische Weiterentwicklung stattfinden kann. Auf der äußeren Ebene dürfte es dabei vielfach zu einer Wiederholung früherer Beziehungserfahrungen kommen, die den Gesetzen der Straße, des Ghettos und mitunter auch des häuslichen Milieus folgen – auch hier unter Umkehrung der Vorzeichen und mit positiver Besetzung eines nunmehr institutionell verankerten Verhaltenskodex. Auf der manifesten Ebene mögen dadurch durchaus Verhaltenskorrekturen gelingen.

Vor diesem Hintergrund ist schwer nachvollziehbar, wieso sich von Glen Mills aus eine allgemeine pädagogische Umorientierung herleiten lassen soll. Tischner, der dies befürwortet, bezieht sich an zentraler Stelle auf die Feminisierung hiesiger Bildungsverhältnisse und beschreibt die negativen Folgen, die daraus resultieren. Darüber nachzudenken ist notwendig, mag lohnend und gewinnbringend sein. Ein Erfolg wird sich aber nur dann einstellen, wenn der Komplexität dieses Phänomens nachgegangen und insbesondere entwicklungspsychologische Erkenntnisse zum mütterlichen und väterlichen Prinzip mitbedacht werden. Bei Tischner sucht man dies vergeblich. Die von theoretischen Überlegungen befreite Praxis von Glen Mills bietet dazu ebenso wenig einen gangbaren Weg wie Weidners ausgefeilten theoretischen Begründungen für Trainingsprogramme, die sich einer konfrontativen Methodik bedienen.

Dennoch ist die Gefahr groß, dass sich eine Konfrontative Pädagogik etabliert, die über die kleine Personengruppe hinausgeht, für die Weidner ein konfrontatives Vorgehen als pädagogische ultima ratio hält. Davon zeugen unter anderem die Ausweitung auf verhaltensgestörte Kinder in sonderpädagogischen Settings (Musial/Trüter 2005), auf schulische Gewaltprävention und Interventionsprogramme in der Jugendhilfen (Friedrich- Ebert- Stiftung 2005) sowie das steigende einschlägige Interesse verschiedener Institutionen, die sich mit der Aus- und Weiterbildung von Pädagogen beschäftigen. Kritische Stellungnahmen bringen die Sorge über diese Entwicklung zum Ausdruck (Deutsches Jugendinstitut 2002; BHP- Stellungnahme 2005).

Es wäre aus unserer Sicht erhellend, in der Praxis der Konfrontativen Pädagogik eine schlichte Umerziehungsmaßnahme zu sehen, die auf einen Einblick in die Psyche verzichtet. Sie hat dann weder mit Väterlichkeit noch Mütterlichkeit zu tun, sondern sehr viel mehr mit der black-box eines gar nicht so weit entfernten Behaviorismus. Wer in Glen Mills ein väterliches Prinzip entdeckt und, unter anderem darauf aufbauend, eine Veränderung hiesiger Bildungsverhältnisse empfiehlt, wird sich kritische Fragen gefallen lassen müssen. Insofern wurde der kräftige Titel dieses Beitrages nicht zufälligerweise gewählt.

Literatur

Aigner, Josef C. (2001): Der ferne Vater. Zur Psychoanalyse von Vatererfahrung, männlichen Entwicklung und negativem Ödipuskomplex. Gießen: Psychosozial

BHP- Stellungnahme (2005): Erklärung von Lehrenden des Faches Pädagogik bei Verhaltensstörungen an sonderpädagogischen Studienstätten. In: Behindertenpädagogik 44. 4. 306- 308

Colla, Herbert E. (2000): Glen Mills Schools – Was bietet das US-amerikanische Internat für delinquente männliche Jugendliche? In: Forum für Erziehungshilfe 6. Jg., H. 2, S. 68-75

Colla, Herbert E. (2001): Glen Mills Schools. A private out-of-state residential facility. In: Colla, H. E./Scholz, C.;/Weidner, J. (2001) (Hrsg.): „Konfrontative Pädagogik“. Das Glen Mills Experiment. Mönchengladbach: Forum Verlag Godesberg, S. 55-92

Corsini, Raymond J. (1994): Konfrontative Therapie. In: Corsini, R. J. (1994) (Hrsg.): Handbuch der Psychotherapie. Bd. 1, Weinheim, Basel: Beltz, S. 555-570

Dammasch, Frank; Metzger, Hans-Geerd (2006) (Hrsg.): Die Bedeutung des Vaters. Psychoanalytische Perspektiven. Frankfurt a. M.: Brandes & Apsel

Deutsches Jugendinstitut e. V. (2002) (Hrsg.): Die Glen Mills Schools, Pennsylvania, USA. Ein Modell zwischen Schule, Kinder- und Jugendhilfe und Justiz? München: DJI

Farrelly, Frank; Matthews, Scott (1994): Provokative Therapie. In: Corsini (1994): Handbuch der Psychotherapie. Bd. 1, Weinheim, Basel: Beltz, S. 956-977

Freud, Sigmund (1999): Totem und Tabu. In: Gesammelte Werke, Bd. IX. Frankfurt a. M.: Fischer (zuerst: 1912)

Friedrich-Ebert-Stiftung (Hrsg.) (2005): Konfrontative Pädagogik. Neue Handlungsstrategien im Umgang mit Kindern und Jugendlichen als Täter und Opfer in einer Erziehenden Schule. Berlin (zuerst 2003)

Gaschke, Susanne (2001): Die Erziehungskatastrophe. Stuttgart, München: DVA

Grieser, Jürgen (1998): Der phantasierte Vater. Zur Entstehung und Funktion des Vaterbildes beim Sohn. Tübingen: edition diskord

Julien, Philippe (1992): Die drei Dimensionen der Vaterschaft in der Psychoanalyse. In: Seifert, Edith (1992) (Hrsg): Perversion der Philosophie: Lacan und das unmögliche Erbe des Vaters. Berlin: Edition Tiamat, 163-178

Kilb, Rainer; Weidner, Jens; Gall, Rainer (2006): Konfrontative Pädagogik in der Schule. Weinheim, München: Klinkhardt

Körner, Jürgen (2002): Die Glen Mills Schools aus kognitiv-entwicklungspsychologischer Perspektive. In: Deutsches Jugendinstitut e. V. (2002) (Hrsg.): Die Glen Mills Schools, Pennsylvania, USA. Ein Modell zwischen Schule, Kinder- und Jugendhilfe und Justiz? München: DJI, S. 50-58

Küchenhoff, Joachim (2002): Innere und äußere Gewalt. Der Beitrag der Psychoanalyse zum Verständnis individueller Gewaltbereitschaft und Gewaltverarbeitung im gesellschaftlichen Kontext. In: Schlösser, A.-M./Gerlach, A. (2002) (Hrsg.): Gewalt und Zivilisation. Erklärungsversuche und Deutungen. Gießen: Psychosozial, S. 229-250

Metzger, Hans-Geerd (Hrsg.) (2008): Psychoanalyse des Vaters. Klinische Erfahrungen mit realen, symbolischen und phantasierten Vätern. Frankfurt. a. M.: Brandes & Apsel

Musial, Rebekka; Trüter, Claudia (2005): Härte und Sanktionen statt Empathie und Mitgefühl – Die Konfrontative Pädagogik als letzte Chance für die Erziehungshilfe. In: Zeitschrift für Heilpädagogik 56. Jg., H 6, S. 218-227

Roudisnesco, Elisabeth (2008): Die Familie ist tot. Es lebe die Familie. Stuttgart: Klett-Cotta

Tischner, Wolfgang (2004): Konfrontative Pädagogik. Die vergessene „väterliche“ Seite der Erziehung. In: Weidner, J./Kilb, R. (2004) (Hrsg) Konfrontative Pädagogik. Konfliktbearbeitung in Sozialer Arbeit und Erziehung. Wiesbaden, S. 25-49

Vieten-Gross, Dagmar (1997): Glen Mills School – Eine Alternative zum Strafvollzug für straffällige Jugendliche in Amerika. In: DVJJ – Journal 8. Jg., H. 2, S. 136-141

Weidner, Jens (1999): Kriminalpolitik mit Augenmass aus der Perspektive konfrontativer Sozialer Arbeit. In: Rundbrief Straffälligenhilfe. Schleswig-Holstein 22/1999, S. 4-11

Weidner, Jens (2001): Vom Straftäter zum Gentlemen? Über konfrontative Pädagogik als Erziehung – ultima ratio. In: Colla H. E./Scholz, C.;/Weidner, J. (2001) (Hrsg.): „Konfrontative Pädagogik“. Das Glen Mills Experiment. Mönchengladbach: Forum Verlag Godesberg, S. 7-54

Weidner, Jens (2005): Konfrontative Pädagogik. Ein Plädoyer für eine gerade Linie mit Herz, auch im schulischen Alltag. In: Friedrich-Ebert-Stiftung (2005) Konfrontative Pädagogik. Neue Handlungsstrategien im Umgang mit Kindern und Jugendlichen als Täter und Opfer in einer Erziehenden Schule. Berlin, S. 3-15 (zuerst 2003)

Kulturen und „Unkulturen“ des Grenzensetzens in der Pädagogik

Rolf Göppel

Kulturen und Unkulturen – wir und die anderen

„‚Unkulturen‘ in Erziehung und Bildung“ war als Titel für die Arbeitsgruppe vorgegeben, welche die Kommission „Psychoanalytische Pädagogik“ gemeinsam mit der Sektion „Sonderpädagogik“ auf dem DGfE-Kongress in Dresden durchführte, der 2008 insgesamt unter dem Rahmenthema „Kulturen der Bildung“ stand. Als mich im Vorfeld die Anfrage nach einem Beitrag zu dieser Arbeitsgruppe erreichte, war ich gerade in anderem Zusammenhang mit dem Thema der „Grenzen in der Erziehung“ befasst, also habe ich damals kurz entschlossen die Formulierung „Kulturen und Unkulturen des Grenzensetzens in der Pädagogik“ vorgeschlagen.

Im Nachhinein sind mir dann gewisse Bedenken gekommen, ob dieser Titel so ganz glücklich gewählt war, – weniger deshalb, weil man ja auch fragen kann, ob die Rede von den „Unkulturen“ überhaupt politisch korrekt ist –, sondern eher deshalb weil er eine allzu simple schwarz-weißen Gegenübersetzung und damit die Gefahr der Selbstgefälligkeit nahe legt, wie sie auch im Erläuterungstext zu dieser Arbeitsgruppe etwas durchschien: Wir, die wir dort auf dem Kongress in der Arbeitsgruppe „‚Unkulturen‘ in Erziehung und Bildung“ versammelt waren, stellten natürlich die Vertreter der „Kultur“ also als die Guten, Edlen, Verständnisvollen, Humanen, Dialogischen, die Aufgeklärten, Demokratischen, die mit den Unterprivilegierten Solidarischen, kurz: die wahren Pädagogen dar. Die anderen dagegen, die konfrontativen Pädagogen, die hier kritisiert werden sollten, hätten demnach als die Vertreter der „Unkultur“, also als die Bösen, die Ausgrenzenden, die Barbaren, die Autoritätsfixierten, die Strafversessenen, die Disziplinartechniker, diejenigen, die die „schwarze Pädagogik“ wieder hoffähig machen wollen, zu gelten.

Um es gleich klar zu stellen: Ich bin keineswegs der Meinung, dass in Deutschland ein allgemeiner Erziehungsnotstand herrscht, der durch eine Rückkehr zu mehr Autorität und Disziplin behoben werden könnte oder sollte. Auch ich finde viele der Tendenzen und Trends, die sich in Sachen „Erziehungszeitgeist“ in der jüngsten Zeit abzeichnen, ziemlich bedenklich und fand gerade die Versuche einer wahlkampftaktischer Funktionalisierung der Jugendkriminalität, wie sie im Hessischen Landtagswahlkampf im Frühjahr 2008 zu beobachten waren, ziemlich unsäglich. Dennoch will ich hier nicht einfach in das inzwischen gängige Klage-, Zurückweisungs- und Vorwurfslied einstimmen.

Vielmehr will ich der Frage nach gehen, ob und wie sich eigentlich (sozial-) pädagogische Maßnahmen, die nicht auf der „sorgenden und unterstützenden Seite" des Helfens, Verstehens, Anregens und Beratens, sondern eher auf der „konfliktorientierten Seite" des Forderns, Einschränkens, Zumutens und Konfrontierens liegen, legitimieren lassen.

Natürlich gab und gibt es in unterschiedlichen Epochen und unterschiedlichen Regionen durchaus unterschiedliche erzieherische Kulturen, d.h. deutlich unterschiedliche Vorstellungen über den angemessenen Umgang zwischen Erwachsenen und Kindern, also darüber, was an Respekt, Zurückhaltung, Unterordnung, Gehorsam von Kindern und Jugendlichen ganz selbstverständlich zu erwarten ist und hinsichtlich dessen, was die probaten erzieherischen Mittel sind, wenn Kinder und Jugendliche diesen Erwartungen nicht entsprechen.

Und natürlich gibt es auch in unserer gegenwärtigen bundesrepublikanischen Gesellschaft, die durch zunehmende Pluralisierung und Individualisierung gekennzeichnet ist, in unterschiedlichen gesellschaftlichen Segmenten und Milieus durchaus unterschiedliche gewachsene familiäre „Erziehungskulturen" und damit deutlich unterschiedliche Ausprägungen von Regeln und Ritualen, von Stilen des Grenzensetzens, des Grenzendurchsetzens und des Umgangs mit Grenzverletzungen. Dass manche davon hochproblematisch sind, dass es Lieblosigkeit, Gewalt und Vernachlässigung in Familien gibt, muss hier nicht weiter ausgeführt werden.

Mir geht es im Weiteren weder um allgemeine Forderungen nach einer Wiederaufwertung von Disziplin und Autorität à la Bueb noch um die in dieser Hinsicht durchaus ziemlich unterschiedlichen „gewachsenen Familienkulturen", sondern mir geht es um aktuelle pädagogisch-professionellen Konzepte, die derzeit propagiert werden mit dem Anspruch, damit spezifischere und wirksamere erzieherische Mittel in der Hand zu haben um bei Kindern und Jugendlichen, die immer wieder gegen Grenzen des sozialen Umgangs verstoßen haben, eine Einsicht in die Sinnhaftigkeit von sozialen Regeln und eine Bereitschaft zur Einhaltung entsprechender Grenzen zu bewirken. Dabei ist natürlich keineswegs zu übersehen, dass die Attraktivität und die Akzeptanz solcher Konzepte immer auch mit übergreifenden pädagogischen Zeitgeistströmungen zusammenhängen.

Ich will dabei auch nicht noch einmal auf jenen anstößigen Text von Musial und Trüter (2005) mit dem programmatischen Titel „Härte und Sanktionen statt Empathie und Mitgefühl – die konfrontative Pädagogik als letzte Chance für die

Erziehungshilfe?“ eingehen, dessen Erscheinen in der Zeitschrift für Heilpädagogik für allerhand berechtigte Empörung gesorgt hat und Anlass für scharfe Zurückweisungen war. Dass man so, wie in den dort geschilderten Fallbeispielen nicht mit schwierigen Grundschulkindern in einer sozialpädagogischen Tagesstätte umgehen kann, liegt auf der Hand. Das muss man nicht noch einmal ausführlich begründen.

Ich möchte weiterhin klar stellen, dass ich selbst für delinquente Jugendliche und Heranwachsende die Einrichtung von stationären Einrichtungen, die nach dem Modell der Glen Mills Schools durchgängig von einer rigiden Konfrontations-, Autoritäts-, Unterwerfungs- und Peer-Control-Ideologie getragen sind, und damit wirklich den Charakter einer „totalen Institution“ haben, entschieden ablehne (vgl. Colla/Scholz/Weidner 2008).

Stattdessen will ich mich noch einmal mit einem ganz bestimmten Segment in dem doch komplexen Feld dessen, was neuerdings alles unter dem Begriff „konfrontative Pädagogik“ subsumiert wird, nämlich dem ambulanten Anti-Aggressivitäts-Training auseinandersetzen. Das AAT stellt ja gewissermaßen das „Flaggschiff“ der konfrontativen Strömung innerhalb der Sozialpädagogik dar. Ein besonders medienwirksames Flaggschiff zudem, weil hier die Kameras richtige „Action“ rund um den „heißen Stuhl“ ins Bild bringen können und das ist für das Fernsehen allemal interessanter als lange und zähe Problemgespräche oder unauffällige sozialpädagogische Hintergrund-Unterstützung für einen gelingenden Alltag.

Ich gehe davon aus, dass das Anti-Aggressivitäts-Training weitgehend bekannt ist, will aber trotzdem zur Veranschaulichung zunächst eine kurze exemplarische Sequenz eines solchen Trainings präsentieren. Ich greife dabei auf eine Filmdokumentation über solch ein Training zurück, die am 27. 11. 2007 von SpiegelTV unter dem Titel „Auf der schiefen Bahn. Jugendliche Gewalttäter in Deutschland“ gesendet worden ist.

Tobias, ein Jugendlicher der mehrfach wegen schwerer Körperverletzungsdelikte straffällig wurde, muss sich im Rahmen des Anti-Aggressivitäts-Training der Situation auf dem „heißen Stuhl“ stellen. Er sitzt in der Mitte des Stuhlkreises, eng umringt von den anderen Trainingsteilnehmern und den AAT-Trainern. Diese rücken ganz dicht an ihn heran und schreien ihn heftig und lautstark an:

Trainer 1: Komm mal endlich rüber junger Mann! – Entweder wir packen hier jetzt richtig aus, oder wir lassen die Sache. Nur Du bist wichtig. Hauptsache Du kommst aus der Verhandlung gut raus. ... Du hast selber gesagt, es gibt nichts Geileres für Dich, als auf einem zu liegen und ihm in die Fresse zu drücken. Und dafür ist Dir alles recht!

Tobias: Meistens denke ich nicht drüber nach, was ich mach', was ich sag', was ich tu'. Und wenn ich's tun' hab', denk' ich Scheiße, wie kommst Du da jetzt wieder raus?

Trainer 2: Tja, Dein Problem!

Tobias: Ja.

Trainer 2: Du merkst es gar nicht..., dann schaffst Du es vielleicht da raus zu kommen, dann frustriert dich daheim wieder was, ja dann hast Du halt Deinen Spaß, Deine Freundin mal gegen die Wand zu klatschen. ...

Tobias: Nein, niemals!

Trainer 2: Doch, dann ist es halt die. Weil Dir macht das Spaß...

Trainer 1: Da geht man mal mit irgendwelchen Leut', die man neu kennengelernt hat, zum Saufen, kommt völlig besoffen heim, die Alte stresst, Du bist geladen, hast Ärger gehabt, ... peng! Und dann fliegt sie. ... ja klar.

Tobias: Bevor ich eine Frau schlag, lauf' ich weg.

Trainer 1: Das macht Spaß, das macht Spaß....

Tobias: Nein.

Trainer 1: Oder wenn jemand am Boden liegt, und du haust ihm ins Gesicht, *(Schlägt eine leere Plastikflasche heftig gegen den Boden, um ein entsprechendes lautes Schlaggeräusch zu produzieren)*. Demnächst ist es deine Freundin in der Wohnung.

Tobias: Nein!

Trainer 1: Natürlich!

Tobias: Nein!

Trainer 1: Du wirst Sie an die Wand klatschen!

Tobias (beginnt zu weinen): Nein, Nein!

Trainer 1: Natürlich!... Wenn Du einen schlechten Tag hast, wirst Du sie klatschen! Und Du weißt das auch!

Trainer 2: Du warst doch schon kurz davor oder?

Trainer 1: Du hast Angst davor, dass es passiert.

Trainer 2: Du warst schon davor, gell?!

Tobias: Nein. Ich war' nicht, Nein!

Trainer 1: Das wird noch passieren!

Tobias: Nein, nein!

Trainer 1: Doch, weil Du bist ein Jäger, Mann!

....

Tobias liegt am Boden, umringt von den anderen. Trainer 1 schlägt die Hände knapp über Tobias Kopf zusammen, um Schläge zu simulieren und ein entsprechendes Geräusch zu erzeugen. Trainer 2 hält seinen Fuß mit dem Stiefel ca. 10 Zentimeter über Tobias Kopf.

Trainer 1: Wir sind die Jäger. ... Bang, bang, bang (unterstützt das Klatschgeräusch der Hände, die er knapp über Tobias Kopf zusammenschlägt, verbal) ... Du bist dem egal, Tobias, Du bist dem so was von egal. Das Einzigste, was ihm an Dir nicht egal ist, ist das Geräusch, wenn der Fuß nach unten rast und sich langsam Dein Gesicht anfängt zu verformen.

Das Anti-Aggressivitäts-Training – eine Erziehungssituation?

Wie ist diese Sequenz zu bewerten? Darf Pädagogik so vorgehen? Ist das überhaupt eine pädagogische Situation, was dort gezeigt wird oder eher eine Situation „unpädagogische(r) Disziplinierung, Dressur und Unterwerfung“ (Herz 2005, S. 371), eine Situation des inszenierten Mobbings? Der verbalen Gewaltausübung? Der repressiven Sozialtechnik? Des Gruppenterrors? Der Gehirnwäsche? Der Folter gar?

Wenn man hier zunächst Versuche zu einer Bestimmung der allgemeinen Merkmale und Prinzipien die eine zwischenmenschliche Handlungssituation zu einer „erzieherischen Situation“ machen, heranzieht, die aus der Feder bedeutender Vertreter der Allgemeinen Pädagogik stammen, dann hat man in der Tat erhebliche Schwierigkeiten:

Nachdem Andreas Flitner in seinem schönen Buch „Konrad sprach die Frau Mama... – über Erziehung und Nicht-Erziehung“ (1982) sich ausführlich mit den Herausforderungen der Schwarzen Pädagogik und der Anti-Pädagogik auseinandergesetzt hat, versucht er im fünften Kapitel, das den Titel trägt „Was aber heißt ‚erziehen'?“ den positiven Sinn des Erziehungsbegriffs zu rehabilitieren. Dort stellt Flitner klar, dass das ganze „Teufelszeug“, das in den Texten der „Schwarzen Pädagogik“ beschrieben wird, „die Lohn- und Strafpraktiken, die Verbote, Drohungen und Beschimpfungen, auch die hinterlistigen Lenkungstechniken, die die Verhaltenswissenschaftler entwickelt haben“ (Flitner 1982) den Namen Erziehung eigentlich gar nicht verdient hätten. Erziehung sei vielmehr, so stellt er mit Rekurs auf Schleiermachers Kategorien klar,

> „ein behutsames Begleiten und denkendes Mitwirken an dem, was im Zusammenleben der Menschen, also unabhängig von der Erziehung, von selbst geschieht. Dieses von selbst Geschehende wird unter einer bestimmten Verantwortung und Selbstreflexion (mehr noch als unter den üblicherweise genannten ‚Zielsetzungen') verstärkt, korrigiert und vor schädliche Einflüssen bewahrt“. Es gehe primär um „Tätigkeit und Teilhabe des Erziehers am Leben des Kindes“ (Flitner 1982, S. 61f).

Es wird deutlich, dass Flitners Buch vor allem mit Blick auf die „normale“, halbwegs funktionierende Familienerziehung geschrieben ist und dass sein Begriff von Erziehung auf jene gewaltbereiten Jugendlichen, bei denen in der Regel im familiären Erziehungsprozess allerhand schief gelaufen ist, kaum anzuwenden ist. Schon gar nicht auf jene zugespitzten Inszenierungen des Anti-Aggressivitäts-Trainings, die ja alles andere als „ein behutsames Begleiten und denkendes Mitwirken an dem, was im Zusammenleben ... von selbst geschieht“ (ebd.) darstellen, sondern bewusst heftige und zielgerichtete Provokationen und Demonstrationen, welche die jugendlichen Gewalttäter zwingen sollen, selbst einmal die Opferperspektive wahrzunehmen.

Auch wenn man versucht, Benners vielzitierte konstitutive und regulative Prinzipien pädagogischen Denkens und Handelns auf jenes Geschehen im Anti-Aggressivitäts-Training anzuwenden, kommt man nicht sonderlich weit. Was etwa könnte „Aufforderung zur Selbsttätigkeit“ oder „Überführung von gesellschaftlicher Determination in pädagogische Determination“ (vgl. Benner 1996) in diesem Zusammenhang heißen?

Auch Böhm (1985) fragt prinzipientheoretisch danach, „was denn eine Situation zu einer erzieherischen macht“ und nennt dann als zentrales unterscheidendes Merkmal,

> „daß in einer Erziehungssituation verschiedene Handlungs- und Lebensentwürfe aufeinanderstoßen. Diese Entwürfe begegnen dem zu Erziehenden [...] stets beispielhaft, sei es in der Person des Lehrers oder Erziehers, sei es in der Form der dem zu Erziehenden vorgestellten Beispiele gelebten Lebens, sei es in der Form der vom

> Erzieher vorgetragenen Argumente, die den zu Erziehenden von der Überlegenheit und Vorzüglichkeit des an ihn herangetragenen Handlungs- und Lebensentwurfs überzeugen sollen" (Böhm 1985, S. 156).

Zwar stoßen im Anti-Aggressivitäts-Training durchaus Handlungs- und Lebensentwürfe hart aufeinander, aber eben gerade nicht so, dass dem „zu Erziehenden" einfach Beispiele gelebten Lebens oder Argumente für die Vorzüglichkeit bestimmter Lebensformen „vor Augen gestellt" werden und es dann seiner Wahl überlassen bleibt, ob und inwieweit er deren Vorzüge anerkennt, sondern so, dass ihm massiv die Problematik und Unhaltbarkeit seiner eigenen Handlungsweisen und Lebensentwürfe deutlich gemacht wird.

(Wann) sind sozialpädagogische Interventionen sittlich erlaubt?

Nun könnte man freilich sagen: „was soll's". Dann stellt das Anti-Aggressivitäts-Training eben keine „erzieherische Situation" im Sinne der Gralshüter des Erziehungsbegriffs dar. Es nennt sich ja auch gar nicht „Anti-Aggressivität-Erziehung", sondern „Anti-Aggressivitäts-Training". – Hauptsache es wirkt!

Darauf wäre zu erwidern: Ob und wie das Anti-Aggressivitäts-Training wirkt, ist durchaus umstritten. Die bisher vorliegenden Evaluationsstudien ergeben kein sehr einheitliches Bild. Die KFN-Studie von Ohlemacher et al., die die Wirksamkeit des AAT im Jugendgefängnis von Hameln in einer Vergleichsstudie mit einer Gruppe von 100 AAT-Teilnehmern und einer parallelisierten Gruppe von Insassen, die nicht am AAT teilgenommen hatten, untersuchte, kam zu dem Ergebnis, dass die Rückfallraten, -häufigkeiten und -geschwindigkeiten von AAT-Trainierten und AAT-Untrainierten „nahezu identisch" seien (Ohlemacher et al. 2001). Etwas ermutigender sehen die Evaluationsergebnisse hinsichtlich des ambulanten AATs aus. Hier konnte die Studie von Weichold aus Jena zeigen, dass das AAT in der Lage war, die Risiko- und Schutzfaktoren für aggressives Verhalten bei Jugendlichen mit antisozialen Auffälligkeiten ein Stück weit positiv zu beeinflussen (vgl. Weichold 2004).

Auch wenn man zu dem Schluss kommt, dass das Anti-Aggressivitäts-Training gemessen an den gängigen Bestimmungen nicht als eine „Erziehungssituation" gelten kann – eine „sozialpädagogische Intervention" stellt das Anti-Aggressivitäts-Training in jedem Falle dar und als solche steht es natürlich auch unter einer Legitimierungs- und Begründungspflicht. Sozialpädagogische Interventionen und Interaktionen haben immer auch eine ethische Dimension, d.h. sie können nicht allein nach ihrer „Wirksamkeit" und „Effizienz" im Sinne der

Durchsetzung bestimmter Ziele und der Erzwingung bestimmter Verhaltensweisen und der Einhaltung bestimmter Grenzen beurteilt werden, sondern es stellt sich immer zugleich die Frage nach dem „humanen zwischenmenschlichen Umgang“, nach der „Wahrung der Würde der Person“, nach der „inneren Zustimmung der betroffenen Personen“.

Auch mit der Frage nach der grundsätzlichen Legitimierbarkeit (sozial-)pädagogischer Interventionen haben sich Pädagogen immer wieder befasst. Wilhelm Flitner (1979) hat im Titel eines Aufsatzes explizit die provokative Frage gestellt: „Ist Erziehung sittlich erlaubt?“ und diese Frage dann prinzipiell bejaht. Zugleich hat der damit aber auch die Frage nach der angemessenen „pädagogischen Methode“ und nach den „Grenzen der sittlichen Erlaubtheit von Einflussnahme und pädagogischer Herrschaft“ gestellt (Flitner 1979, S. 500). Er stellt zunächst klar, es sei grundsätzlich „nicht darum herumzukommen, daß unsere Kinder die Rücksichtnahme auf andere, die Humanität erlernen müssen“ (ebd.: S. 502). Flitner vertraut dabei jedoch vor allem auf den

> „Geist, ... der in jedem kulturellen Bestand durch den Zusammenhang der Traditionen enthalten“ sei und der somit auch in jedem jungen Menschen eine „geistige Unruhe“ auslöse. Es gehe darum, „den Geist der sich hier zeigt, zu Wort kommen zu lassen“, Anregungen zu geben und für Antworten sensibel zu sein. Zentral ist für Flitner die „Beteiligung von innen her, ... daß diese Antwort spontan entsteht und nicht von außen erzwungen werden darf“ – dies ist für ihn im Hinblick auf die Methode „eine der Hauptgrenzziehungen“ (Flitner 179, S. 503f.).

Eine „Hauptgrenzziehung“, gegen die das Anti-Aggressivitäts-Training natürlich deutlich verstößt, denn von einer „spontanen Antwort“, die der „geistigen Unruhe“ entspringt, kann ja keine Rede sein. Aber Flitner hatte bei seinen Überlegungen sicherlich auch nicht jene spezifische, wenn man so will, brachiale Form der „Umerziehung“ im Sinn, die im Anti-Aggressivitäts-Training angestrebt wird.

Speziell für das Feld der Sozialpädagogik hat sich wohl Micha Brumlik am intensivsten immer wieder mit den Grundsatzfragen der ethischen Begründbarkeit des professionellen Handelns befasst. „Advokatorische Ethik: Zur Legitimation pädagogischer Eingriffe“ (2004) heißt das Buch, in dem entsprechende Aufsätze aus zwei Jahrzehnten versammelt sind.

Dabei arbeitet Brumlik mit Rekurs auf unterschiedliche pädagogische und philosophische Traditionen zwei zentrale allgemein Sollensforderungen einer advokatorischen Ethik heraus: „Daß die Unmündigen mündig werden sollen und daß hierbei ihre Integrität unbedingt schutzwürdig ist“ (Brumlik 2004, S. 168).

In dem Kapitel mit der Überschrift: Sind soziale Dienste legitimierbar? – Zur ethischen Begründung pädagogischer Intervention" geht er im Hinblick auf Jugendliche und Erwachsene also im Hinblick auf Personen, die keine Kinder mehr sind, dem spezifischeren Problem „paternalistischer Eingriffe" nach. Es geht um die Frage,

> „ob ein hypothetisch legitimer Sozialstaat auch das Recht hat, seine Untertanen und Bürger notfalls auch gegen ihren Willen daran zu hindern, sich selbst zu schädigen, bzw. sich in Richtung auf einen allgemein als wünschenswert erachteten Persönlichkeitszustand zu entwickeln" (Brumlik 2004, S. 232).

Inwiefern dürfen also die vermeintlichen objektiven Interessen einer Person, gegebenenfalls mittels Zwang oder robuster Intervention auch gegen diese selbst durchgesetzt werden? Dabei spielt natürlich immer auch der Zukunftsaspekt eine bedeutsame Rolle. Denn als die „objektiven Interessen" einer Person gelten – vor allem bei Jugendlichen – insbesondere die unterstellten künftigen Interessen einer Person (etwa nach gelingender, selbständiger, ökonomisch unabhängiger, gesetzeskonformer Lebensführung).
Allgemein bringt Brumlik das „paternalistische Problem" auf die Formel:

> „Ist es legitimierbar, in nicht vernünftig begründete Willensartikulationen von Menschen einzugreifen, mit dem Ziel, sie durch diese Interventionen direkt oder indirekt, mittelfristig oder langfristig dazu zu disponieren, ihr Leben künftig nur nach begründbaren Entscheidungen, d.h. vernünftig zu führen?" (Brumlik 2004, S. 237).

Diese Formel ist nun für das, was im Anti-Aggressivitäts-Training intendiert wird, unmittelbar relevant. Geht es dort im Kern doch darum, die gewaltbereiten Jugendlichen durch eine massiver Intervention dazu zu bringen, ihr Leben künftig „vernünftig" zu führen. Wobei „vernünftig" hier insbesondere heißt, unter Verzicht auf gewaltsame Durchsetzung eigener Interessen, bzw. unter Verzicht auf jene Lust, jenen Kick, jenes rauschhafte Erleben, welches für sie mit dem Prügeln oftmals verbunden ist. Dass es in diesem speziellen Fall auch nicht nur um die langfristige Lebensperspektive der Gewalttäter geht, sondern eben auch um die der potentiellen Gewaltopfer, macht die Sache umso dringlicher.

Grundsätzlich kommt Brumlik auch im Hinblick auf das „paternalistische Problem" zu einem positiven Urteil, d.h. zu einer prinzipiellen Legitimität solcher Eingriffe. Freilich formuliert er am Ende auch hier wiederum begrenzende Bedingungen, die die Art und Weise betreffen, wie solche Eingriffe erfolgen:

> „Mit dem Verbot der Veränderung von Überzeugungen und Charakter in der Zielbestimmung paternalistischen Handelns bzw. dem Verbot aller Maßnahmen, die die aktuelle oder potentielle Selbstachtung einer Person verletzen können, sind die restriktiven Bedingungen angegeben, denen jedes paternalistische Handeln ... unterliegt“ (Brumlik 2004, S. 252).

Diese Formulierung klingt im Hinblick auf das Anti-Aggressivitäts-Training natürlich zunächst irritierend, denn es geht dabei ja gerade darum, tiefwurzelnde Überzeugungen – etwa die, dass Gewalt geil ist, dass man das Recht hat, andere zu schlagen, die einem blöd kommen, dass ein echter Kerl sich auch körperlich durchsetzen muss, dass man grundsätzlich auf der Hut sein muss und lieber einmal zu früh als einmal zu spät zulangt, dass es sich bei den Opfern eh nur um wertloses „Gesocks“ handle etc. – zu verändern. An anderer Stelle wird jedoch noch deutlicher gemacht, was Rawls, auf den Brumlik sich hier bezieht, mit jener einschränkenden Bedingung meint: Es geht darum, die „Veränderung von Überzeugungen und Charakterstrukturen *ohne Einverständnis der Betroffenen*“ auszuschließen. Freilich kann man hier fragen, ob es eine solche Veränderung von Überzeugungen und Charakterstrukturen ohne Einverständnis der Betroffenen überhaupt geben kann. Hier wäre also in erster Linie an Dinge wie chemisch-pharmazeutische Manipulationen, hypnotische Suggestionen oder Gehirnwäsche zu denken.

Aber auch im Hinblick auf das zweite genannte Kriterium, „das Verbot aller Maßnahmen, die die aktuelle oder potentielle Selbstachtung einer Person verletzen können“, sieht es im Hinblick auf das Anti-Aggressivitäts-Training ziemlich bedenklich aus. Denn ganz offensichtlich und ganz explizit geht es im Anti-Aggressivitäts-Training zunächst darum, die Selbstachtung, das positive Selbstbild der Person, die da auf dem heißen Stuhl sitzt, massiv in Bedrängnis zu bringen, ihr drastisch vor Augen zu führen, wie prekär ihre Situation ist, wie bedroht ihre Zukunftsperspektive ist, wie mies und schäbig ihr Verhalten in den Gewaltsituationen war und wie jämmerlich und fadenscheinig ihre Rechtfertigungsversuche sind.

Wenn man all die Überlegungen und Kriterien zusammen nimmt, die von den unterschiedlichen Autoren im Hinblick auf die Legitimierbarkeit (sozial)pädagogischer Interventionen formuliert wurden, dann sieht es also ziemlich düster aus für das Anti-Aggressivitäts-Training, dann muss es wohl doch endgültig auf die Liste der „schwarzen Pädagogik“ gesetzt werden.

„Inszenierte Konfrontation" statt „absolute Milde und Güte"? – Das Anti-Aggressivitäts-Training aus der Perspektive der Psychoanalytischen Pädagogik

Erst recht läge ein solches Verdammungsurteil natürlich von der Position der Psychoanalytischen Pädagogik her nahe, ist hier der Umgang mit jugendlichen „Verwahrlosten", insbesondere mit den „Aggressiven", doch durch die Aichhornsche Tradition und das Motto „absolute Milde und Güte" geprägt (vgl. Aichhorn 1925). Insofern ist die „konfrontative Pädagogik" dieser Tradition ziemlich diametral entgegengesetzt.

Man muss sich jedoch klar machen, welche Jugendlichen in welchem Kontext überhaupt zu Teilnehmern von solchen Anti-Aggressivitäts-Trainings werden und was die potentiellen Alternativen dazu wären: Es sind in der Regel Jugendliche, die mehrfach wegen Gewaltdelikten auffällig wurden und denen von den Jugendrichtern die Teilnahme an einem solchen Training zur Auflage gemacht wurde, um noch einmal um einen Jugendarrest oder eine Haftstrafe herumzukommen. Dass einerseits die bloße Ableistung von unentgeltlichen Arbeitsstunden in gemeinnützigen Einrichtungen, etwa das Zusammenrechen von Herbstlaub im Garten des Altersheims, nicht gerade zur intensiven Auseinandersetzung mit den eigenen problematischen Verhaltensweisen anregt – wenn man dies als die noch niederschwelligere Sanktion nimmt – ist ebenso klar, wie es andererseits gut belegt ist, dass Haftstrafen Jugendliche nicht bessern. In diesem Sinn kommt Daniela Hosser in ihrer KFN-Studie über die Wirkungen von Haftstrafen auf Jugendliche und junge Erwachsene zu dem ernüchternden Fazit:

> „Belege für eine besondere resozialisierende Wirkung der Haftstrafe im Sinne eines herbeizuführenden Einstellungswandels oder der Vermittlung anschlussfähiger Fähigkeiten oder Einsichten finden sich anhand unserer Daten ebenso wenig wie Hinweise für eine abschreckende oder spezialpräventive Wirkung der Jugendstrafe" (Hosser 2004, S. 14).

Wenn oben gesagt wurde, dass es im AAT ganz bewusst darum geht die Selbstachtung, das positive Selbstbild der Person, die da auf dem heißen Stuhl sitzt, massiv in Bedrängnis zu bringen, dann muss man mit Bezug auf ein komplexeres Persönlichkeitsmodell diese Aussage noch etwas differenzieren und kann damit die Legitimierbarkeit des Vorgehens vielleicht doch noch retten. Man könnte dann etwa sagen, dass es in der Situation des „heißen Stuhls" ja im Kern darum geht, das aufgeblasene, fassadenhafte, selbstherrliche, narzißtische Größenselbst des Jugendlichen in Bedrängnis zu bringen und dahinter das „bedürftige“, „verletzliche“, „wahre Selbst“ überhaupt erst in Erscheinung treten zu lassen.

Man kann überhaupt das, was dort im AAT passiert auch psychoanalytisch interpretieren. Es geht dann im Sinne Redls um ein „Einmassieren des Realitätsprinzips“, um einen Zwang, sich der Opferperspektive zu stellen, um eine Überwindung der Abwehr, der „Alibi-Tricks“ (Redl/Wineman 1984) und um eine Auseinandersetzung mit den eigenen negativen Ich-Anteilen. Und es geht natürlich auch um Beziehung, um Anerkennung und Achtung der Person gerade dann, wenn die verletzbaren, emotionalen, empathischen, zukunftsorientierten Persönlichkeitsanteile zum Vorschein kommen. In diesem Sinne könnte man auch von einer Ich-Spaltung und einer Verfeindung der konträren Ich-Anteile sprechen. In gewissem Sinn kann man vielleicht auch sagen, daß durch die Mitarbeit der Ex-Gewalttäter als Tutoren und durch das Arrangement der „Provokationstests“ auf dem heißen Stuhl versucht wird, ein neues Ich-Ideal unter den Teilnehmern attraktiv zu machen: Leitbild ist nun nicht mehr der unverletzliche, überlegene, harte Kämpfer, der sich nichts gefallen lässt und der im Zweifelsfall lieber zu früh zuschlägt, als zu lange zögert, sondern neues Leitbild ist nun derjenige, der es schafft, trotz heftigster Provokation und Anmache „cool“ zu bleiben, sich nicht zu gewalttätigen Reaktionen hinreißen zu lassen.

Das „Arbeitsbündnis“ im Anti-Aggressivitäts-Training

Man könnte auch an einen weiteren psychoanalytischen Gedanken anknüpfen: Günther Bittner hat vor einiger Zeit eine interessante „vertragstheoretische“ Begründung von Sozialpädagogik vorgeschlagen:

> „Ziel von Sozialpädagogik“ solle es demnach sein. „Kinder und Jugendliche (insbesondere gefährdete Kinder und Jugendliche) zur Teilnahme am Sozialvertrag tauglich zu machen – tauglich als verlässliche und zugleich kritische Vertragspartner“ (Bittner 1985, S. 615).

Er knüpfte dabei an Freud an, der in seinem Unbehagen in der Kultur die Triebeinschränkung als Voraussetzung für den Kulturprozess beschrieben hat und sich dabei auf eine Sozialvertragstheorie stützte:

> „Das Endergebnis soll ein Recht sein, zu dem alle – wenigstens alle Gemeinschaftsfähigen – durch ihr Triebopfer beigetragen haben und das keinen ... zum Opfer roher Gewalt werden lässt“ (Freud 1930, S. 455).

Der Niederschlag dieses gesellschaftlichen Rechts sei das Über-Ich und insofern könne Sozialpädagogik auch als „erzieherische Arbeit am Über-Ich" (Bittner 1985, S. 620) bezeichnet werden. Wichtig ist für Bittner in diesem Zusammenhang jedoch – und dabei bezieht er sich auf Pestalozzis Lehre von den drei Zuständen des Menschen – dass es sich bei diesem Verständnis von „Sozialvertragstauglichkeit", noch nicht um die eigentliche Ebene der Sittlichkeit handelt, sondern um die Ebene der „gesellschaftlichen Tauglichkeit", die Ebene, auf der der Mensch genötigt ist, sich seine Position in der Welt als die eines „mit seinen Mitmenschen ‚in Verbindung und Vertrag stehende(n) Geschöpfe(es)' vorzustellen" (ebd.). Die Antwort auf die Frage: „Wie wird der Mensch sozial?" lautet dann nach Bittner:

> „indem er jene Dispositionen erwirbt, die ihn befähigen, den Sozialkontrakt einzuhalten, indem er – mit Pestalozzis Worten – zum ‚Geschöpf des Vertrages' wird sich dem ‚Meisterrecht' der gesellschaftlichen Mächte unterwirft" (Bittner 1985, S. 621).

Die allgemeine Form der sozialpädagogischen Methode, in der diese Erziehung zur Sozialvertragsfähigkeit gefördert werden kann, ist nach Bittner die Einbindung in vertragliche Verhältnisse, die dem Jugendlichen einerseits bestimmte Rechte zusichern, ihm andererseits ein bestimmtes Maß an sozialer Zuverlässigkeit abverlangen:

> „Dieses Angebot eines Sozialraumes mit überschaubaren Rechten und Pflichten in einem sozialvertraglich geregelten Verhältnis, bei dem jeder weiß, was er darf und was er nicht darf, und bei dem er über die Rechte und Pflichten mitzubefinden hat, stellt eines der Charakteristika sozialpädagogischer Methodik dar" (Bittner 1985, S. 623).

Natürlich liegt mit dem Stichwort „Vertrag" aus psychoanalytischer Seite auch das Konzept „Arbeitsbündnis" nahe. Und es wäre nun zu prüfen, von welcher Art das „Arbeitsbündnis" im Rahmen des AAT ist. Sicherlich kann man nicht davon sprechen, dass dieses „Arbeitsbündnis" gänzlich aus dem freien Wunsch und der freien Entscheidung des Jugendlichen zustande kommt. Es ist wohl auch weniger sein persönlicher Leidensdruck, der ihn dorthin führt – auch wenn sich viele gewaltbereite Jugendliche in nachdenklicheren Situationen durchaus bewusst sind, dass sie sich auf einem problematischen Pfad bewegen, der in fatale Sackgassen führen kann – sondern eher der Druck der „gesellschaftlichen Mächte", insbesondere der Jugendgerichtsbarkeit, die ihnen eine solche Kursteilnahme zur Auflage macht. Die meisten Jugendlichen dürften dabei aber durchaus froh sein, dass sie „noch einmal so davongekommen" sind. Dem AAT liegt also somit doch in gewissem Sinne eine Vertragsbeziehung, ein Arbeitsbündnis zugrunde, das man vielleicht folgendermaßen formulieren könnte:

> „Du hast statt einer Jugendstrafe die Chance bekommen, am AAT teilzunehmen. Wir erwarten von dir, dass du verlässlich und engagiert mitmachst und bereit bist, dich ernsthaft mit deinen begangenen Gewalttaten und mit deinen Ansichten, Einstellungen und Verhaltenstendenzen, die zu jenen Gewalttaten geführt haben auseinander zu setzen. Zu den Regeln des AAT gehört auch der „Heiße Stuhl", d.h. es wird eine Situation auf dich zukommen, in der du richtig in die Mangel genommen wirst, in der die Trainer und die ganze Gruppe dich massiv mit deinen Problemen, Schwächen, Unzulänglichkeiten, mit deinen fiesen Seiten und mit deinem miesem Verhalten konfrontieren werden, Situationen, in der du gezwungen werden wirst, dich in die Opferperspektive einzufühlen und in der du heftig provoziert werden wirst. deine Aufgabe ist es, dich mit dir selbst und dem, was falsch läuft in deinem Leben offen auseinander zu setzen und auch in den Situationen heftigster Provokation, in denen du bisher gewohnt warst, draufzuschlagen, zu beweisen, dass du es schaffst, cool zu bleiben und dich zu beherrschen..."

Im Hintergrund steht dabei freilich durchaus auch noch eine grundlegendere Idee des „Gesellschaftsvertrages", zu dessen Akzeptanz und Einhaltung die Jugendlichen gebracht werden sollen: In etwa nach dem Motto:

> „Es kann und darf nicht sein, dass einzelne aufgrund ihrer größeren Kraft, Brutalität, Hemmungslosigkeit sich in Konflikten mit Gewalt durchsetzen oder einfach aus bloßer Lust am Prügeln andere Mitglieder dieser Gesellschaft wegen Nichtigkeiten zu Opfern machen. Jeder hat ein Grundrecht auf physische und psychische Unversehrtheit und der Staat hat die Pflicht, entsprechende Verstöße durch Polizei und Justiz zu ahnden."

Die Jugendlichen, die am AAT teilnehmen, wissen also, worauf sie sich einlassen und erklären sich ausdrücklich bereit, die in der Tat nicht alltäglichen Spielregeln, die während dieser Gruppensitzungen für die Teilnehmer gelten, zu akzeptieren. Von daher ist diese Form von „konfrontativer Pädagogik" keineswegs gleichzusetzen mit dem, was in der Hallig-Gruppe praktiziert wurde oder mit dem, was man von amerikanischen Boot-Camps und Kinderarrestanstalten kennt. Dort ist nämlich permanent und systematisch die ganze Institution, der komplette Alltag von einem rigorosen erwachsenendominierten Drill- und Gehorsamsregiment durchdrungen.

Ich denke keineswegs, daß das Anti-Aggressivitäts-Training ein Allheilmittel ist. Es gibt natürlich auch hier Enttäuschungen, Jugendliche, die das Training abbrechen, die sich strategisch durchmogeln, die rückfällig werden. Aber es scheint doch eine Form zu sein, welche jenen Jugendlichen, die sich auf therapeutische Prozesse im Sinne der Gesprächstherapie oder der Psychoanalyse kaum einlassen könnten, recht gut entspricht. Sie betrachten das ganze offensichtlich tatsächlich als Training, als Herausforderung. Gerade die Sitzungen auf dem „heißen Stuhl“ stellen durchaus eine Art Grenz- oder Thrillerfahrung für sie dar. Aber eine, bei der sich im günstigen Fall, doch innerlich etwas bewegt.

In diesem Sinne hier noch einmal zwei Auszüge aus jener oben erwähnten Dokumentation des Anti-Aggressivitäts-Training. Tobias äußert sich darin einerseits recht offen und ungeschützt über sein bisheriges Verhältnis zur Gewalt, den Kick, den er durch gewalttätiges Handeln immer wieder erlebt hat. Und er äußert sich an späterer Stelle über die Einsichten und Vorsätze, die er im Zusammenhang mit dem Training gewonnen hat:

Tobias: „In dem Moment denkt man nur an sein eigenen Kick. Wenn' so richtig pocht in einem, dann gibt's nichts anderes mehr. Das schaltet alles, ... das schaltet echt alles aus, und man prügelt bloß noch. Und wenn man selber eine auf's Maul kriegt, das ist dann nicht so wild. Und dann geht man halt heim, hat irgendwo eine Platzwunde oder ein blaues Auge oder gebrochene Finger oder gebrochene Zehen, das ist scheißegal gewesen, ... da geht es bei mir wieder los, da fängt bei mir wieder an, das Herzlein zu bumpern und dann denk' ich mir bloß, ja, Mann, wie geil wär' das bloß, mal wieder jemand so richtig auf's Maul zu hauen. Und das Gefühl überfällt mich sehr oft. Da muss ich oft sogar gar keinen Gewaltfilm ankucken. Das langt schon, wenn ich im Geschäft bin und denk' dran, wie ich damals auf einem drauf gelegen bin und hab' in ihn rein geschlagen. Dann fängt es bei mir schon wieder an, so.“

Tobias: „Ich hoff' das mein Leben jetzt voll gewaltlos bleibt, so wie es die letzten paar Monate abgelaufen ist. Dass keiner mehr mich schlägt, dass ich niemanden mehr schlage. Dass ich nicht mehr auffällig werde bei der Polizei. ... Einfach noch einmal komplett anfangen, komplett neu anzufangen.“

Schluss: „konfrontative Aufklärung"?

In der Bielefelder Erklärung mit dem Titel „Pädagogik der Aufklärung statt Disziplinierung der Unterprivilegierten", die von vielen prominenten Erziehungswissenschaftlern im Frühjahr 2008 unterschrieben worden ist und die vom Grundtenor her eine große Nähe zum Programmtext für die Dresdner Arbeitsgruppe hatte, weil in ihr explizit die „konfrontativen Pädagogen" kritisiert werden, heißt es zum Schluss etwas pathetisch:

> „In den aktuellen Diskussionen geht es somit um die prinzipielle Alternative: Zunehmende Disziplinierung unterprivilegierter Kinder und Jugendlicher oder das Streiten für die Ermöglichung einer Pädagogik der Aufklärung. Kinder und Jugendliche müssen im Sinne einer solchen Pädagogik als mündige Personen in einem demokratischen Zusammenhang verstanden werden. Politisch ist daher für eine generelle Verfügbarkeit notwendiger Erfahrungs- und Erkenntnisräume zur Bildung und Teilhabe zu kämpfen, statt das Programm einer zunehmenden Disziplinierung bestimmter Kinder und Jugendlicher zu bedienen. Pädagogik und Politik müssen sich entscheiden, denn auch das wusste Kant bereits: ‚Der Mensch kann entweder bloß dressiert, abgerichtet, mechanisch unterwiesen oder wirklich aufgeklärt werden.'" (Abeling et al. 2008)

Ich muss gestehen, dass mir diese prinzipielle Alternative, im Blick auf den hier beschriebenen Jugendlichen Tobias nicht so ganz einleuchtet, dass mir nicht so recht klar ist, was daraus folgen würde, ihn, wie es gefordert wird „als mündigen Bürger in einem demokratischen Zusammenhang" zu verstehen und was es konkret bedeuten könnte, für eine „generelle Verfügbarkeit notwendiger Erfahrungsräume zur Bildung und Teilhabe" für ihn zu kämpfen. Vielleicht ist es ja tatsächlich so, dass bisweilen auch die „wirkliche Aufklärung" – etwa über die eigene Persönlichkeitsstruktur, über die eigenen problematischen Verhaltensweisen und Schattenseiten, über die eigenen prekären Zukunftsperspektiven, wenn man weiter auf dem eingeschlagenen Weg bleibt, über das, was man den Opfern angetan hat und was dies für deren Leben bedeutet – unkonventioneller Mittel und nachdrücklicherer Formen bedarf. Insofern halte ich *für diesen besonderen Adressatenkreis* und unter den *genannten kontextuellen Voraussetzungen, diese spezielle Form* „konfrontativer Pädagogik" durchaus für der Rede wert (vgl. Herz 2005).

Literatur

Abeling, Melanie u.a. (2008): Pädagogik der Aufklärung statt Disziplinierung der Unterprivilegierten – Bielefelder Erklärung. Februar 2008. http://www. uni-bielefeld.de/paedagogik/agn/ag8/BielefelderErklaerungErstunterzeichner -innen.pdf

Aichhorn, August (1925): Verwahrloste Jugend. Die Psychoanalyse in der Fürsorgeerziehung. Bern: Huber 1977[9]

Benner, Dietrich (1987): Allgemeine Pädagogik. Eine systematisch-problemgeschichtliche Einführung in die Grundstruktur pädagogischen Denkens und Handelns. Weinheim, München: Juventa

Bittner, Günther (1985): „Der Mensch – ein ‚Geschöpf des Vertrages‘“. Zur Begründung von Sozialpädagogik. In: Zeitschrift für Pädagogik 31. 1985. 613-629

Böhm, Winfried (1985): Theorie und Praxis. Eine Erörterung des pädagogischen Grundproblems. Würzburg: Königshausen und Neumann

Brumlik, Micha (2004[2]): Advokatorische Ethik: Zur Legitimation pädagogischer Eingriffe. Berlin, Stuttgart, Köln: Kohlhammer

Colla, Herbert/ Scholz, Christian/ Weidner, Jens (Hrsg.)(2008[2]): Konfrontative Pädagogik: Das Glen Mills Experiment. Leipzig: Dudenverlag

Flitner, Andreas (1982): Konrad sprach die Frau Mama. Über Erziehung und Nicht-Erziehung. Berlin: Beltz

Flitner, Wilhelm (1979): Ist Erziehung sittlich erlaubt? In: Zeitschrift für Pädagogik 27. 1979. 499-504

Freud, Sigmund (1930): Das Unbehagen in der Kultur. GW Bd. XIV, Frankfurt a. M.: Fischer

Herz, Birgit (2005): Ist „Konfrontative Pädagogik“ der Rede wert? In: Behindertenpädagogik 44. 4. 355-373

Hosser, Daniela (2004): Jugendstrafvollzug und die Folgen. In: KFN-Newsletter, Jubiläumsausgabe Oktober 2004. 11-16, http://www.kfn.de/versions/kfn/ assets/ newsletter12004.pdf

Musial, Rebekka; Trüter, Claudia (2005): Härte und Sanktionen statt Empathie und Mitgefühl – die konfrontative Pädagogik als letzte Chance für die Erziehungshilfe? In: Zeitschrift für Heilpädagogik 56. 6. 218-224

Ohlemacher, Thomas; Sögding, Dennis; Höynck, Theresia; Ethé, Nicole; Welte, Götz (2001): Anti-Aggressivitäts-Training und Legalbewährung: Versuch einer Evaluation. Forschungsberichte des Kriminologischen Forschungsinstituts Niedersachsen Nr. 83. Hannover: KFN

Plewig, Hans-Joachim (2007): Neue deutsche Härte – Die „Konfrontative Pädagogik“ auf dem Prüfstand (Teil 1). In: Zeitschrift für Jugendkriminalrecht und Jugendhilfe 18. 363-370

Redl, Fritz; Wineman, David (1984): Kinder, die hassen. Auflösung und Zusammenbruch der Selbstkontrolle. München: Piper

Scherr, Albert (2002): Mit Härte gegen Gewalt? – Kritische Anmerkungen zum Anti-Aggressivitäts-Training und Coolness-Training. http://www.sozial arbeit.ch/dokumente/haerte_und_gewalt.pdf

Weichold, Karina (2004): Evaluation eines Anti-Aggressions-Trainings bei antisozialen Jugendlichen. Gruppendynamik & Organisationsberatung – Zeitschrift für Angewandte Sozialpsychologie 34. 1. 83-104

Bildungsprozesse zwischen Zerstörung und Lebbarkeit des schulischen Humanraums

Joachim Bröcher

„Hump, do you know the parable of the sower who went forth to sow? If you will remember, some of the seeds fell upon stony places, where there was not much earth, and forthwith they sprung up because they had no deepness of earth. And when the sun was up, they were scorched, and because they had no root they withered away. And some fell among thorns, and the thorns sprung up and choked them" [...] "Well?" I said. [...] "It was not well. I was one of those seeds" (Captain Wolf Larsen zu Humphrey van Weyden; J. London, The Seawolf 1999, S. 48).

Für die Veranstaltung „Unkulturen in Bildung und Erziehung" präparierte ich Szenen aus einer sich „konfrontativ" nennenden Förderschule für emotionale und soziale Entwicklung, Materialien, die aus der supervisionsähnlichen Begleitung einer schulischen Führungskraft stammten, anonymisiert, mit Einverständnis meines Supervisanden in den wissenschaftlichen Diskurs eingebracht, zeitnah zum Dresdener Kongress gewonnen. Das vorgetragene Material wurde als destruktiv empfunden. Ein Teil der Zuhörenden reagierte schockiert, der größere Teil entrüstete sich aber, weil ich das Material so ungefiltert und unkommentiert vorgetragen hatte. Selbstschutzmechanismen von Erziehungswissenschaftlern, die reflexive Distanz zu ihren Forschungsgegenständen halten? Dies gipfelte in der Frage, was die Präsentation dieser Szenen denn für die Erziehungswissenschaften an Nutzen bringe?

Schule als irrationales Machtgebilde, Erziehungs-Camp und Konditionierungsmaschine

An jener Förderschule kam es im Beobachtungszeitraum von zwei Jahren nie zu schülerbezogenen Fallberatungen. Die Leiterin war nicht an einer verstehenden Rekonstruktion kindlicher und jugendlicher Lebenswelten interessiert. Sie suggerierte dem Kollegium stets, dass doch keiner Interesse an einer Fallbesprechung habe. Sie ging eilig zur Dienstbesprechung über, die sie zumeist nutzte, sich selbst irgendeinen Ärger von der Seele zu reden, etwa wie unzumutbar die Kooperationswünsche eines bestimmten Kinderheimes seien.

Sie verpflichtete das Kollegium auf einen Förderplan, den sie ohne Beteiligung der Lehrkräfte erstellt hatte. Der vorformulierte Text sah Möglichkeiten zum Ankreuzen, Wegstreichen oder geringfügigen Ergänzen vor. Den Schülern wurde zugeschrieben, dass sie aus „bildungsfernen“ Häusern kommen, nur vor dem Computer sitzen, rechtsradikale Musik hören und von ihren Eltern nicht ordentlich versorgt werden oder dass keine „Tendenz zum Zweitbuch“ in der Familie bestehe.

Eine Lehrerin kam anlässlich eines morgendlichen Streits zwischen Schülern zu meinem Supervisanden in die Klasse. Sie ließ alle Schüler aufstehen und gerade stehen, um sich dann begrüßen zu lassen. Der elfjährige T. stand aber nicht gerade und stützte sich mit einer Hand auf den Tisch. Die Kollegin forderte von ihm den geraden Stand. Als er endlich die Hand von der Tischplatte nahm, bestand sie darauf, dass noch die Füße parallel gestellt wurden. Sie fragte den Jungen mit gereizter Stimme, ob er „mindestens zu sechzig Prozent schwerstbehindert sei“? Dann dürfe er nämlich so schief stehen bleiben. Der Junge schaute beschämt nach unten und rührte sich nicht mehr. Die Kollegin herrschte ihn an: „So, weil das jetzt bei dir so blöd gelaufen ist, bleibst du eine Stunde lang an deinem Platz stehen!“ Sie ging hinaus. Da auch T., wie alle anderen, in sein Rechenheft schreiben sollte, bat ihn sein Klassenlehrer, sich zu setzen. Nach etwa zwanzig Minuten kehrte die Kollegin zurück, sah T. an seinem Tisch sitzen und sagte in barschem Ton: „Du stehst ja nicht mehr! Dann kommst du in den nächsten beiden Stunden zu mir nach unten. Dort üben wir dann einmal das Stehen.“

Der zwölfjährigen M. war aus der Klasse hinausgelaufen. Meinem Supervisanden war es untersagt worden, einen individualisierenden sowie schülerorientierten, mehr sozialpädagogisch-therapeutischen Unterricht mit entlastenden Aktivitäten zu entwickeln. Es musste gleichmäßig einem bestimmten Lehrbuch gefolgt werden, wobei alle dieselben Aufgaben bearbeiteten. „Wir braten hier keine Extrawürste!“ lautete das didaktische Credo der Schulleiterin. Die Schüler mussten sechs Stunden an ihrem Platz sitzen, für Disziplin sollte der schuleigene „Trainingsraum“ (Balke 2003; Bründel & Simon 2003) sorgen. Lernaktivitäten im freien Gelände, es handelte sich um eine Schule in freier Natur, waren nicht gestattet. M. hatte sich auf dem Schulgelände hinter einer Mauer versteckt. Als er wieder im Klassenraum war, kam die Schulleiterin hinzu, schickte den Klassenlehrer und die anderen Schüler in eine nahegelegene Schulküche, sodass mehrere Türen zwischen den beiden Gruppierungen lagen. Schüler aus einer Nachbarklasse berichteten später von lauten Schreien, die durch die Tür gedrungen seien. Weil M. den Anweisungen der Leiterin nicht Folge leistete, hatte sie ihn die Treppe herunter geschleift und von den Heimerziehern verlangt, den Jungen auf der Stelle abzuholen. Als diese zögerten, drohte sie, den Jungen mit dem Notarztwagen in eine psychiatrische Klinik einweisen zu lassen. Sie verfügte einen dauerhaften Schulausschluss wegen Selbst- und Fremdgefährdung. Aufgrund ihres Berichts, in dem sie dem Jungen jede Beschulbarkeit absprach, wurde dieser während der nächsten zwei Jahre in keine Schule mehr aufgenommen.

Ein Schüler lebte in der Schule schon seit Monaten als „der Kellerjunge". Er befand sich dort unten in einem Gang, lag auf dem Tisch und dämmerte vor sich hin. Oben auftauchend, wurde er von anderen Schülern provoziert und gehänselt. Als Grund für die Verbannung in den Keller wurde von seiner Klassenlehrerin, einer „zertifizierten" Anhängerin der konfrontativen Pädagogik, sein Körpergeruch angegeben.

Die Schulleiterin kam zur Generalprobe für die Geburtstagsfeier des Hausmeisters eine halbe Stunde zu spät und ließ die siebzig zumeist hyperaktiven Kinder sowie deren Lehrkräfte in einer inhaltsleeren und unstrukturierten Situation in der Sporthalle warten. Es war auch niemand sonst autorisiert, die Veranstaltung zu eröffnen. Dann schritt sie herein und versuchte, die Kinder mit einer Schiedsrichterpfeife ruhig zu bekommen. Diese reagierten daraufhin noch verstörter. Aber auch die ohnehin tinnitusgefährdeten Lehrkräfte mussten *mehrere Sekunden lang* diese gehörschädigenden Dezibel ertragen. Dann eröffnete die Leiterin das Übungsprogramm mit donnernder Stimme.

Die Leiterin unterband die Zuerkennung des Förderschwerpunktes Lernen als eines zweiten Förderschwerpunktes, indem sie die Anträge unseres Supervisanden nicht ans Schulamt weiterleitete. Als dieser insistierte, schrie sie ihn an: „Abgelehnt!" So wurde die durch das Schulrecht geforderte individuelle Förderung untersagt. Diese Schüler wurden an die umliegenden Förderschulen Lernen weiter gereicht. Gelang dies nicht, weil diese Schulen wegen der zu erwartenden Verhaltensschwierigkeiten die Aufnahme verweigerten, wurden Verhaltenseskalationen bei den betreffenden Schülern herbeigeführt, indem man sie provozierte, gezielt frustrierte oder in die Enge trieb. Die nun auftretenden Verhaltenseskalationen rechtfertigten dann einen sofortigen Schulausschluss wegen schwerwiegender, von diesen Schülern ausgehender Gefahren, ein Ruhen der Schulpflicht und somit den endgültigen Ausschluss von Bildung.

Der zwölfjährige T. war von einer benachbarten Förderschule Lernen überwiesen worden. Mein Supervisand erhielt von der Leiterin den Auftrag, den Jungen wieder zu seiner Herkunftsschule „zurück zu verschieben". Er hielt dies für sachlich falsch, auch hatte er ethische Bedenken. Die Schulleiterin stellte dem Jungen nach, bemerkte immerfort Regelverstöße, ließ ihn zur Strafe Aufsätze schreiben, schüchterte ihn ein und versuchte anhand des unter Druck und Stress

Geschriebenen nachzuweisen, dass der Junge lernbehindert sei und somit die Schule wieder verlassen müsse. Eine Kollegin, ebenfalls Moderatorin für konfrontative Pädagogik und Trainingsraum, bekam den Auftrag, T. hinsichtlich seiner Intelligenz *nachzutesten*, was diese stets in einer sechsten Stunde unternahm. Dabei wurde T. unfreundlich und schroff behandelt.

Mein Supervisand hörte am frühen Morgen gegen Ende des Winters ein Wimmern unter seinem Klassenfenster. Er schaute hinaus und sah dort unten ein Kind, das mit einem Handfeger gegen einen Mülleimer klopfte. Es war kalt und es regnete leicht. Das Kind trug lediglich Socken und einen dünnen Pulli. Eine Fachlehrerin, die dann in der dritten und vierten Stunde in der betreffenden Klasse mitarbeitete, berichtete, dass dieses Kind auch weiterhin vor der Tür, so dünn bekleidet, in Kälte und Nieselregen gehalten worden sei. Sie hatte sich arg im Konflikt gefühlt, weil sie wusste, dass sie mit hoher Wahrscheinlichkeit die Leiterin und ihren konfrontativen Kreis gegen sich aufbringen würde, wenn sie hier Position beziehen würde. Sie entschied sich schließlich für Eingreifen, sodass im Laufe der vierten Stunde das frierende und durchnässte Kind, endlich in den Klassenraum zurückgeholt wurde. Was war der Anlass des Ausschlusses? Das Kind hatte sich geweigert, den Mülleimer, gegen den es dann stundenlang apathisch klopfte, sauber zu machen.

Hochverstörte Kinder, die etwa ein Hakenkreuz kritzelten, wurden beim Staatsschutz angezeigt und vernommen. Ihre CDs mit Musik von Bushido oder Sido mussten sie vor den Augen der versammelten Schulgemeinde zerschneiden, in einem Gefäß entsorgen und dieser Musik abschwören. Die Schulleiterin bedauerte offen, dass Förderschulen nicht Teil des Justiz-Systems seien. Sie griff einen Schüler am Schulhof auf, weil er irgendetwas von Hitler erzählt hatte. Sie unterstellte dem Kind rechtsradikale Tendenzen. Eine Klassenkonferenz fand statt, in deren Verlauf sie den Eltern drohend mögliche Konsequenzen aufzeigte. Wenn sie wieder etwas hören würde, werde sie den „Staatsschutz" einschalten. In der nächsten Lehrerkonferenz kündigte sie donnernd an, dass der Familie „die Hütte auf den Kopf gestellt" würde.

Alles hatte seine Ordnung, alles war im *Kleingedruckten* der Schule niedergeschrieben worden. Neue Lehrkräfte mussten dieses auswendig lernen. Sie bekamen einen Tutor an die Seite gestellt, der ihnen half, alle Regeln zu verinnerlichen. Diese Tür wurde dann aufgeschlossen, hier durften nur zwei Schüler zur selben Zeit hindurch, in der Sitzordnung im Lehrerzimmer musste so aufgerutscht werden. Jeder Gang ins Gelände bedurfte der Genehmigung. In *dem* Schrank durfte nur *das* Geschirr stehen. Kein Schüler machte je einen unbeaufsichtigten Schritt, vom Taxi, zum Klassenraum, bis hin zur Toilette. Es herrschte die totale Überwachung. Indem die Lehrkräfte zu dieser intensiven Kontrolle gezwungen wurden, waren sie zugleich in derselben Weise überwacht. Setzte ein Schüler seine Kappe schon im Treppenhaus auf, konnte daraus ein ungeheures Problem werden, auch für den Klassenlehrer dieses Jungen. Mein Supervisand bekam keinen Tutor zur Seite gestellt. Er sollte ja viele Fehler machen. Das Kollegium war angehalten, alle seine Verstöße gegen das *Kleingedruckte* zu notieren. Diese Materialsammlung diente dazu, seine Probezeit scheitern zu lassen.

Die Leiterin hatte schon vor seiner Ankunft zum Mobbing gegen dessen Person aufgerufen, weil der Kollege für seine schüler- und bindungsorientierte Arbeitsweise bekannt war. Sie wollte auf keinen Fall eine Aufweichung des konfrontativen Ansatzes *ihrer* Schule akzeptieren. Daher schrieb sie meinem Supervisanden am Ende seiner Probezeit einen Leistungsbericht, der ihm alle pädagogischen Fähigkeiten und jedes Engagement für die Kinder und die Schule absprach. Der Mobbing-Aufruf an das Kollegium wurde wiederholt, nachdem der Konrektor, dank der Intervention von Personen aus der Politik, seine Probezeit doch erfolgreich bestanden hatte. Bei diesem Terror wurden alle Register gezogen, von Nicht-Begrüßen, einen Sitzplatz mit Tisch im Lehrerzimmer verweigern, Vorenthalten einer zweiten Lehrkraft für differenziertes Arbeiten, während dies in allen anderen Klassen gegeben war, Verweigerung eines angemessenen Büro-Arbeitsplatzes, Vorenthalten von Telefon und Internetzugang usw. Bei Dienstbesprechungen fiel ihm die Leiterin ins Wort und würgte seine Beiträge ab.

Der konfrontative Kreis begann nun systematisch den Unterricht meines Supervisanden zu stören. Vor seinen Augen disziplinierten sie seine Schüler. Zuerst mussten die Jungen aufstehen, um die hereingetretene Lehrerin oder Leiterin zu begrüßen. Dies wurde stets zu einer zeitraubenden Prozedur. Es begannen Maßregelungen oder Belehrungen. Die Damen gaben den Schülern lange Schreibarbeiten auf. Am nächsten Tag kamen sie wieder, um das Geforderte einzusammeln, wieder die Prozedur des Geradestehens. Es war aber zumeist nichts Geschriebenes da. Das Schreibpensum wurde verdoppelt und vervierfacht, Klassenkonferenzen, die Einbestellung der Eltern angekündigt, mit „weiteren Maßnahmen“ gedroht.

Die Schulleiterin hebelte die Bildung aller Mitwirkungsorgane wie Schulpflegschaft, Schülervertretung sowie Schulkonferenz aus, indem sie systematisch die Beschlussunfähigkeit bei den Klassenpflegschaftsabenden feststellen ließ, wegen zu geringer Teilnahme der Erziehungsberechtigten. Die Einrichtung einer kollegialen Steuergruppe, die schulische Führung ja weiter demokratisieren soll, wurde ebenfalls unterbunden.

Auch nach außen herrschte *Konfrontation*, sodass die Zusammenarbeit mit den heilpädagogischen Heimen, wo viele der Schülerinnen und Schüler lebten, erheblich zu leiden hatte. Sie brauche hier gar nicht zu kooperieren, tönte die Schulleiterin durchs Lehrerzimmer. Auch habe sie „keine Lust, deren Kinder hier an der Schule zu bespaßen", womit ein sozialpädagogisch-therapeutisch orientierter Unterricht, der auch entlastende Elemente enthielt, gemeint war.

Zu Beginn der Planungskonferenz für das jeweils neue Schuljahr kam sie mit einem Tableau ins Lehrerzimmer und forderte das Kollegium auf, sich die Namen ihrer neuen Schüler abzuschreiben. Dass dabei teilweise in ihrem Bindungsverhalten hochgradig verunsicherte Kinder von heute auf morgen ihren vertrauten Bezugspersonen zumindest im direkten Näheverhältnis verloren, interessierte nicht.

Unser Supervisand bat darum, an einem Freitag in der sechsten Stunde mit den Jungen seiner Klasse nach draußen auf den Bolzplatz zum Fußballspielen gehen zu dürfen. Die Schulleiterin lehnte dies rigoros ab, unter Hinweis darauf, dass sie ihm dies doch erst Anfang der Woche genehmigt hätte. Man hätte den und den Unterrichtsstoff durchzunehmen. Die Rückschulung wäre hier das Ziel. Die Schüler hätten sechs Stunden lang, „bis zehn vor eins" an ihrem Platz zu sitzen und zu arbeiten.

Bei einer seitens der Schulaufsicht initiierten pädagogischen Konferenz ging es um die konzeptionelle Weiterentwicklung des Trainingsraumprogramms. Die wenigen, an Veränderung orientierten, Kolleginnen und Kollegen überlegten, im Trainingsraum mehr entlastende Aktivitäten oder therapeutische Elemente zu implementieren. Dies wurde am Ende der Konferenz jedoch von der gereizt wirkenden Schulleiterin vom Tisch gefegt. Sie habe doch von Anfang an gesagt, man müsse die bestehenden Regelungen nur konsequent umsetzen. Meinem Supervisanden, der hier auf Anweisung des Schulrates die Leitung übernehmen *musste*, blieb nichts anderes übrig, als einige Kernpunkte herauszuarbeiten, auf die in den nächsten vier Wochen besonders geachtet werden sollte. Einer dieser Punkte war die Überbringung des Schülers nur mit „Einweisungsschein", der einen klaren Auftrag für die Trainingsraum-Lehrkraft enthält. Ein zweiter war, dass im Trainingsraum nur Verhaltensreflexionen im Sinne dieses Programms stattfinden sollten. Eine der besonders überzeugt konfrontativ auftretenden Kolleginnen überbrachte meinem Supervisanden, der kurz darauf Trainingsraumdienst hatte, einen ihrer Schüler, *ohne* Einweisungsschein. Der alleinige Auftrag an den Jungen lautete, vierzig Minuten auf einem rosaroten Löschblatt zu stehen. Dies sei zu überwachen. Als die Lehrerin den Raum verlassen hatte, bat der Konrektor den Jungen, sich zu setzen. Er nutzte die Stunde, um mit ihm über seine problematische Schulkarriere und über seine familiären Schwierigkeiten zu sprechen. Am Ende sagte der Schüler:

> „So ein Gespräch hat hier an der Schule noch niemand mit mir geführt. Auch dachten wir, als ich hierher kam, hier würde einem geholfen. Ich denke aber nicht, dass einem hier geholfen wird. Für die meisten wird es hier doch nur noch schlimmer."

Während einer Konferenz zum Schulprogramm, die wiederum durch die Schulaufsicht eingefädelt worden war, da man zum Ende der Probezeit eine dienstliche Beurteilung zur Person des Konrektors abfassen musste, regte dieser an, Interessensschwerpunkte aus dem Bereich der Qualitätsanalyse herauszusuchen, diese auf die Arbeit an der Schule zu übertragen und sich produktiv damit auseinander zu setzen. Die Schulleiterin machte desinteressierte Bemerkungen, setzte ein mürrisches Gesicht auf und erstickte jeden gedanklichen Prozess im Keim. Der im „Coolness-Training" zertifizierte Kreis an Kolleginnen, die auch Fortbildungsseminare zur Einführung des Trainingsraumes und zur konfrontativen Pädagogik an anderen Schulen anboten, übernahmen dabei die Rolle von Verstärkern, indem sie immer wieder ihren Unmut über „das ganze sinnlose Gerede" ausdrückten.

Die Sprache der Schulleiterin, dass der und der „das nicht auf die Kette kriegt", dass wir das und das „gestemmt kriegen", erfüllte den inneren Raum der Schule. „Ich lasse mich da auch wirklich von gar niemandem hinten rumheben. – Ich sage, da ist jetzt Ende Gelände, aus die Maus. – Und wer da meint, er könnte mir irgendetwas anderes erzählen, der beißt bei mir auf Granit. – Da kenne ich gannix". Schüler mussten antreten und wurden von der Leiterin angeschrien, weil „irgend so ein Arsch" eine Toilette beschmutzt hatte. Wenn sich die „betreffenden Übeltäter nicht sofort meldeten, ging ihnen der Arsch auf Grundeis". Ihre jeweiligen Sitzplätze im Lehrerzimmer und Schulleiterzimmer dekorierte sie mit Sprüchen auf Postkarten: „Hier kann jeder machen was *ich* will." Oder: „Jeder hat ein Recht auf *meine* Meinung". Mitten auf ihrem Gesprächstisch schwebte in einer Halterung „die goldene Arschkarte". Auf der roten Kaffeetasse, die sie täglich im Verwaltungstrakt hin- und hertrug, war leuchtend gelb gedruckt: „Same shit every day." „Hier wird jedem geholfen", sagt die Leiterin selbstbewusst, „zur Not auch gegen seinen Willen."

Ein türkischer Schüler wurde von seiner Lehrerin so lange provoziert, bis er schließlich abwehrend den Arm hob, was so von einer neutralen Mitschülerin berichtet wurde. Die Lehrerin konstruierte daraus einen tätlichen Angriff auf ihre Person und zeigte gemeinsam mit der Schulleiterin den Jungen bei der Polizei wegen versuchter Körperverletzung an. Auch erwirkte sie, dass der Schüler wegen Selbst- und Fremdgefährdung auf Dauer „vor die Tür gesetzt wurde“, sodann wurde über die Schulaufsicht, die sich hier stets instrumentalisieren ließ, das komplette „Ruhen der Schulpflicht“ durchgesetzt. Schulintern nannte man diese Art von Suspendieren von Schülern „Eliminieren“.

„Ich knalle die eines Tages alle ab“, sagte ein fünfzehnjähriger Schüler, der sich nur noch gegängelt fühlte. Als immer häufiger Attentate mit Schusswaffen an Schulen vorkamen, ließ die Leiterin Sicherheitstüren und Sicherheitsschlösser einbauen. Man rechnete offenbar mit der Rückkehr von Menschen, die man dort einmal gedemütigt und um den letzten Rest ihrer Bildungschancen betrogen hatte.

Machiavelli-Consulting, die Lust am Bösen, Schule als Konzentrationslager

Im schulischen Handapparat des konfrontativen Kreises befanden sich Texte von Weidner (z.B. 2000, 2006) oder dessen Co-Autoren wie Bolz („Machiavelli-Consulting. Über das Innovative des Bösen“, 2000) oder Ross („Warum die Lust am Bösen ihr Gutes hat. Eine Warnung vor dem Ethik-Trend“, 2000). Weidner (2000, S. 13) gibt als Motto des Buches „Mit Biss zum Erfolg!“ in seiner Einleitung an: „One evil action every day keeps the psychiatrist away!“ Bei Bolz (2000, S. 43) lesen wir Sätze wie: „Dem Management fehlt [...] die Zulassung des Bösen. Stattdessen sind die meisten in die Liebe verliebt und wollen dem Gesetz des Herzens folgen. Aber es gibt kein Management by love.“ Welche Inspiration lässt sich aus derlei Lektüren schöpfen?

> „Angst vor der Jugend. Der populistische Ruf nach *Erziehungscamps* offenbart die autoritären Sehnsüchte einer verunsicherten Gesellschaft“, ist ein Text von Brumlik (2008) überschrieben. Der „Assoziationshof des Begriffs reiche bis hin zum „Arbeits- oder Konzentrationslager“. „Lager sind, wie der Philosoph Giorgio Agamben gezeigt hat, eingegrenzte Räume des Ausschlusses, Zonen die zwar durch das Recht konstituiert, aber in ihrem Inneren dem Recht nicht unterworfen sind“ (Brumlik 2008, S. 35).

In diesem Sinne ist diese Schule nicht nur *Erziehungscamp,* sondern auch *Konzentrationslager*. Überall, wo Angst erzeugt, Furcht und Schrecken verbreitet wird, verändern sich die sozialen Beziehungen. Wer ständig Angst hat und täglich mit dem Schlimmsten rechnen muss, verliert das Vertrauen zu anderen Menschen. Mein Supervisand geriet schulintern immer stärker in Isolation, genauso wie bestimmte Schüler, die plötzlich im Nichts verschwanden. Es entwickelte sich an jener Schule ein Denunziantentum, das durch die Vergabe von Privilegien am Leben gehalten wurde.

Im auf *Eliminierung* gerichteten Kampf der Schulleiterin gegen alles, was ihrer Weltanschauung zuwider läuft, ist eine „Direktdurchbohrung aus der Nähe" (Sloterdijk 2004, S. 95) aufgrund der Gesetzeslage nicht mehr möglich. Sie bezieht daher die Umwelt ein in den Kampf mit ihren Kontrahenten (vgl. ebd.: 93). „You take my life/ When you do take the means whereby I live", lesen wir bei Shakespeare, im Merchant of Venice (IV. Akt., 1. Szene, zit. n. Sloterdijk 2004, S. 95).

> „Wenn sich der Körper des Feindes nicht mehr durch direkte Treffer liquidieren lässt, drängt sich dem Angreifer jetzt die Möglichkeit auf, diesem die Fortexistenz unmöglich zu machen, indem man ihn hinreichend lange in ein unlebbares Milieu taucht" (ebd.: 96).

Es geht jetzt um „Attentate auf die umweltlichen Lebensvoraussetzungen" (ebd.: 97) des anderen. Schulentwicklungsforschung bedarf daher auch einer „Theorie unlebbarer Räume" (ebd.: 100), einer „schwarzen Meteorologie" oder einer „Klimatologie, die sich mit Niederschlägen ganz besonderer Art" befasst" (ebd.: 104), denn es geht hier um „Gewaltanwendung gegen Lebensbedingungen menschlicher Existenz" (ebd.: 109). Die Schule wird für einen Teil der Personen, die in ihr leben, zu einer „Umgebung", die „durch ein zunehmendes Atemrisiko belastet" ist, "bis hin zu akuter Unatembarkeit und chronischer Unlebbarkeit" (ebd.: 114), sich manifestierend in seelischen Verstörungen und gesundheitlichen Krisen vieler Schüler, Eltern, der als Gegner betrachteten Kolleginnen und Kollegen, später auch in einer ernsthaften Erkrankung meines Supervisanden. Es entsteht ein nahezu „tödliches Innenleben" in dieser Schul-„Kammer" (ebd.: 121). „So wird eine Art von ontologischer Differenz räumlich installiert – tödliches Klima im Innern der klar definierten, penibel abgedichteten Zelle, konviviales Klima im lebensweltlichen Bereich der Exekutoren und Beobachter; Sein und Seinkönnen außen, Seiendes und Nicht-Seinkönnen innen" (ebd.: 121). Das „negative Air Conditioning" (ebd.: 126) geschieht unter gleichzeitigem Mitwissen und Mitbeobachtung durch vielerlei beteiligte oder zuständige Personen und Instanzen. Für den schikanierten Konrektor, die eingeschüchterten Eltern sowie die entmutigten, abgeschobenen und *eliminierten* Schüler bedeutete dies in Sloterdijks Begrifflichkeit „Seins-Zumutungen an ihrem dunklen Grenzwert“ (Sloterdijk 2004, S. 141).

Teils gescheiterte Versuche, die Unlebbarkeit dieses Schul-Raums zu verringern

Zwei Ereignisse brachten Bewegung: Die Ankündigung, dass die Schule in Kürze einer externen Überprüfung durch die Schulinspektion unterzogen würde und die Revision des Konrektors in Zusammenhang mit seiner Bewerbung auf eine Rektorenstelle an einer anderen Schule. Da unser Supervisand bei allem, was er dem dominanten Teil des Kollegiums und der Leiterin präsentierte, mit Widerstand rechnen musste, bot er Partizipationsmöglichkeiten bei der Gestaltung seiner Revisionskonferenz an. Die untere Schulaufsicht hatte als mögliches Thema das „Schulportfolio“ angesprochen, in das ja zahlreiche pädagogische Konzepte hineingehören, etwa zum selbstständigen Lernen usw. Was das Kollegium da für wichtig oder notwendig halte? fragte er. Seine Initiative wurde zunächst aggressiv abgewehrt. Es wurde ihm unterstellt, er wolle sich seiner Vorbereitungsarbeiten entledigen und diese an das Kollegium delegieren. Nach beharrlichem Werben seinerseits überbrachten zwei Kolleginnen vom Lehrerrat schließlich doch noch einen Vorschlag, nämlich die Entwicklung von Bausteinen für den Bereich des emotionalen und sozialen Lernens. Auf eine detailliertere Planung ließ man sich aber nicht ein, man würde dem Konrektor doch nicht seine Arbeit abnehmen. Als mein Supervisand das Thema noch genauer mit dem Kollegium abzustimmen versuchte, wurde die Stimmung schnell spannungsgeladen und aggressiv. Die Leiterin selbst hatte die Schule schon verlassen, auch die Dienstbesprechung zunächst abgesagt, ohne sich mit meinem Supervisanden abzusprechen. Dieser bat dann noch um eine Viertelstunde, um den Konferenzverlauf genauer durchzusprechen. Dies war jedoch nicht möglich, weil Ungeduld verbreitet wurde. Man hatte schon anderweitige Termine, hatte offenbar auch das Gefühl, man mache hier Überstunden, fragte entnervt und provokativ, was das alles solle. Die Sitzung musste schon nach wenigen Minuten abgebrochen werden, um die Situation nicht eskalieren zu lassen.

Zu Beginn der Revisionskonferenz gab mein Supervisand Überblicke, das Schulportfolio im Rahmen der Qualitätsanalyse, die Inhalte des Schulportfolios usw. Im Werkstatt-Teil der Konferenz sollten die Kolleginnen und Kollegen acht vorbereitete *Container* bzw. Plakate mit ihren Ideen füllen. Die Rubriken waren: Themen, Methoden, Medien, handlungsleitende Modelle jeweils für die Bereiche emotionales und soziales Lernen. Mein Supervisand gab für alle Kategorien ein Beispiel. Als alle Ideen hingen, war das Kollegium eingeladen, die Ergebnisse zu lesen. Es wurde die Diskussion über das gesammelte Material eröffnet, Zeit für Rückfragen gegeben. Wie kann aus dem Material ein Konzept entwickelt werden? Was ist da? Was fehlt noch? Wo bekommen wir das Fehlende her? Das insgesamt generierte Material war mehr als spärlich. Auch unter handlungsleitenden Modellen fand sich nicht gerade viel. Gegensätze fielen dadurch stark ins Gewicht: Konfrontative Pädagogik nach Weidner einerseits und Themenzentrierte Interaktion nach Cohn andererseits. Ein Kollege hatte sich mit der bereits vom Konrektor als Beispiel angehefteten TZI an Inhalte aus seinem früheren Universitätsstudium erinnert. Die Konfrontationsanhänger attackierten das Konferenzergebnis, was das denn jetzt bringen sollte, dass hätte man doch vorher schon alles gewusst.

Die an der Schule durchgeführte Inspektion führte zu einem weit unterdurchschnittlichen Gesamtergebnis. Was die Bereiche Führungsverhalten der Schulleiterin und den Bereich der Partizipation am Schulleben anbetraf, so wurde die schlechtest mögliche Bewertung vergeben. Auch der allgemein vorherrschende Unterrichtsstil wurde von den Inspektoren kritisiert, da die Schülerinnen und Schüler gar keinen Spielraum für eigenes Denken und Handeln zugestanden bekämen. Die desaströsen Ergebnisse kursierten rasch auf allen Ebenen von Politik und Verwaltung, bis in diverse Zeitungsredaktionen hinein. Die dann öffentlich geführte Diskussion setzte die vorgesetzten Stellen unter Druck und man entband in einem Dienstgespräch die Leiterin von ihrer Aufgabe. Dies führte einerseits zu lähmendem Entsetzen an der Basis, wohl auch zu insgeheimer Hoffnung auf Veränderung bei vielen Schülern und Eltern, zum anderen wurden schon kurz darauf Gegenoffensiven in die Wege geleitet, auch mit Erfolg, denn die Rechtsbeistände der Leiterin konnten die Tatsache nutzbar machen, dass die Schulaufsicht, zwar mittlerweile schon seit zwei Jahren kontinuierlich über die angefallenen Missstände an jener Schule informiert, sich nie zu einer schriftlichen Abmahnung hatte aufraffen können und immer nur mündliche Änderungsappelle an die Leiterin gerichtet hatte. Sie blieb also trotz allem im Amt. Auch sprach man von politischer Protektion aus dem Hintergrund, von einer höheren Stelle aus.

Die Dienstaufsichtsbeschwerden unseres Supervisanden und eines Jugendhilfeträgers gegen die Leiterin blieben folgenlos. Die vorgesetzten Stellen versuchten die Angelegenheit unter den Teppich zu kehren. Aufgrund dieser Stagnation erstattete unser Supervisand Strafanzeige gegen die Leiterin. Das Einklagen angemessener Leistungsberichte auf dem Rechtsweg wurde ebenfalls von ihm eingeleitet. Obwohl man meinen Supervisanden mittlerweile zur kommissarischen

Leitung einer plötzlich führungslos gewordenen Förderschule in eine Nachbarstadt abgeordnet hatte, er dort auch sehr erfolgreich arbeitete, von Schülern, Kollegen, Eltern und Kooperationspartnern sehr geschätzt wurde und für die Neubesetzung der Rektorenstelle in Betracht gezogen und später auch zum Schulleiter gewählt werden sollte, wandte sich die obere Schulaufsicht gegen ihn, lud ihn mehrfach zu Dienstgesprächen vor, drängte ihn zur Rücknahme seiner Strafanzeige gegen die Leiterin, was er ablehnte, worauf man ihm schließlich die Zwangsversetzung auf eine Konrektorenstelle an einer weit über hundert Kilometer von seinem Wohnort entfernt liegenden Schule ankündigte. Ein Appell an die oberste Schulaufsicht wurde seitens meines Supervisanden gesandt und um Eingreifen gebeten. Des weiteren reichte er eine Petition beim Landtag ein und bat darin um Prüfung aller laufenden Verfahren.

Der „Nutzen“ des Materials für die Bildungswissenschaften

Die Bildungswissenschaften könnten eine solche Praxis zum Anlass nehmen, Fragen zu entwickeln und Antworten darauf zu suchen. Wer hat die handelnden Akteure ausgebildet, mit welchen Inhalten und Methoden? Sind in den universitären Curricula ausreichend Fragen der Kommunikation, der Beziehungsgestaltung, der konstruktiven Konfliktbewältigung, des Umgangs mit Macht, der Prozessentwicklung, der Schule als lernenden Organisation enthalten? Was vollzieht sich möglicherweise im Laufe der Zeit an psychischen Deformierungen, wenn Menschen längerfristig in solchen Systemen und Strukturen arbeiten? Wird an den Universitäten auch nachhaltige Persönlichkeitsbildung geleistet? Werden die Studierenden insbesondere zum Aufbau von guten Beziehungen zu jungen Menschen, die sich herausfordernd verhalten, angeleitet und befähigt? Werden sie zu humanem Verhalten und gutem kollegialen Umgang miteinander angeleitet? Kann man so etwas im Hörsaal oder im Seminarraum oder durch bloße Lektüre lernen? „Etwas wissen ist von der Art dessen, einen Zettel in der Lade meines Schreibtisches zu haben, auf dem es aufgeschrieben steht/ ist“, notierte Wittgenstein (2000, S. 28).

Schließlich ließe sich die fundamental bedeutsame Rolle der Sprache in solchen Kontexten untersuchen. Schüler „bespaßen“, „zusammenfalten“ oder „eliminieren“. „Aber warum beschreibe ich dann die Tatsache gerade so? Was ließ dich *diese* Worte sagen?“ frage ich einmal mit L. Wittgenstein (2000, S. 38). „Wenn ein Satz nicht das Ergebnis einer Entscheidung wäre, hätte er nichts zu sagen“ (ebd.: 73). „Aber *wann* erfassen oder verstehen wir den Satz?! *Nachdem* wir ihn ausgesprochen haben?“, um noch einmal Wittgenstein (ebd.: 107) zu bemühen. „Ich sage das nicht nur, ich meine auch etwas damit. Wenn man sich überlegt, was dabei in uns vorgeht, wenn wir Worte meinen (und nicht nur sagen), so ist es uns, als wäre dann etwas mit diesen Worten gekuppelt, während sie sonst leer liefen. Als ob sie gleichsam in uns eingriffen“, notierte Wittgenstein (ebd.: 18). „Etwas ist ein Satz nur in einer Sprache“ (ebd.: 55) Welche Sprache spricht diese Leiterin? Auf welche pädagogischen Überzeugungen verweist diese Sprache? „Einen Satz verstehen heißt, eine Sprache verstehen“, so Wittgenstein (2000, S. 73).

Auch Klemperers (2007) Notizen zur Sprache des Dritten Reiches rücken in den Blick, das „dauernde Wiederholen“ als „Hauptstilmittel“ (Klemperers 2007, S. 46), ihre „Formen der Willensbetonung und des stürmischen Vorwärtsdrängens“ (ebd.: 92), „die LTI war eine Gefängnissprache“ (ebd.: 112), ein „rohes Aufpeitschen“ und „nie Gleichmut oder Musikalität“ darin zu finden (ebd.: 75). „Aber Sprache dichtet und denkt nicht nur für mich, sie lenkt auch mein Gefühl, sie steuert mein ganzes seelisches Wesen, je selbstverständlicher, je unbewusster ich mich ihr überlasse“ (ebd.: 26). „Die LTI ist ganz darauf gerichtet, den einzelnen um sein individuelles Wesen zu bringen, ihn als Persönlichkeit zu betäuben, ihn zum gedanken- und willenlosen Stück einer in bestimmter Richtung getriebenen und gehetzten Herde, ihn zum Atom eines Steinblocks zu machen“ (Klemperers 2007, 36 f.). (Victor Klemperer hatte ja genau in den historischen Universitätsräumen gelehrt, in denen unser Kongress tagte, bevor er von den Nationalsozialisten von seinem Lehrstuhl vertrieben wurde.) „In der Tat ist die Sprache die erste Stufe der Bemühung um die Wissenschaft“, notierte Nietzsche (1994, S. 263). Zu seiner eigenen Sprache zu finden ist daher ein Akt der Selbstvergewisserung, des Mit-sich-selbst-in-Kontakt-Kommens.

Pädagogik in herausfordernden Kontexten als Erweiterung des gemeinsamen Seins

Im Rahmen seiner zellbiologisch abgeleiteten Philosophie der „Schäume“ notiert Sloterdijk (2004) „Das erste Merkmal des Selbst ist die Fähigkeit, durch Opposition gegen Äußeres eine Position einzunehmen. Position entsteht, soweit wir sehen, durch Einfaltung in sich – oder durch Eigensinn an unerwarteter Stelle“. (Sloterdijk 2004, S. 54): Liegen da nicht ungeheure Lernchancen, für beide Seiten, nämlich im Entstehenlassen von pädagogischen „Dyaden“, als „Minimalform psychischer Bindungsfähigkeit und Weltoffenheit“ (ebd.: 16)? Eigene Erfahrungen aus dem sonderpädagogischen Feld, lange Jahre als Lehrer und zuletzt als Schulleiter, belegen diese Möglichkeit. Jugendliche Schüler, hinsichtlich ihres Lern-, Arbeits- und Sozialverhaltens mehr als herausfordernd, fingen in solch erkundenden, auslotenden, akzeptierenden, bindenden Gesprächen und Beziehungsangeboten an, plötzlich Halt zu finden, in ihrem Inneren – und in der Welt.

Es gilt die „Mikrosphäre" (Sloterdijk 2004, S. 13) von Schulen als „lernenden Räumen" (ebd.: 16) neu und anders in den Blick zu nehmen, die „menschlichen Nähewelten" (ebd.: 13), den „Humanraum" als „beseelendes Ineinandergreifen von Lebewesen, die auf Nähe und Teilhabe aneinander angelegt sind" (ebd.: 14) eben lebbar zu gestalten. Man möchte den Anhängern des konfrontativen Ansatzes zurufen: „Stimmt der Kontakt nicht, stimmt nichts" (Eidenschink 2006, S. 9).

Siegmund (2006) hat in seinem Werk „Rafael", einer Synthese aus Bildungsroman und gesellschaftskritischer und bildungstheoretischer Abhandlung, die Kernthemen aller Bildung eingekreist: Existentielle Relevanz für das Subjekt, Wahrhaftigkeit in der pädagogischen Beziehung, Ermöglichen von tieferer Erkenntnis. Hier seien einige Schlüsselstellen daraus hervorgehoben:

> „... insgesamt hatte ich nur einen Lehrer, der ganz Pädagoge, der ganz der ideale Lehrer für mich war, weil er wollte, dass ich zu dem werde, was ich wirklich bin, nur bejahte, niemals verneinte, nichts kaschierte, eine bestmögliche Pädagogik kreierte, die ein Leben lang auch ein Vorbild in meiner Methodik blieb, und mir den Abgrund in der Schule erst vollkommen umfassend aufzeigte, mir durch Selbstbefähigung *direkt* nichts und *indirekt* alles lehrte, er war es, der zeigte, ich war es, der sah..." (Siegmund 2006, S. 234) [...] „der eine tadellose Beobachtungskunst besaß und es verstand, die Menschen nach ihrem Besten zu formen, indem er sie auf den Weg brachte, zu sich selbst, zu ihrem Besten zu kommen, indem er ihre Hand so lange hielt, bis sie alleine gehen konnten..." (ebd.: 319). [...] „Wir beide hatten schon seit längerer Gesprächszeit den Idealfall jeder pädagogischen Bindung erreicht: die Verwischung der Grenzen zwischen Lehrer und Schüler. Wir belehrten uns gegenseitig und tauschten frei unsere Gedanken aus. [...] Hier lag in jedem Wort Klang, Fülle, persönliche Bedeutung, Dialektik [...] ein fast göttlicher Dialog, eine sprechende vergeistigte Lebendigkeit, eine Art neue Wirklichkeit, die sich zwischen [...] uns aufbaute und mich und ihn im Innersten zu berühren schien und dessen Ausgang noch nicht absehbar war" (Siegmund 2006, S.100 f.).

Sind das nun ermutigende Zeilen, die Anderes und Besseres aufzeigen? Was sollte uns daran hindern, Bildungsbemühungen mutiger, gelassener, experimentierfreudiger, tiefergehender und vor allem: *wahrhaftiger* zu gestalten? Selbst ein fast gescheiterter junger Mensch kann uns sehr viel geben und auch für sich selbst wieder viel auf den Weg bringen, wenn wir ihm zuvor die Hand reichen. Überlassen wir zum Schluss noch einmal Sloterdijk (2004) das Wort:

> „Was ist Therapeutik anderes als das Verfahrenswissen und die Wissenskunst von der Neu-Einrichtung menschengerechter Maßverhältnisse nach dem Einbruch des Maßlosen – Baukunst für Lebensräume nach der Demonstration des Unlebbaren?" (P. Sloterdijk (2004, S. 147)

„Deepness of earth" statt „stony places".

Literatur

Balke, Stephan (2003): Die Spielregeln im Klassenzimmer. Bielefeld: Bertelsmann 2. Aufl.

Bolz, Norbert (2000): Machiavelli Consulting: Über das Innovative des Bösen. In: Weidner et al. (2000): 43 – 53

Bründel, Heidrun; Simon, Erika (2003): Die Trainingsraum-Methode. Weinheim, Basel: Beltz

Brumlik, Micha (2008): Angst vor der Jugend. Die Zeit Nr. 3, 10. Januar 2008, S. 35

Eidenschink, Klaus (2006): Jenseits von Beliebigkeiten. Integratives Coaching. Beilage zu managerSeminare 103. 2006. 4-9

Klemperer, Victor (2007): LTI. Notizbuch eines Philologen. Ditzingen: Reclam

London, Jack (1999): The Seawolf. Oxford

Nietzsche, Friedrich (1994): Menschliches, Allzumenschliches und andere Schriften. Köln: Könemann Verlag

Ross, Georg T. (2000): Warum die Lust am Bösen ihr Gutes hat. Eine Warnung vor dem Ethik-Trend. In: Weidner (2000): 95-102

Siegmund, Michael (2006): Rafael. Weg eines Selbstmörders. Schönhausen

Sloterdijk, Peter (2004): Schäume. Sphären III. Frankfurt a. M.: Suhrkamp

Weidner, Jens (2006): Mehr Biss im Business. Aggressiv kommt weiter. In: managerSeminare 94. 2006. 40 – 46

Weidner, Jens; Koller-Tejeiro, Yolanda M. (Hrsg.) (2000): Mit Biss zum Erfolg! Durchsetzungsstärke und positive Aggression im Management. Mönchengladbach: Forum Verlag Godesberg

Wittgenstein, Ludwig (2000): Ludwig Wittgenstein – Wiener Ausgabe. Band 11: The Big Typescript. Wien, Frankfurt a. M.: Suhrkamp

Rückkehr zur schwarzen Pädagogik? Von Super Nannys und anderen Erziehungsnotständen

Elisabeth von Stechow

Der Erziehungsnotstand

Seit vier Jahren wird die Coaching-Sendung „Super Nanny" ausgestrahlt und noch immer macht sie Quote, Schlagzeilen und erregt die Gemüter – die Super Nanny ist längst ein Superstar. Rigide Erziehungsstile, eiserne Konsequenzen in der Erziehung, prügelnde Eltern auf allen Sendern, Erziehungscamps und Jugendliche, die auf „heißen Stühlen" psychisch zusammenbrechen sind längst kein Tabu mehr. Die Erziehungsbestseller heißen nicht mehr „Kinder brauchen Liebe" (Bettelheim) sondern der „Erziehungsnotstand" (Gerster, Nürnberger), „Lob der Disziplin" (Bueb) oder „Warum unsere Kinder Tyrannen werden" (Winterhoff). „Von der Pflicht zu führen" (Bueb) und „Tyrannen müssen nicht sein: Warum Erziehung nicht reicht" (Winterhoff) weisen Wege aus der vermeintlichen Krise der Erziehung, die sich zwischen pädagogischer Strenge und therapeutischer Behandlung bewegen. Insbesondere der Trend zu Bootcamps, Konfrontativer Pädagogik und Super Nannys wird von kritischen Erziehungswissenschaftlern, Pädagogen und Kinderrechtlern als bedenklich bezeichnet, die Frage wird laut, ob wir eine Rückkehr zur Schwarzen Pädagogik befürchten müssen.

Dieser Artikel geht der Frage nach, ob diese Sorge berechtigt ist. Zunächst wird der Begriff Schwarze Pädagogik erörtert, den Katharina Rutschky geprägt hat und ihre Untersuchungen der Erziehungspraktiken seit dem 18. Jahrhundert vorgestellt. Hier werden Bezüge zu aktuellen „Erziehungsnotständen" hergestellt. Anschließend wird das Erziehungskonzept der Sendung „Super-Nanny" betrachtet und diskutiert, ob wir hier von Schwarzer Pädagogik im Sinne Rutschkys sprechen können.

Schwarze Pädagogik

Der Begriff „Schwarze Pädagogik" gilt heute als Sammelbegriff für Erziehungsmethoden, die Gewalt und Einschüchterung als Mittel der erzieherischen Beeinflussung beinhalten. In Rutschkys viel beachteten Buch „Schwarze Pädagogik“, das 1977 erschien, untersuchte sie pädagogische Schriften aus dem 18. und 19. Jahrhundert, wie beispielsweise Erziehungsratgeber für Eltern und Lehrende, pädagogische Enzyklopädien oder erziehungswissenschaftliche Theorien.

Rutschkys Blick richtet sich auf die Schattenseiten der Pädagogik: die Unterwerfung des Kindes, die Beugung seines Willens, die Unterdrückung seiner Bedürfnisse. Ihre Textsammlung dokumentiert pädagogische Praktiken, die grausam, hart oder Furcht einflößend sind, wenn auch die Gewalt und Aggression gegenüber Kindern nicht immer offensichtlich wird. Rutschkys tendenziöse Sicht auf die Geschichte der Erziehung kann als ein Beitrag zur Verteidigung der antiautoritären Erziehungsbewegung ihrer Zeit gewertet werden.

Erziehung im Prozess der Zivilisation

Rutschky ordnet diese gewalttätigen Akte von Erwachsenen gegenüber Nicht-Erwachsenen in den, vom Soziologen Norbert Elias beschriebenen „Prozess der Zivilisation“ ein, also in eine Untersuchung langfristiger Transformationsprozesse der Gesellschafts- und Persönlichkeitsstrukturen (Rutschky 2001, S. XXXII). Elias beschreibt das menschliche Zusammenleben in vormodernen Gesellschaften als geprägt von gewaltsamen Zwängen, von Freude an roher Gewalt und dem Ausleben von Affekten. Die Regeln des gesellschaftlichen Umgangs sind überschaubar, die Strafen bei Nichtbefolgung sind grausam, brutal bisweilen tödlich. Strafen, Hexenverbrennungen, Hinrichtungen werden als öffentliche Spektakel inszeniert. Eine Unterscheidung von Kindern und Erwachsenen wird nicht vorgenommen. Um es genauer zu sagen, eine Schonung der Kinder vor roher Gewalt oder auch Tötungen ist nicht bekannt. Kindheit ist im Mittelalter kein besonderer Status. Rutschky bezieht sich ebenfalls auf den viel kritisierten französischen Historiker Aries, der die allmähliche Herausbildung der Kindheit beschrieben hat, die er seit dem 18. Jahrhundert als abgeschlossen betrachtet. Zeitgleich beobachtet Aries genau wie Elias eine zunehmende „Milderung der Sitten“ in der Gesellschaft, die sich auch in der Erziehung und Unterrichtung der Kinder wiederfindet (Rutschky 2001, S. XLII ff: Aries 2000). Eine Abkehr von brutalen Züchtigungen zugunsten erziehender Strafen wird sichtbar. Der Zögling soll nicht länger aus Angst vor Prügel gehorchen, es soll verstehen und verinnerlichen, warum er sich in einer bestimmten Weise verhalten soll. Das Erziehungsziel ist die Hervorbringung eines selbstdisziplinierten Verhaltens, das die Fremddisziplinierung, die auf die Anwesenheit eines kontrollierenden Erziehers angewiesen ist, ablösen soll. Ebenfalls soll die von Aries und dem französischen

Philosophen Foucault beschriebene totale Überwachung des Kindes der effizienteren Form der Selbstkontrolle weichen. Die Unter- und Einordnung der Kinder in neue Raumordnungen (Kinderzimmer, Hof, Garten, Klassenzimmer), aber auch in rigide Zeitordnungen soll eine Kontrolle des kindlichen Verhaltens auch in der Abwesenheit der Erwachsenen gewährleisten. Zu den maßgeblichen neuen Erziehungszielen zählt die Herausbildung eines triebkontrollierten Verhaltens, um das Ausleben der Affekte zu begrenzen: das Naschverbot oder das Onanieverbot werden unaufhörlich thematisiert.

Die Begründungen, warum die Kinder die Verhaltensanweisungen der Erzieher befolgen sollen, unterscheiden sich zu Beginn des 18. Jahrhunderts noch deutlich von den rationalen Begründungen der Gegenwart. Es kommt zu einer Zwischenphase zwischen Fremddisziplinierung und Selbstdisziplinierung, in der Todesdrohungen eine wichtige Rolle spielen. Warngeschichten sollen dem Kind zeigen, welche Folgen unerlaubtes Tun (hier: Naschen, Weglaufen) hat. Typischerweise stiehlt das Kind Lebensmittel aus der Speisekammer, die versehentlich oder auch absichtlich mit Mäusegift versetzt sind. Die Geschichten enden fast immer mit dem Tod des Kindes. Unerlaubte Ausflüge in den Wald oder auf die Wiesen, also eine Flucht aus den neuen räumlichen Begrenzungen enden mit dem Tod des Kindes, das ins Eis einbricht, von einem tollwütigen Tier gebissen wird oder von einem Baum stürzt (vgl. Stechow 2004, S. 125ff).

Die Todesdrohungen verschwinden genau wie die rohe Gewalt im Laufe des 19. Jahrhunderts zugunsten von hygienischen, gesundheitlichen und sicherheitsbezogenen Begründungen. Elias spricht hier von der allmählichen Ausbildung eines stabilen Über-Ichs. Die Ausbildung des Über-Ichs wird als gesellschaftliche Notwendigkeit beschrieben, die das Zusammenleben der Individuen in komplexen und unübersichtlichen modernen Gesellschaften ermöglicht. Die moderne Gesellschaft ist auf selbstkontrollierte Individuen angewiesen, Fremdzwang kann nicht länger die geeignete Methode der gesellschaftlich notwendigen Affektkontrolle sein. Die Herausbildung des selbstdisziplinierten und selbstkontrollierten Verhaltensideals als Produkt des Zivilisationsprozesses sieht Elias um 1800 erreicht, ebenso wie Aries die Konstituierung der bürgerlichen Familie zeitgleich als abgeschlossen ansieht. Rutschky sieht in diesem Zeitpunkt einen qualitativen Sprung, „mit dem die Naturgeschichte der Erziehung beginnt" (Rutschky 2001, S. LIII). Das ist jedoch weder für Elias noch für Rutschky das Ende einer gewalttätigen Erziehung. Aus der Sicht von Elias kommt es in der Beziehung der Erwachsenen zu den Heranwachsenden, aber auch in den Produkten der Erziehungsbemühungen zu „extrem ungünstigen und gesellschaftlichen abnormen Modellierungserscheinungen“, die unwissentlich und ohne Absicht hervorgebracht werden (Elias zitiert in Rutschky 2001 ebd.).

Rutschky kritisiert Elias formale Sicht auf diese Ergebnisse des Zivilisationsprozesses, insbesondere dann, wenn im Umgang mit Kindern Angst bei den Pädagogen sichtbar wird:

> „Er unterschätzt die Problematik, die mit der fortlaufenden Verwandlung von äußerem in inneren Zwang (der Genese des Über-Ich) notwendig auftaucht oder: zwar konzediert er die zufälligen, individuellen Kosten, die von der Empfindung eines vagen Unbehagens bis zu neurotischen Reaktionen reichen können, er rechnet aber nicht mit den allgemeinen Kosten des Zivilisationsprozesses, den Opfern die wir alle zu bringen haben“ (Rutschky 2001, S. LXI).

Die Angst von der Rutschky spricht ist keine reale Angst des Erziehers vor dem schwachen und unterlegenem Kind, sondern seine innere Angst, die Angst vor der Stärke seiner eigenen unterdrückten und verbotenen Leidenschaften einerseits und der zweiten Angst, „den Geboten der verinnerlichten Autoritäten nicht gehorsam zu sein“ (ebd. S. LXII). Rutschky spricht von der Triebangst und der Über-Ich-Angst des Erziehers, mit der er in seiner erzieherischen Tätigkeit konfrontiert wird. Und genau in dieser schlecht bewältigten Angst des Erziehers, sieht Rutschky die Motivation des Schwarzen Pädagogen begründet, Kindern mit versteckten und offenen Aggressionen und Grausamkeiten zu begegnen. Über Rutschkys psychoanalytisch geprägte Interpretation der historischen Quellen äußert sich der Darmstädter Erziehungswissenschaftler Werner Sesnik:

> „Sie führt die in diesen Texten deutlich werdenden gewaltsam gegen das Kind gerichteten Tendenzen auf innere Konflikte der Erzieher zurück, die, indem sie angeben, wie mit dem Kind fertig zu werden sei, versuchen, mit ihrer eigenen unterdrückten Triebnatur fertig zu werden. Es sei also im weitesten Sinne der unbewältigte Konflikt von Natur und Vernunft (in psychoanalytischer Terminologie: von Es und Über-Ich) im Menschen, der sich in diesen Texten unbewusst manifestiere, als ein Konflikt nämlich, den der als Autor auftretende Erzieher selbst in sich keineswegs hinter sich gelassen habe, dessen Bewältigung er aber vom imaginären Standpunkt dessen predige, der sich schon ganz in der Vernunft befindet“ (Sesnik 2007, S. 1).

Elemente der Schwarzen Pädagogik

Katharina Rutschky stellt historische Erziehungspraktiken vor, die sie dieser Schwarzen Pädagogik zuordnet. Es wird schnell deutlich, dass sie nicht nur gewalttätige oder besonders autoritäre Form der Erziehung verurteilt, sondern besonders auf subtile und oftmals unbewusste Erziehungsmittel und -techniken aufmerksam machen will, die die Unterwerfung und Kontrolle des Kindes sicherstellen sollen. Diese Erziehungspraktiken, die Rutschky als Schwarze Pädagogik bezeichnet, werden ausführlich vorgestellt, um sie im Folgenden mit aktuellen Erziehungstendenzen vergleichen zu können.

Als *Pädagogische Initiation* bezeichnet Rutschky einen individualisierten Ritus der langandauernden Unterwerfung des Kindes, den der Erzieher aus Angst vor dem Kind, initiiert. Das Tabu der Sexualität und die immer wiederkehrende Todesdrohung werden hier instrumentalisiert, um das „narzisitische" Sicherheitsbedürfnis des Erziehers zu befriedigen (Rutschky 2001, S. 3). Pädagogische Initiationen der modernen Art finden sich gerne in Erziehungscamps, beispielsweise im hoch gelobten Boxcamp Kassel. Die Neuankömmlinge müssen dort ein Grab schaufeln, in dem Gegenstände vergraben werden, die sie ihrem alten „schlechten" Leben zuordnen. Das Grab wird mit einem Kreuz und ihrem Namen versehen. (Konzept der Jugendhilfeeinrichtung Trainingscamp Lothar Kannenberg, o.J., S. 13). Dann erhalten Sie ein T-Shirt mit der Aufschrift: „Ab hier beginnt ein neues Leben für mich". Auf eine biographische Aufarbeitung wird zugunsten der theatralischen Geste verzichtet. Unter der Überschrift *Affenliebe* beschreibt Rutschky die pädagogische Verachtung der Liebe zwischen Mutter und Kind, die der Erzieher zerstören oder zumindest auf eine rationale Grundlage stellen will (vgl. Rutschky 2001, S. 24). Die Eltern sind aus Sicht des Erziehers die Ursache für jede Form der Charakterlosigkeit und Dummheit des Zöglings. Ein populärer gegenwärtiger Vertreter dieser These ist der bereits erwähnte Bestseller-Autor Michael Winterhoff. Die Hauptthese des Psychologen ist, dass das Fehlverhalten von Kindern kein Versagen erzieherischer Konzepte ist, sondern ein Ausdruck von Beziehungsschwierigkeiten zwischen Eltern und Kinder (Winterhoff 2009, S. 7ff). Nicht Winterhoff aber Rutschkys Schwarze Pädagogen bevorzugen Schmerz und Strafe als „natürliche Erziehungsmittel" gegenüber Liebe und Lob. Sie schreibt dies den selbstdestruktiven Phantasien des Erziehers zu, die sich ebenfalls in der häufig auftretenden vehementen Kultur- und Gesellschaftskritiken vieler Erzieher äußern. „Der Über-Ich- Kultur, deren Protagonist der Erzieher ist, muss er selbst besonders zum Opfer fallen" (ebd. S. 24). Ebenfalls auf eine pessimistische Weltsicht begründet sich die Idee, Erziehung diene der Überwindung von Unwissenheit, Unmoral und Unverantwortlichkeit.

Diese *Idee der Besserung des Menschengeschlechts durch Erziehung* beschreibt Rutschky als Ersatzreligion, in der sich der männliche Erzieher als gottähnlich sieht, als einen Berufenen, dessen erzieherische Überlegenheit auch die Frau in der Erziehung überflüssig macht. Diese Kopplung von Untergangsphantasien mit erzieherischem Größenwahn und Allmachtsansprüchen belegt Rutschky mit zahlreichen Textbeispielen der großen Erziehungsphilosophen wie Kant, Pestalozzi, Basedow oder Campe (ebd. S. 57f). Aber auch im 20. Jahrhundert ist die Idee des göttlichen Auftrages der Erziehung noch nicht überwunden, wenn der Pädagoge Linus Bopp 1930 schreibt: „Schon der Name Heiland klingt an Heilerziehung an" (Bopp zit. in Eitle 2003, S. 24). Das *Zuschreiben besonderer kindlicher Eigenschaften*, die von Unschuld bis zu Dummheit, Unwissenheit und Bosheit reichen, hat im besonderen Ausmaß Aries empört. Diese Eigenschaften dienen nach Rutschky im Wesentlichen dazu, dem Kind den normal-menschlichen Status abzusprechen, ihm einen pathologischen Grundzustand zuzuschreiben, der einen totalen erziehenden Zugriff auf sein Wesen rechtfertigt.

Wenn Rutschky feststellt, dass „die Ideologie des Kind- und Altersgemäßen [...] der Tendenz [dient, E.S.], die Kluft zwischen Erwachsenen und Kindern zu erweitern" (Rutschky 2001, S. 102), stimmt sie mit der Sicht der aktuellen Kindheitsforschung auf die Kindheit als Konstruktion voll überein (Honig 1999). Der totale erzieherische Zugriff auf das Kind, von Rutschky mit dem Begriff *Erziehung als totale Institution* umschrieben, meint die unaufhörliche Einwirkung auf den kindlichen Körper (wie es zu sitzen, zu gehen, zu grüßen hat) sowie den expansiven Zugriff auf die Zeit des Kindes. Ausführlich mit dieser Thematik hat sich Foucault beschäftigt, der die Abrichtung und Stilllegung des kindlichen Körpers, die Verortung des Kindes in neuen Raumordnungen, sowie die zeitliche Disziplinierung des Kindes als Kontroll- und Disziplinierungstechniken beschrieben hat, die der Herstellung eines abgerichteten Normal-Individuums dienen sollen (Foucault 1994, S. 173ff.). Rutschky fokussiert weniger das gesellschaftliche Interesse als vielmehr die Motivation des Erziehers, die totale Kontrolle über das Kind zu erlangen. Sie konstatiert eine feindselige Haltung des Erziehers gegenüber dem Kind, die insbesondere dann deutlich wird, wenn das Kind die „kapitalen Sünden der Erziehung" (Rutschky 2001, S. 148) begeht, die Lüge oder den Ungehorsam. „Der Ungehorsam stellt das Prinzip der Unterordnung für den Erzieher in Frage, deshalb muss er ohne weiteres, was es auch koste, gebrochen werden" (ebd.). Die Lüge lässt nach Rutschky erkennen, dass das

Kind einen eigenen Willen hat, den es dazu nutzt, sich dem erzieherischen Zugriff zu entziehen, somit muss die Lüge ebenfalls geahndet werden.

Bootcamps oder Erziehungscamps sind grundsätzlich als totale Institution angelegt. Lückenlose Zeitordnungen, Drill, Abrichtung und Gehorsam sind die Standarderziehungsmittel. Ein Interview mit einem Teilnehmer des Boxcamps Kassel im Deutschland Radio veranschaulicht recht drastisch die Verfolgung des Ungehorsams im Camp, in dem es einen Einbruch beim Heimleiter Lothar Kanneberg gegeben hatte. Auf die Frage, ob sich jemand zur Tat bekennen würde, antwortete der Junge:

> „Ich denk mal nicht. Da hat keiner den Mut zu. Also zu sagen: ich bin bei dir eingebrochen, bei Lothar wurde ja eingebrochen. Aber das sagt keiner, da haben alle Angst, dass er die rausschmeißt, aber der schmeißt die nicht raus. Dann gibt's Sanktionen und gut ist. Dann müssen wir alle nach Hermünden laufen. Das sind 43 Kilometer. Der Einzelne zählt hier nicht, das hat Lothar auch immer wieder gesagt. Wenn sich einer ausschließt aus der Gruppe, der zählt nicht, der ist für ihn nichts wert, der kann dann wieder gehen" (dradio 2008).

Das *Katastrophentraining* dient der erzieherischen Vorbereitung auf Schicksalsschläge und Katastrophen, die der Erzieher selber befürchtet. Dabei gilt es im Besonderen, Entbehrungen zu ertragen und die Leidensfähigkeit zu steigern. Abhärtungen sollen den, durch die Zivilisation geschwächten, kindlichen Körper stärken sowie seine Moral festigen. Nicht ohne Ironie kommentiert Rutschky: „Viel erwartet man von der Einwirkung kalten Wassers und frischer Luft. Das Leben unzivilisierter Wilder erscheint unter dem Gesichtspunkt ihrer Entbehrungs- und Leidensfähigkeit vorbildlich" (Rutschky 2001, S. 248). Unter dem Punkt der *Erziehung als Triebabwehr* wird das Onanieverbot abgehandelt, dass in der Erziehung des 19. Jahrhunderts eine herausragende Rolle spielte. Es wird hier vernachlässigt, da es für die folgenden Erörterungen keine Rolle spielt. Leider kann diese Aussage für das Kapitel *Erziehung als Rationalisierung des Sadismus* nicht getroffen werden. Rutschky begründet das allmähliche Verschwinden der brutalen körperlichen Strafen nicht damit, dass sie plötzlich als erzieherisch wirkungslos oder barbarisch gelten. Vielmehr wird nicht länger die Befriedigung, die der strafende Erzieher empfindet, geduldet. Die affektlose Bestrafung wird angestrebt und findet ihre Vollendung in der Verteilung von Zensuren und der Pedanterie. Die Aggression des Erziehers kann jedoch nicht immer unterdrückt werden: „manchmal kommt es zu Erziehungsorgien" (ebd., S.376) oder der Pedant drangsaliert den Zögling mit Nebensächlichkeiten, die dem Unterrichtsgegenstand oder dem Erziehungsanlass unangemessen sind. Hierbei spielen Fragen der richtigen Körperhaltung, wo pedantisch jedes Detail beachtet werden muss, etwa beim Schreiben oder beim Abhören des Lernstoffes, eine große Rolle.

Unter großem Verdacht *Erziehung als Rationalisierung des Sadismus* zu betreiben, stehen manche Praktiker der Konfrontativen Pädagogik. Der Satz: „Warum es gut sein kann, böse Menschen schlecht zu behandeln" schmückt die Eingangsseite des Internetauftritts von Rainer Gall, einem Coolness-Trainer, und seine Begründung ist dort auch zu lesen: „Weil die Streichelpädagogik versagt hat" (Gall 2009, o.S.).

Viel diskutiert und nicht vergessen bleibt das folgende Beispiel aus der Praxis der Konfrontativen Pädagogik, in der ein Erzieher der Halliggruppe, einer Einrichtung der Jugendhilfe und der schulischen Erziehungshilfe, die Kriterien der Schwarzen Pädagogik übererfüllte:

> „13:15 Mittagessen. Eines der Kinder der Gruppe überprüft, ob alle gerade und ruhig sitzen, dann wünscht es der Gruppe einen guten Appetit. Die Kinder beginnen, den Erwachsenen und sich gegenseitig, lebhaft von ihrem Schulalltag zu berichten. Xaver (Pädagoge) ermahnt Malte (Kind), den Arm zu heben beim Essen. Xaver steht auf, geht zu Malte und nimmt ihm das Besteck weg: ‚Du kannst ohne Besteck weiter essen. Er setzt sich wieder hin. Malte rührt sich nicht. Xaver (lauter) ‚Du isst wie ein Schwein. Malte, du brauchst kein Besteck. Wenn du isst wie ein Schwein, kannst du es auch richtig machen. Iss!' Malte weint. Ansonsten rührt er sich nicht. Nach einer Weile steht Xaver auf, nimmt die Hände des Jungen, vermengt mit diesen die Nahrung auf dem Teller und stopft ihm das Essen in den Mund. Dabei sagt er mit lauter, fester Stimme: ‚Iss doch. Wie ein Schwein, Malte, wie ein Schwein!' Malte weint immer mehr. Xaver holt einen großen Spiegel und stellt diesen vor Malte. Dieser wird aufgefordert, ihn anzusehen. Er hält seinen Kopf fest, so dass Malte in den Spiegel schauen muss. Malte wird gefragt, wie er aussehe. Es wird vorgegeben, dass er auf die Frage zu antworten habe: ‚Wie ein Schwein'"
> (Musial/Trüter 2005, S. 219).

Auch Foucault und Aries haben historische Schriften zur Erziehung untersucht und für den französischen Raum zahlreiche Belege gefunden, die Rutschky der Schwarzen Pädagogik zugeordnet hätte. Sie teilen Rutschkys pessimistische Sicht auf die erzieherischen Praktiken, wobei Foucault eher die gesellschaftliche Zurichtung des Individuums verurteilt und Aries den Verlust der kindlichen Freiheit beklagt. Alle drei vertreten jedoch die Auffassung, dass dieser erzieherische Zugriff auf das Kind einen wesentlich negativen aggressiven Charakter trägt, der zu einem Ende der Autonomie des Kindes zugunsten einer totalen Kontrolle und einer Disziplinierung, ja zu einer Abrichtung führt, die nicht dem Wohl des Kindes gilt, sondern die Bedürfnisse der Erziehenden oder Interessen der gesellschaftlichen Institutionen befriedigt. Der Begriff „Schwarze Pädagogik" ist also typisch für die Erziehungs- und Gesellschaftskritik der 68er-Generation und die daraus hervorgegangene Antiautoritäre Erziehungsbewegung.

Aktuelle Erziehungspraktiken der Super Nanny

Die Coaching-Sendung „Super-Nanny" startete im September 2004 als Quotenerfolg und im Dezember 2008 wurde bereits die hundertste Sendung ausgestrahlt. In jeder Sendung wird eine neue Familie vorgestellt, die zuvor zwei Wochen von einem Fernsehteam begleitet wurde. Die Familie erhält neben der Erziehungsberatung eine Entlohnung von 2000 Euro. Die typische „Super-Nanny-Familie" stammt aus den einkommensschwachen Bevölkerungssegmenten, sie ist kinderreich, die Mutter ist alleinerziehend oder die Eltern haben erhebliche Beziehungsprobleme. Die Familien sind also einer erheblichen Kumulation von Risikofaktoren ausgesetzt, die jedoch in der Regel von der Super-Nanny nicht kommuniziert werden. Der Focus der Darstellung liegt auf dem Verhalten der einzelnen Familienmitglieder und ihrer Beziehungen zueinander.

Das ursprüngliche pädagogische Konzept der Sendung „Super-Nanny" enthielt Elemente aus den Elterntrainings STEP und TRIPLE P, das auch das Vorbild des berühmten „Stillen Stuhls" geliefert hat. Die Erstellung eines Regelwerkes und eine Anleitung zur konsequenten Regelbefolgung, eine Home-Videoanalyse typischer Erziehungssituationen und eine eingehende Beratung sind typische Elemente der Sendung. Nur in seltenen Fällen werden auch sozialpädagogische oder therapeutische Hilfen vermittelt (obwohl sie häufig grundlegend wichtig erscheinen).

Der große Erfolg der Sendung hängt eng mit der Darstellerin der Super-Nanny, der Diplom-Pädagogin Katharina Saalfrank zusammen, die 2007 mit dem *Deutschen Fernsehpreis* in der Kategorie „Bester TV Coach" ausgezeichnet wurde. Der 2005 verliehene *Preis der beleidigten Zuschauer* für die „Verletzung der Würde von Kindern durch Vorführen in Extremsituationen" gibt hingegen den ersten Hinweis auf die fragwürdigen Seiten der Sendung. Die Kern-

Kritikpunkte an der pädagogischen Vorgehensweise können wie folgt zusammengefasst werden:

- Kinder werden vorgeführt: Das Kind ist ein Objekt ohne jede Intimsphäre.
- Kinder wie Eltern werden diskriminiert: Das Kind ist primär böse, verhaltensgestört, nervig. Die Eltern machen primär Fehler.
- Erziehung ist reduziert auf Dressur und Gehorsam: Durchsetzen von Regeln und Konsequenzen, mit Penetranz und Härte, die durchaus körperliche Übergriffe umfasst (Theunert 2005, o.S.).

Super Nanny – Schwarze Pädagogik?

Die Vorführung des Kindes, ohne seiner Intimsphäre Beachtung zu schenken, ist eine typische Vorgehensweise des Reality-TVs. Dies kritisiert auch der deutsche Kinderschutzbund und schildert folgendes Beispiel:

> „Die Filmaufnahmen in der Familie für diese Doku-Soap dauern mindestens 2 Wochen. Das bedeutet, dass während dieses Zeitraumes zumindest ein Kameramann/eine Kamerafrau mehr oder weniger ständig im Haus anwesend ist. Dies gilt insbesondere auch für die Situationen, in denen der 6jährige Max die Zeit alleine in seinem „Stillen Zimmer“ verbringen sollte. Den Jungen in diesen Situationen zu filmen und dies den Zuschauern vorzuführen, achtet nicht die Privatsphäre des Kindes und ist in besonderer Weise entwürdigend“ (Deutscher Kinderschutzbund 2004, o.S.).

Die Nicht-Beachtung der kindlichen Privatsphäre der Schwarzen Pädagogen hat in erster Linie das Ziel, die totale Kontrolle über das Kind zu gewährleisten. Sie ist ein wesentlicher Bestandteil der *Erziehung als totaler Institution*. Die Situation der Super-Nanny-Serie stellt sich jedoch anders dar. Der filmende Kameramann tritt nicht als Erzieher in Erscheinung, er ist eher ein Voyeur des kindlichen Leides oder Ungehorsams in seiner vermeintlichen Einsamkeit. Dieser voyeuristische Blick auf das Kind, das keine Zustimmung bzw. Ablehnung zu dieser Situation geben kann, weist auf ein Bild des Kindes als defizitäres Wesen hin, dem normale Erwachsenenrechte abgesprochen werden. Die Begründung liegt darin, dass es ein kleines „monströses“ Wesen ist, das quasi exemplarisch, also öffentlich erzogen werden darf, um als Bespiel für andere zu dienen. Somit wird natürlich auch eine öffentliche Über-Ich- Bestätigung inszeniert. Die öffentliche Blamage und Demütigung des Kindes wird billigend in Kauf genommen.

Ob der Kameramann oder die Zuschauer aus der Erniedrigung des Kindes eine Befriedigung erfahren, bleibt freilich ungewiss. Dass der Sender von der Erniedrigung des Kindes profitiert, ist jedoch sicher. Zu einer ähnlichen Einschätzung kommt auch die Kommission Jugendmedienschutz (KJM) der Landesmedienanstalten die den Aspekt der Menschenwürde der Kinder, die als Protagonisten in dieser Sendung auftreten überprüft hat.

> „Die Kommission stufte die Sendung als sehr problematisch ein. ‚Durch die gewählten Darstellungsformen ist zumindest nicht auszuschließen, dass einzelne Kinder in der Öffentlichkeit eine Stigmatisierung erfahren, welche zu nachteiligen Folgen für sie führen kann. (...) Es ist davon auszugehen, dass sie selbst die möglichen Folgen ihres Auftrittes in der Sendung weder erfasst noch verstanden haben', heißt es in der Begründung" (Diehm 2007, o. S.).

Der zweite Kritikpunkt, der die Sicht auf das Kind als primär verhaltensgestört, böse und nervig beschreibt, ist also bereits die Ursache für die Verletzung der Intimsphäre des Kindes. Zwar zeigt die Super-Nanny Saalfrank viel Verständnis für das Verhalten der Kinder und versucht den Eltern die Botschaft der Verhaltensweisen ihrer Kinder zu entschlüsseln. Dieser einfühlsame und oft gelobte Zugang der Diplompädagogin zu den kindlichen Problemen ist jedoch nur eine Seite der Medaille, denn die Kamera spricht eine andere Sprache:

> „Was immer das im Fokus stehende Kind tut, die Kamera hält drauf, zeigt sein Handeln und seine Mimik im Detail, wenn es tobt, brüllt, heult, wenn es sich gegen die verbalen und körperlichen Übergriffe der Erwachsenen wehrt, wenn es verzweifelt, verängstigt, traurig oder völlig aufgelöst ist" (Theunert 2005, o.S.).

Besonders spektakuläres Verhalten von Kindern findet im Internetportal *youtube* seine endgültige Verewigung. Der Film eines kleinen Jungen, der seine Mutter und die Super-Nanny beschimpft, ist dort in 38 verschiedenen Versionen zu finden, insgesamt wurde der Sendungsausschnitt 7 Millionen mal aufgerufen. Daneben gibt es englische Übersetzungen, die ebenfalls eine hohe Anzahl von *views* haben. Die Zuschauer bezeichnen den kleinen Jungen als: „Terrorkid", „ein wirklich kranker Junge", „das geistesgestörte Kind".

Ein Jugendlicher, der seine Mutter in einer Sendung mehrfach brutal schlug, kommt auf 2. 490 578 *views* und wird als „der asozialste Junge Deutschlands" oder gerne auch als „schlimmster Fall!" bezeichnet. Die Überlegung, ob in der Sendung „Super Nanny" Schwarze Pädagogik praktiziert wird, stimmt nachdenklich. Vielmehr scheint es sich hier um ein öffentliches Spektakel zu handeln, wie es im Mittelalter üblich war. Ein an den Pranger stellen von Personen, die keine Rechte haben, die keinem besonderen Schutz unterstehen, auch wenn Sie Kinder und Jugendliche sind. Die Eltern stehen ebenso am Pranger, die Mutter eines kleinen Jungen, der Ende 2008 das Mitleid der Zuschauer aufgrund seiner öffentlich ausgestrahlten emotionalen und körperlichen Misshandlungen erregte, wurde von der Bildzeitung als „Prügelmutter" tituliert, ein Etikett, das sie in den anschließenden Internetdiskussionen wie einen Namen trägt.

Der Blick auf die Eltern als fehlerhaft, als Versager in der Erziehung ihrer Kinder, ist im TV-Format „Super Nanny" von grundlegender Bedeutung. Zwar benennen die Eltern häufig die Ursache ihrer Erziehungsschwierigkeiten, nämlich Überforderung aufgrund der komplexen Belastung, diese wird jedoch in der Sendung nicht thematisiert. Die Super Nanny erzieht die Eltern, bevormundet sie und führt sie somit vor. Über Funk instruiert die Super Nanny die Eltern in kritischen Erziehungssituationen und legt ihnen ihre Sätze in den Mund, während sie das Geschehen aus dem Nebenzimmer am Bildschirm verfolgt. Möglicherweise ist es nicht die Intention der Person Katharina Saalfrank so erscheinen zu wollen, die TV- Inszenierung verleiht ihr so aber dennoch den Status des gottgleichen Erziehers, den Rutschky als Schwarzen Pädagogen beschrieben hat. Und dieser gottgleiche Erzieher zeigt tatsächlich Penetranz und Härte in der Umsetzung der Erziehungsmaßnahmen. Schlichte Verhaltensinstruktionen sind das Mittel der Wahl. Angesichts der ständig eskalierenden Erziehungssituationen, in denen der Einsatz körperlicher Gewalt bei allen Beteiligten eher die Regel als die Ausnahme ist, scheint ein konsequentes Durchgreifen zunächst durchaus angebracht. Jeder noch so engagierte und begabte Pädagoge wäre überfordert, derart komplexe Probleme innerhalb von zwei Wochen zu lösen.

> „Leider vermitteln solche Sendungen: Mit der richtigen Technik kann man alle Probleme beseitigen und jedem Kind korrektes Verhalten beibringen. So entsteht eine Art Machbarkeitswahn. Das ist keine Erziehung, sondern Dressur. Davon abgesehen werden die Eltern dort entmündigt und vorgeführt", fasst der Familien- und Kommunikationsberater Rogge pointiert zusammen (Rogge 2005, o. S.).

Die abschließende Beurteilung, ob es sich bei dem Sendeformat Super Nanny um Schwarze Pädagogik im Sinne Rutschkys handelt, kann rein formal teilweise bejaht werden. Insbesondere der herablassende Blick auf Eltern und Kinder als defizitäre Wesen entspricht der Haltung der Schwarzen Pädagogen, die es ihnen wiederum erlaubt, einen gottähnlichen Status einzunehmen, den die Super Nanny innehat. Schwerwiegender jedoch erscheint noch die Kritik am Sender, der den Voyeurismus der Zuschauer befriedigt, ohne die Rechte des Kindes auf die Unverletzlichkeit seiner Würde zu beachten. Dies ist besonders gravierend, wenn in Sendeausschnitten über das Internetportal youtube Kinder über Jahre hinweg einem Millionenpublikum vorgeführt und somit nicht mehr vergessen werden, immer präsent bleiben. Alle Aussagen, dass diese Sendung zum Wohle von Kindern und Eltern produziert würde, erscheinen vor diesem Hintergrund absurd. Alle positiven Erfolge, die die Super Nanny erzielt hat, müssen an der Gefahr der (Mega-) Stigmatisierung der Kinder gemessen werden, *es gibt kein richtiges Leben im Falschen*.

Der Vorwurf, jemand praktiziere „Schwarze Pädagogik“ erscheint antiquiert und moralisierend und soll deshalb gar nicht gemacht werden. Der Begriff „Schwarze Pädagogik“ muss als Kampfbegriff der Erziehungskritiker der 68er-Generation gesehen werden. Wichtiger erscheint es, die modernen Tendenzen einer rigiden Erziehungspraxis zu fokussieren. In der Regel handelt es sich um Fremddisziplinierungen, die bewusst auf die Bearbeitung von Ursachen und Gründen für das unerwünschte Verhalten der Kinder und Jugendlichen verzichten. Problematisch an der Konfrontativen Pädagogik oder der Super Nanny ist, dass Techniken (Konfrontation, Inszenierung) entwickelt wurden, die das Gebot der Gewaltfreiheit der Erziehung unterwandern und damit tatsächlich sadistischen Erziehungsmotivationen eine Tür öffnen, die bisher ein Tabu war. Das sieht man deutlich am Beispiel der Halliggruppe im Text, es ist nicht gewünscht, dass so etwas passiert, aber es ist auch nicht mehr verboten.

Moderne Gesellschaften sind auf Mitglieder angewiesen, die selbstdiszipliniert und selbstverantwortlich Handeln. Erziehung muss die Heranwachsenden zu diesem Handeln befähigen. Ein demokratischer Erziehungsstil hat sich hier seit Jahrzehnten als Erfolgsmodell herausgestellt (vgl. Brumlik 2004, S. 242). Dass hier Gehorsam, Angst und Druck keine geeigneten Erziehungsmittel sind, hat die Geschichte der Pädagogik bereits bewiesen.

Literatur

Ariés, Philippe (2000): Geschichte der Kindheit. München: Kindler

Bettelheim, Bruno; Rosenfeld, Alvin A. (1995): Kinder brauchen Liebe. Gespräche über Psychotherapie. München: Knaur

Bopp, Linus (1930): Allgemeine Heilpädagogik in systematischer Grundlegung und mit erziehungspraktischer Einstellung. Freiburg: Herder

Brumlik, Micha (2004): Demokratische Erziehung. In: Benner et al. (2004): 232-243

Benner, Dietrich; Oelkers, Jürgen (Hrsg.): Historisches Wörterbuch der Pädagogik. Weinheim, Basel: Beltz

Bueb, Bernhard (2006): Lob der Disziplin. Eine Streitschrift. München: List

Bueb, Bernhard (2008): Von der Pflicht zu Führen. Neun Gebote der Bildung. Berlin: Ullstein

Deutscher Kinderschutzbund (2004): Stellungnahme zur neuen RTL Reality-Serie die Super Nanny vom 07.10.2004. Wuppertal und Hannover. http://www.kinderschutzbund-nrw.de/StellungnahmeSuperNanny.htm. (Stand 01/ 2009)

Diehm, Cordula (2007): Dick, gewalttätig und asozial. In: Landesanstalt für Medien Nordrhein-Westfalen vom 04.12.2007. www.lfm-nrw.de/ funkfenster/ medien_allgemein/medienkinder.php3. (Stand 01/ 2009)

Eitle, Werner (2003): Basiswissen Heilpädagogik. Troisdorf: Bildungsverlag

Elias, Norbert (1997): Soziogenetische und psychogenetische Untersuchungen. Über den Prozess der Zivilisation II. Wandlungen der Gesellschaft. Entwurf zu einer Theorie der Zivilisation. Frankfurt a. M.: Suhrkamp

Elias, Norbert (1997): Über den Prozess der Zivilisation. Soziogenetische und psychogenetische Untersuchungen: Über den Prozess der Zivilisation I: Wandlungen des Verhaltens in den weltlichen Oberschichten des Abendlandes. Frankfurt a. M.: Suhrkamp

Foucault, Michel (1994): Überwachen und Strafen. Die Geburt des Gefängnisses. Frankfurt a. M.: Suhrkamp

Gall, Rainer: Warum es gut sein kann, böse Menschen schlecht zu behandeln! www.coolness-training.de. (Stand 01/ 2009)

Gerster, Petra; Nürnberger, Christian (2002): Der Erziehungsnotstand. Wie wir die Zukunft unserer Kinder retten. Berlin: Rowohlt

Honig, Michael-Sebastian (1999): Entwurf einer Theorie der Kindheit. Frankfurt a. M.: Suhrkamp

Kannenberg, Lothar: Durchboxen im Leben. Jugendhilfeeinrichtung. Trainingscamp Lothar Kannenberg. www.durchboxen.de. (Stand 01/ 2009)

Musial, Rebekka; Trüter, Claudia (2005): Härte und Sanktionen statt Empathie und Mitgefühl – die konfrontative Pädagogik als letzte Chance für die Erziehungshilfe? In: Zeitschrift für Heilpädagogik 2005. 6. 219-225

Rogge, Jan-Uwe (2005): Erziehung ohne Seele. In: Sonntag Aktuell vom 13.02.2005. http://195.149.74.241/ ROGGE/PDF/ erziehung_ohne_seele.pdf. (Stand 01/ 2009)

Rutschky, Katharina (2001) (Hrsg.): Schwarze Pädagogik. Quellen zur Naturgeschichte der bürgerlichen Erziehung. München: Ullstein

Sesink, Werner (2007): Das Pädagogische Jahrhundert. Vorlesung TUD SS 2007. www.abpaed.tu- darmstadt.de/ arbeitsbereiche/ bt/ sose07/ paedjahr/ PJh07 _Skript10.pdf. (Stand 01/ 2009)

Stechow, Elisabeth von (2004): Erziehung zur Normalität. Eine Geschichte der Ordnung und Normalisierung der Kindheit. Wiesbaden: VS-Verlag

STEP. Systematisches Training für Eltern. www.instep-online.de (Stand 01/ 2009)

Theunert, Helga (2005): Ist die "Super-Nanny" wirklich super? Fernsehen als Lebenshelfer in der Erziehung. In: Das Familienhandbuch des Staatsinstituts für Frühpädagogik (IFP). http:// www.familienhandbuch.de/ cmain/f_Aktuelles/ a_Erziehungsfragen/ s_1853.html. (Stand 01/ 2009)

TRIPLE P. Positives Erziehungsprogramm. www.triplep.de (Stand 01/ 2009)

Winterhoff, Michael (2008): Warum unsere Kinder Tyrannen werden. Oder: Die Abschaffung der Kindheit. Gütersloh: Gütersloher Verlagshaus

Winterhoff, Michael (2009): Tyrannen müssen nicht sein. Warum Erziehung nicht reicht – Auswege. Gütersloh: Gütersloher Verlagshaus

‚Konfrontative Pädagogik'

Hans-Joachim Plewig

Gesellschaftliche Widersprüche

Das (Jugend-) Strafrecht verbindet die Ansprüche der Gesellschaft auf Konformität und Sicherheit mit dem individuellen Recht des Straftäters auf Erziehung und Förderung (vgl. § 2 JGG iVm § 1 KJHG). Dabei stehen sich zwei Grundausrichtungen gegenüber. Die Kriminalpädagogik (Francke 1929) betrachtet Strafrechtsnormen, Normanwendung und beteiligte Institutionen als gegeben. Der Delinquent wird als Mensch mit kulturellen Mängeln (Kindheit, Moral, Verhalten usw.) gesehen. Die Devianzpädagogik hingegen stellt auf die Analyse der Instanzen sozialer Kontrolle, deren Herrschaftsinteressen und Parteinahme für die Adressaten ab. Delinquenz entsteht aus dieser Sicht im Wechselbezug der Akteure durch Zuschreibungen und Übernahme der Fremdbilder (Plewig 2000; 2005). Kriminalpädagogik geht der Frage nach, *warum* ein Jugendlicher delinquent wird, Devianzpädagogik der, *wie* er kriminalisiert wird. Kriminalpolitik leitet Sicherheit aus der möglichst umfassenden Innenpolitik ab. Devianzpädagogik versteht unter nachhaltiger Sicherheit die Verknüpfung von Familien-, Kinder-, Sozial- und Innenpolitik.

Aus diesen gegensätzlichen Perspektiven ergeben sich unterschiedliche Konsequenzen für Prävention und Intervention. In der Verbindung der Systeme Erziehung und Strafrecht verdichtet sich die Auseinandersetzung darum, in welche Richtung die Vergesellschaftung der Individuen zu geschehen hat. Die Pole von Erziehung, Bildung und Sozialisation bewegen sich zwischen persönlicher bzw. gesellschaftlicher ökonomischer und rechtlicher Emanzipation einerseits und Anpassung an die vorherrschenden Interessen und Normen andererseits. Vor rund vier Jahrzehnten entstanden in der Praxis antikapitalistische, parteiliche Jugendarbeit, (radikales) Nicht-Eingreifen und Beispiele von Abolitionismus (Gefängnis, Psychiatrie). Seit etwa zwei Jahrzehnten existieren diese Projekte nicht mehr. Geblieben ist eine weiterhin zurückhaltende Form des strafrechtlichen Eingreifens. Sie wird immer wieder von Medien, Politikern und Teilen der Öffentlichkeit mit Schlagworten wie „mehr Strenge, Disziplin, frühe Grenzziehung' angegriffen. Der Prototyp zur Rechtfertigung dieser strafbereiten Vorgehensweise ist der ‚junge männliche Gewalttäter'.

Dadurch hat sich ein neuartiges Kräftefeld gebildet, in dem Akteure mit deutlich einander widersprechenden Interessen agieren. Glaubenssätze, Ideologien und wissenschaftliche Erkenntnisse streiten um die Deutungshoheit.

Das gilt – wie skandalisierte Einzelfälle zeigen – ganz besonders für die ‚Gretchenfrage' zum Umgang mit so genannten Intensiv- bzw. Gewalttätern und damit die Grenzen der Erziehung. Jugendhilfe und Jugendstrafrecht bleiben gefordert, immer wieder im Einzelfall und generell nachzuweisen, dass die geltenden Gesetze und die Praxis im Umgang mit diesen Konflikten angemessen sind.

Im Handlungsfeld Jugendstrafvollzug existiert seit circa zwanzig Jahren das so genannte Anti-Gewalt-Training. Es hat sich inzwischen zu einem Ansatz entwickelt, der über den stationären Bereich hinaus auch in ambulanten Projekten Anwendung findet. Diese Praxisrichtung firmiert unter ‚Konfrontativer Pädagogik'. Insbesondere das AAT mit dem ‚heißen Stuhl' (AAThS) macht durch spektakuläre und provozierende Aktionen in den Medien auf sich aufmerksam. Es formuliert gezielt eine Gegenposition zum vermeintlich zu milden Jugendstrafrecht. Zu prüfen sind darum dessen wissenschaftlichen Grundlagen und Verwertungsinteressen.

Unabhängig von der Bewertung dieses Ansatzes ist eine rationale Kriminalpolitik gefordert, fachlich qualifizierte Begründungen für einen nachhaltig wirksamen Umgang mit Jugendlichen in besonders schwierigen Lebenslagen zu entwickeln.

Im Folgenden werden Hintergründe und Konzept der ‚Konfrontativen Pädagogik' in Verbindung mit dem AAThS analysiert. Es folgen Qualitätsstandards für eine umfassende wissenschaftliche Fundierung devianzpägogisch qualifizierter Konzepte im Umgang mit abweichendem (insbesondere aggressiv-gefährlichem) Verhalten.

Konfrontative Pädagogik – Anspruch und Herkunft

Bei der so genannten Konfrontativen Pädagogik handelt es sich nicht um einen in der Fachdiskussion (Handbücher, Lexika usw.) etablierten Begriff. Es gibt aber eine Reihe von Beiträgen, für die einige wenige Autoren verantwortlich sind. Ihre Vertreter hegen keine Ansprüche auf eine Theoriebildung, sondern sprechen von einem ‚pädagogischen Handlungsstil', der mittels „tatkonfrontativer Methode" unter anderem sogar Demokratie und Förderung der Selbstverantwortung bewirken will (Kilb 2006, S. 45). Er ist der Kriminalpädagogik zuzuordnen.

Allgemein werden drei Grundformen des konfrontativen Ansatzes unterschieden:

a) Strukturen zur Regelung von Normen in einem pädagogischen Rahmen (Beispiel Glen Mills/USA; vgl. Colla et al. 2001);
b) situativer Handlungstil pädagogischer Fachkräfte (Kilb 2006, S. 44);
c) inszenierte Form von Kursen u.ä., z.B. AAT oder Coolness-Training.
d) Der Kernbegriff ist Grenzziehung. Zu ihr zählt ein „autoritativer Erziehungsstil" (Weidner 2001, S. 17 sowie hier im Band; zu den „12 Eckpfeiler" Weidner/Kilb 2004, S. 7f.).

Im Folgenden steht wegen seiner herausragenden Beispielhaftigkeit das Anti-Aggressions-Training mit dem ‚heißen Stuhl' im Mittelpunkt der Untersuchung. Die Verantwortlichen sehen darin eine „delikt- und defizitspezifische Behandlungsmaßnahme für gewaltbereite Mehrfachtäter" (Weidner 2004, S. 122). AAT und das ähnliche Konzept des ‚Coolness-Trainings' sind beim Patentamt eingetragene Marken. Sie werden über Institute, Trainerausbildung, Projekte und Öffentlichkeitsarbeit systematisch bewirtschaftet.

Der theoretische und praktische Horizont der Protagonisten des AATs ist vom Konzept ‚Glen Mills' in den USA beeinflusst (vgl. Colla et al. 2001; Weidner 2001, S. 22 ff.). Der Erfinder und langjährige Leiter dieser offenen Einrichtung eines Jugendstrafvollzuges in den USA brüstete sich damit, auf Theorie verzichten zu können. Das US-Konzept beeindruckt durch konsequente (Sozial-) Disziplinierung und Manipulation. Grundlage des dortigen ‚konfrontativen Kerns' ist ein sehr enger, normativer Rahmen. Seine Einhaltung wird durch ein hierarchisch organisiertes, von extremer „corporate identity" geprägtes System von Mitarbeitern und Jugendlichen streng überwacht. Bei nahezu unumgänglichen Regelverstößen erfolgt eine Konfrontation nach sieben sich steigernden Stufen (vgl. Colla 2002, S. 21 f.). Die beiden letzten berechtigen die Anstalt zum Einsatz körperlicher Gewalt zur Problemlösung (vgl. Barth 2006, S. 15).

Eine Norm lautet, Konfrontationen zu akzeptieren, egal ob gerechtfertigt oder nicht (vgl. Weidner 2001, S. 65). Über Normen wird nicht diskutiert, Gewalt nicht problematisiert (vgl. Walter 2002, S. 70 f.). Bei Regelbefolgung und Dokumentation der Mitwirkung an 150 (!) Konfrontationen beginnt für Neulinge ein Aufstieg in der Hierarchie mit entsprechendem Macht- und Privilegienzuwachs (vgl. Colla 2002, S. 20 f.).

Die gewünschten und behaupteten Lerneffekte entstehen in einem patriarchalischen, machtbewussten und disziplinierungsversessenen System. Die Ausübung von Macht wird bis hin zur persönlichen Verletzung von Delinquenten legitimiert. Wie so oft in Jugendhilfe und Jugendstrafrecht geschieht dies mit der Begründung, die Intervention geschehe ‚zum Wohle' der Betroffenen, womit quasi jede Form von Erziehung gerechtfertigt erscheint.

Erkennbar ist eine Lust am Strafen, am Erniedrigen. Das Exzessive macht die Methode dieser ‚Konfrontation' aus.

Das Curriculum des AAThS ist auf sechs Monate festgelegt (zu den Lerninhalten und -zielen vgl. Weidner 2001, S. 144; Heilemann/Frischwasser von Proeck 2001, S. 73; Nachweise bei Plewig 2007, S. 364 f.). Kern der Unternehmung ist die Provokationsphase. Mit Hilfe von ‚Tests' und „psychodramatischen Rollenspielen" werden die Straftaten nachinszeniert. Dabei kommt der ‚heiße Stuhl' zum Einsatz, auf dem sich jeder Teilnehmer drei bis vier Stunden lang der Gruppe aussetzen soll. Das Tribunal dauert gewöhnlich so lange, bis sich der Straftäter ‚einsichtig' zeigt (vgl. Kilb 2006, S. 45).

Wissenschaftliche Bezugnahmen im Konzept AAThS

Die in der Fachliteratur genannten theoretischen Bestandteile der Methode sind ungewöhnlich umfangreich.

Allgemeine Bezüge[1]

Unter dem Etikett Lerntheorien werden die Autoren Pawlow, Skinner, Silver, Dublin/Louric, Bandura sowie Herbertz/Salewski aufgelistet. Gesucht werden Begründungen, wie unerwünschtes (hier: aggressives) Verhalten verlernt wird.

Aus dem Gebiet der Entwicklungspsychologie finden Piaget und Kohlberg Erwähnung. Die Protagonisten deuten an, dass sie mit dem AAThS auch zur Höherentwicklung von Moral von jungen Männern, die als erziehungsresistent, mit geringer bis keiner Empathie bzw. Frustrationstoleranz beschrieben werden, beitragen wollen. Jene sollen „Gewalt als Kompensation ihres eigenen mickrigen Ichs erleben" (Heilemann/Frischwasser von Proeck 2001, S. 73). Dazu müssen sie die bei den Adressaten vorzufindende Ausgangssituation herausarbeiten:

> „Auffällig ist der interaktive Kompetenzmangel bei wiederholt aggressiv Agierenden, die körpersprachlich zwar imposant bis einschüchternd auftreten, aber außer ei-

---

[1] Ausführliche Erläuterungen siehe Plewig 2007, 2008 und 2008a

> nem fulminanten Beleidigungsrepertoire wenig Konfliktbewältigungsstrategien zu bieten haben“ (Weidner 2004, S. 123).

Ferner steht die Psychoanalyse in der Ausgestaltung Fritz Redl's auf der Liste des Bezugswissens. Er habe die „Einmassierung des Realitätsprinzips in die Seele der ‚Kinder, die hassen', empfohlen“ (Weidner 2001, S. 20). Weidner nennt als Voraussetzung für die Teilnahme an den Kursen „stabile Ich-Grenzen“ bei den Adressaten, geht aber zugleich von erheblichen Minderwertigkeitsgefühlen bei ihnen aus (vgl. Weidner 2001, S. 14).

Spezielle Theoriebezüge
Spezifische Basis für das AAThS ist die Sozialkognitive Lerntheorie (Bandura 1979). Wesentlich für das Konzept ist das Lernen am Modell durch Beobachtung. Der Lernende soll dabei eine aktive Rolle ausüben (vgl. Plewig 2007, S. 367). Bemerkenswert ist die Tatsache, dass die Trainer mit ihrem provokativen und aggressiven Verhalten ein fragwürdiges Modell abgeben. Bandura möchte durch die Aktivierung der Adressaten deren Selbstwirksamkeit(sgefühl) stärken. Dem widersprechen die Ziele des AAThS, die Persönlichkeit der Straftäter zu erschüttern.

Ein weiteres Element dieser Theorienvielfalt ist der ‚peer-group-Bezug'. Weidner erwartet: „Jugend setzt Jugend Grenzen durch peer-group pressure, durch prosozialen Gruppendruck“ (Weidner 2001, S. 21f.). Die historischen Vorbilder (z.B: Makarenko; reformpädagogische Heimerziehung), empirische Erkenntnisse und theoretische Herleitung bleiben völlig unreflektiert (vgl. Plewig 2007; 2008).

Herzstück des AAThS sind die Bezugnahmen auf die Provokative Therapie (Farelly), die Konfrontative Therapie (Corsini) und der ‚Heiße Stuhl' (Pearls).

Farelly setzte als Therapeut gezielt Humor, scharfe Ironie und Sarkasmus bei seinen Klienten ein. Dies sollte deren Selbstheilungskräfte mobilisieren. Er bekannte, sich dabei von seinen eigenen Aggressionen habe leiten lassen. Corsini hatte den ‚heißen Stuhl' für sein Konzept der Gestalttherapie eingeführt. Dort wollte er ihnen als hoch qualifizierter Therapeut ein ruhiges, sachliches feedback geben. Der AAThS dagegen will attackieren und so zum Nachdenken zwingen (vgl. Weidner 2001, S. 15). Für die plötzliche und nachhaltige Veränderung der bearbeiteten Personen gibt es weder empirische Belege noch plausible entwicklungspsychologische Begründungen. Punktuelle Reize wie die gezielten Provokationen und Demütigungen sind etwas ganz anderes als der ‚Erfinder' es sich vorgestellt hatte.

Zwischenergebnis: Theoretischer Irrgarten
Allein die Auflistung der von den Vertretern des Anti-Aggressions-Trainings bzw. der Konfrontativen Pädagogik (vor allem Colla: Heilemann/Frischwasser von Proeck: Kilb/Weidner) erwähnten theoretischen Bezüge lässt erkennen, dass es an der gebotenen analytischen Durchdringung fehlt. Die einzelnen Ansätze bzw. Theorien werden nicht auf ihren je spezifischen Erkenntniswert hin und schon gar nicht auf ihre wechselseitige Verträglichkeit hin geprüft. Diese gravierenden wissenschaftlichen Mängel sind in jedem einzelnen Fall vorhanden. Vielfach meinen die Autoren bzw. die zitierten Konzepte etwas anderes oder gar Gegensätzliches als das, wozu sie im AAT benutzt werden.

Die psychisch hochgradig belastenden und verfassungsrechtlich zweifelhaften Methoden der Konfrontation und des ‚Heißen Stuhls' wurden von Therapeuten unter ganz anderen Umständen eingesetzt, als dies nun in professionell bedenklicher Weise mit angelernten ‚Trainern' in Totalen Institutionen des Strafvollzugs geschieht.

Die Protagonisten der Konfrontativen Pädagogik provozieren in ihrer Selbstdarstellung mit ihrem Sprachgebrauch. Ihnen fehlt jede Anstrengung, sich der Mühsal wissenschaftlicher – theoretischer, methodischer und diagnostischer – Herleitung zu unterziehen.

Mit diesem Zwischenergebnis ist das willkürlich begründete Konzept des Anti-Aggressions-Trainings mit dem ‚Heißen Stuhl' in der vorgestellten Form fachlich nicht akzeptabel. Damit ist aber nicht die Aufgabe erledigt, eine konstruktive Perspektive für den Umgang mit abweichenden (aggressiv-gefährlichen) jungen Menschen zu entwickeln.

Devianzpädagogische Standards

Alle Konzepte zum Abbau verfestigter Jugenddelinquenz basieren auf der Leitformel *lernen*. Ziel der Maßnahmen bzw. Sanktionen ist es, dem jungen Straftäter Selbstkontrolle („erneuten Straftaten entgegenwirken"; § 2 Absatz 2 JGG) zu vermitteln, möglichst getragen von gefestigten moralischen Einstellungen. Im Übrigen werden bestimmte soziale Kompetenzen erwartet.

Bislang ist es in Praxis und Theorie nicht gelungen, professionelle Wissensstandards von der Diagnostik über die inhaltliche und methodische Begründung bis hin zur erforderlichen Haltung zu entwickeln.

Allgemeines Grundwissen

Das deutsche täterorientierte Jugendstrafrecht beruht auf der Annahme, dass ‚erzieherisch' gemeinte Sanktionen das zukünftige Verhalten der Delinquenten in gewünschte Bahnen lenken können. Der Sherman-Reports (1997) aus den USA trug dazu bei, in Deutschland erste entsprechende Überprüfungen der Sanktionswirklichkeit vorzunehmen (vgl. 26. Deutscher Jugendgerichtstag 2004; DVJJ 2006; Fachdiskussion in der ZJJ ab Heft 2/2003). Er unterscheidet in Maßnahmen, die funktionieren, die nicht geeignet sind und solche, die Potential haben. Unter „What works" im Bereich des Jugendstrafvollzuges nennt er Resozialisierungsmaßnahmen mit speziellen Eigenschaften. Dazu zählen insbesondere substantielle, bedeutungsvolle Beziehungen zwischen den Gefangenen und den Mitarbeitern. Als sinnlos hingegen erweisen sich Maßnahmen, die lediglich spezifische Abschreckung betonen. Dazu zählen so genannte Boot Camps, also Projekte, in denen Disziplin, Struktur, Herausforderung und Angriff auf das Selbstwertgefühl betont werden, ohne den Lebenszusammenhang der Täter umfassend zu berücksichtigen – wie z.B. in Glen Mills oder beim AAThS.[2]

Spezifisches Bezugswissen

Unterstellt, dass aggressives gewalttätiges Verhalten individuell ‚behandelt' werden kann und muss, sind die Wissensbestände dafür zu sichten und gewichten. Ausgangspunkt ist die ‚Strafe in der Pädagogik'. Nur wenn sie ‚transformatorisch' wirkt, können die angestrebten Wirkungen eintreten.

Das Strafproblem in der Pädagogik

Die Diskussion um Strafe in der Erziehung ist ein weitgehendes Tabu. Dem widerspricht auch nicht die aktuelle Debatte um ‚Disziplin' (vgl. Brumlik 2007; Bueb 2006; Thiersch 2007; Winkler 2003). Es ist bezeichnend, dass seit den 1960er Jahren Straftheorien und pädagogische Praxis nicht mehr erörtert werden. Insofern stößt die Konfrontative Pädagogik in eine Lücke. Allerdings fehlt ihr die theoretische Substanz, um diese überzeugend zu füllen. Sie strebt dies auch nicht an.

Mit Geissler (1982, S. 148) ist die pädagogische Strafe von disziplinierenden Steuerungsmitteln und brutaler physischer Gewalt zu unterscheiden. Gegenwirkende Maßnahmen gelten als unerlässlich. Sie müssten aber *„transformato-*

---

[2] Vgl. dazu Sherman-Report Kap. 9, S. 23 und 36 ff.; Farrington, p. 623; vgl. zur Empirie: Zweiter Periodischer Sicherheitsbericht, BMI/BMJ 2006 und die Analyse von Heinz (ZJJ 1/2008, 87 ff.).

risch" sein (ebd.). Alle Strafen – moralische, disziplinierende oder handlungskonsequente – fügen Leid zu (ebd.:153).

> „Die Frage ist, ob überhaupt mit Strafen die pädagogische Intention verbunden sein kann, den eigenen guten Willen des Heranwachsenden zu stärken, damit dieser schließlich selber Handlungen unternimmt, die sich im allgemeinen Normenkonsensus nicht rechtfertigen lassen" (Geissler 1982, S. 156).

Die direkten und indirekten Folgen sind dann, dass die abschreckende Wirkung in der Regel offenbar nur so lange anhält, wie die strafandrohende und -vollziehende Gewalt wirklich gegenwärtig ist. Das versetze den Angesprochenen in einen „Zustand permanenter Unmündigkeit" (ebd.)
Geisslers These, dass man mit Strafen nicht unmittelbar erziehen, sondern meist nur eine zeitweilige äußerlich verursachte Disziplin erreichen werde, eröffnet den Blick auf eine wesentliche Unterscheidung: die der *„Disziplinarstrafe"* von der *„Erziehungsstrafe"* (ebd.: S. 160 ff.).

Die Disziplinarstrafe (zu den Regeln der Handhabung Geissler 1982, S. 164 ff.) oder ähnliche Lenkungsmittel schaffen bestenfalls die Voraussetzungen für Erziehung im engeren Sinne. Sie mag erforderlich sein, um Verhalten erst einmal zu regulieren (z.B. bei Konflikten in der Schulklasse), stellt aber keinesfalls den Endzweck der Erziehung dar.[3]

Erziehungsstrafen hingegen folgen einem Ermessen des Sanktionsanwenders (keiner gerichtlich festgelegten Sanktion). Sie unterscheiden sich von Vergeltung und Disziplinierung dienender Züchtigung. Es bedarf eines belastbaren personalen Bezugs zwischen Sanktionierten und dem Sanktionierenden („Das Strafrecht des Erziehenden geht nicht über den Bereich seiner Sorgebereitschaft hinaus" Geissler, 1982, S. 172). Der enge persönliche Kontakt zwischen Erzieher (Eltern, Lehrer, Sozialpädagoge, Therapeut) und zu Erziehendem besitzt für all jene Vorgänge hohe Bedeutung,

> „in denen durch gegenlenkende Maßnahmen Transformationen in den Handlungsmotiven und -abläufen erreicht werden soll. Gewünschte Verhaltensanpassung lässt sich zwar erzwingen. Adäquate interne Antriebe (Motive) werden bei solchen Verfahren nicht nur ausbleiben. Häufig wird der entgegengesetzte Fall eintreten, dass

[3] Vgl. dazu, wenngleich unsystematisch, Thiersch (2007, S. 9) mit seiner Unterscheidung von Strafe und Konflikt.

> der äußerlich wirkende Zwang der gewünschten Motivbildung und Verhaltensveränderung direkt entgegensteht.“ (Geissler 1982, S. 173 f.)

Soziale Integration verlangt danach, die Straftäter nicht nur als Adressaten von Sanktionen, sondern auch als Mitverantwortliche der fraglichen Normen zu sehen. Dies Festhalten an persönlicher Zuständigkeit eröffnet die Möglichkeit, Mitverantwortung in der und für die Kommune zu fördern. Ein Gemeinwesen, das über Institutionen nur sanktioniert, aber nicht integriert, produziert Distanz, Desinteresse, nicht-demokratische Verhältnisse. Öffentliche Strafen wie der Freiheitsentzug sollten diesen Zusammenhang berücksichtigen (Richter 2001; 2008).

Im Ergebnis sind Konzepte der Konfrontativen Pädagogik wie das AAT mit dem ‚heißen Stuhl' erziehungswissenschaftlich, zumal aus der Sicht der Straf-Pädagogik, nicht haltbar. Sie basieren lediglich auf Erziehungsmitteln wie Struktur, Disziplin und massiven manipulierenden Einwirken auf die Psyche der Betroffenen. Immerhin, so mag man einwenden, könnte die angestrebte sekundäre Motivation zur gewünschten Anpassungsleistung führen. Dies wäre aber nur zulässig, wenn der AAThS wegen Verletzung der Menschenwürde gemäß Art. 1 GG nicht schon aus Rechtsgründen zu verbieten wäre. Selbst wenn man aber diese Methode für rechtlich zulässig hält, wäre zu prüfen, ob eine wirksame Einwilligung vorliegt und die Verantwortlichen fachlich-pädagogisch für die schwere Aufgabe qualifiziert sind. Hierfür gibt es das Kriterium der *Interventionsberechtigung*. Dies gilt schon für die Bereiche Schule, Jugendhilfe und jugendstrafrechtliche Weisungen, ganz besonders aber für die Totale Institution Strafvollzug.

Interventionsberechtigung

Die Interventionsberechtigung als grundlegendes Element der Pädagogik zählt ebenfalls zu den übersehenen Themen (wegweisend die Praxisanalyse von Kraußlach/Düwer/Fellberg 1976; Kraußlach 1981). Kraußlach's These ist, dass ein Pädagoge, der von Jugendlichen nicht akzeptiert wird, nichts ausrichten könne. Zunächst unterscheidet er das Interventionsbedürfnis von der Interventionsberechtigung (vgl. Kraußlach 1981, S. 71).

> „Autorität wird von Jugendlichen zugestanden und zugebilligt. Sie ist Ausdruck von Achtung, Zuneigung und Anerkennung. Wer von Jugendlichen als ‚Autorität' anerkannt wird, hat in der Regel mit ihnen viel erlebt und einen längeren Prozess durch gestanden“ (Kraußlach 1981, S. 71).

Deshalb können alle nur punktuellen Interventionen wie zum Beispiel der Jugendarrest kaum nachhaltige positive Wirkungen erreichen (vgl. Sherman-Report 1997). Es kommt gerade nicht darauf an, einen Konflikt zu ‚gewinnen', den Jugendlichen zu ‚überwältigen' oder gar seinen ‚Willen zu brechen', wie dies die Verfechter des AAThS denken und praktizieren.

Ähnlich wie Geissler unterscheidet Kraußlach (1981, S. 77f. zu den Stufen des Interventionsrechts S. 94ff.) zwischen Konfliktmanagement (gewohnheitsbildende Lenkungsmittel) und erworbener, zugesprochener und ständig erneuerter Interventionsberechtigung. Dabei ist zu beachten: „Pädagogik ist niemals neutral" (S. 88). Parteiliche Jugendsozialarbeit hat sich bewusst auf die Seite der ‚aggressiven' Jugendlichen und damit gegen alle Obrigkeit (Eltern, Schule, Jugendhilfe, Polizei und Justiz) zu stellen. Nur so sei das große Misstrauen gegenüber ‚Erwachsenen' abzubauen und etwas aufzubauen, das vielleicht sogar ein ‚pädagogischer Bezug' wird. Dadurch würden die Mitarbeiter dialogfähig.

Die Verfechter des AAThS hingegen sprechen das Thema „Interventionsberechtigung" in der für sie typischen forschen, inhaltsleeren Sprache an. Sie plädieren für „mehr Streitkultur und ein engagiertes Aushandeln" (Weidner 2001, S. 17). Konfrontative Pädagogik zu praktizieren heiße, „brutal ehrlich" zu sein. Die Probanden könnten „hässliche Wahrheiten durchaus verkraften" (ebd.).

Weidner beruft sich in diesem Zusammenhang auf Nohls Konzept des pädagogischen Bezugs (Nohl 1963).[4] Er erklärt den ‚pädagogischen Bezug' zum „Eckpfeiler in unserer Arbeit" (2001, S. 20). Gerade hier vergreifen sich die Verfechter des AAThS an einer wesentlichen theoretischen Grundlage. Denn Nohls Modell hat ein bestimmtes bürgerliches Publikum vor Augen. Zu dessen kulturellem Kapital gehört die Vermittlung von ‚Bildung' in einem ganz bestimmten Sinne. Beim Umgang mit der proletarischen Jugend verfolgt die Sozialpädagogik seit jeher ein anderes Ziel (vgl. Nohl/Pallat 1929).[5] Die Verfechter des AAThS nehmen demgegenüber bewusst eine andere Position ein: die der strafenden und fordernden Justiz. Zugleich behaupten sie, sie könnten mittels ‚Konfrontation' Empathie bei den jungen Strafgefangenen hervorrufen.

---

[4] Mit ‚pädagogischem Bezug' ist ein sehr intensives persönliches, auf geistig-seelischer Grundlage beruhendes Verhältnis zwischen einem erwachsenen, gebildeten Menschen und einem jüngeren Menschen gemeint, der nach Bildung strebt und daher einen Bildungswillen entwickelt. So verstanden, stellt Erziehung einen Prozess und ein Medium dar, in welchem diese ‚Bildungs- und Erziehungsgemeinschaft' stattfindet (vgl. Kron 1988, S. 200 ff.).

[5] Vgl. das Konzept der Kriminalpädagogik bei Franke 1929; Plewig 2005; sowie Mollenhauers (1974) Hinweis auf die „Aporien bürgerlicher Moral".

Empathie in der ‚Konfrontativen Pädagogik'

Der Begriff Empathie beschreibt als Teil sozialer Kompetenz die Fähigkeit, sich in andere Personen und ihr Erleben einzufühlen, sie zu verstehen und ihr künftiges Handeln voraus zu sehen (Stimmer 2000, S. 161). Die Methode des AAThS will bei den Teilnehmern Empathie gegenüber den Opfern und Schuldgefühle wecken, um Hemmschwellen gegenüber künftigem Gewaltverhalten aufzubauen. Die Anthropologie nimmt an, dass jeder Mensch empathische Eigenschaften besitze. Neben biologischen Grundlagen sei deren Entwicklung von Umwelteinflüssen abhängig. Den Adressaten des AAThS mangelt es nach tiefer Überzeugung deren Protagonisten an der „Reflexionsbereitschaft über die Opferfolge" (Weidner 2001, S. 12).

Empathiefähigkeit ist nur begrenzt förderbar. Das belegen die wenig effizienten Therapieprogramme (z. B. SOTP und BGS) zur Behandlung von Sexual- und Gewaltstraftätern im Strafvollzug und in der Psychiatrie. Es handelt sich um „ein tief verwurzeltes Reaktionsmuster, von lang wirkenden Sozialisationseinflüssen in der Familie geprägt, das sich durch Änderungsresistenz auszeichne" (Bierhoff 1980, S. 37).

Diese Erkenntnis ist im Umfeld des AAThS nicht unbekannt. Die Evaluation eines ‚Coolness'-Trainings mit so genannten rechtsradikalen, gewalttätigen Jugendlichen hat unter anderem erbracht, dass die Jugendlichen sich an ihre eigenen Mitwirkungshandlungen bei der Konfrontation anderer Teilnehmer detaillierter erinnerten als an die Erfahrungen, die sie selbst auf dem heißen Stuhl machten (vgl. Palloks 2006, S. 166). Es wurde eine „diffuse Vermischung von fürsorgender Anteilnahme an Schicksalszufügungen (schwierige Familie/ Kindheit) mit harschen Schuldzuweisungen" beobachtet (Palloks 2006, S. 164). Der geplante, verwirrende Wechsel habe dazu beigetragen, dass die Jugendlichen nicht erkennen konnten, ob der nicht zu beeinflussende Familienhintergrund für ihr Fehlverhalten als ursächlich akzeptiert und sie damit entlastet werden oder ob ihnen durch die Trainer/innen die Eigenverantwortung bzw. der Auftrag zur Selbstreflexion erteilt wird (ebd.).

Das AAThS organisiert Lernen am falschen Modell. Der Jugendliche bekommt von den Trainern bzw. ‚scouts' des Coolness-Trainings signalisiert, dass sein stichelndes, den Konfrontierten demütigendes Verhalten akzeptabel, gar erwünscht sei. Dies bestätigt noch die – angeblich verwerflichen – Machtgelüste der Gefangenen.

Die Befürworter des AAThS reklamieren für sich, „zu 80% einfühlsam, verständnisvoll, verzeihend und nicht-direktiv" zu sein und nur zu zwanzig Prozent „Biss zu zeigen" (Weidner 2006, S. 35). Damit verwechseln sie ehrliche Empathie mit einer oberflächlichen Instrumentalisierung dieser Emotion. Winkler (2003, S. 45) wirft ihnen eine „Ingenieursmentalität" vor. Das unterstreicht den manipulativen Charakter der Methode und erhellt das wahre Interesse der Anwender.

Bestandteile eines individuellen Förderplanes

Um die Voraussetzungen für eine transformatorische Erziehungsstrafe und die konkrete Interventionsbefähigung zu erfüllen, wäre in jedem Einzelfall zu prüfen und festzulegen, welche Ziele wann (Zeitfaktor) wo (Lernorte) unter welchen Umständen erreicht werden können. Nur dann kann Lernen unter Berücksichtigung von Entwicklungsstand und Motivation nachhaltig gestaltet werden. Vollzugs- oder Hilfepläne sind insofern zu präzisieren. Vor allem sind die spezifischen Voraussetzungen bei jedem einzelnen Jugendlichen/Heranwachsenden zu prüfen (vgl. Heinemann et al. 2009).

In aller Regel werden Gruppen im ambulanten und stationären Bereich nicht nach theoretisch hinreichend plausiblen Gesichtspunkten, sondern nach pragmatischer Zufälligkeit – von dafür nicht oder nur dürftig fachlich Qualifizierten – zusammengestellt. Darin liegt ein weiterer Risikofaktor für die Vergeblichkeit kostenträchtiger Bemühungen. Die Gefahr steigt mit der Unfähigkeit, vorhandene Phänomene (z. B. Psychopathologien) wie ADHS oder Traumatisierungen rechtzeitig zu erkennen. Dass dies in Bereichen staatlicher Verantwortung und Fürsorgeverpflichtung überhaupt stattfinden kann, stellt eine schwere Verletzung der Grundrechte der Betroffenen dar.

Freiwilligkeit und Zwang – Rechtsfragen

Das AAThS findet in der Folge eines gerichtlichen Urteils (§ 17 JGG) im Jugendstrafvollzug statt. Es wird in aller Regel keinen Hinweis darauf enthalten, dass dieser intensive zusätzliche Eingriff im Vollzug wie eine Art Auflage erfolgen soll. Es liegt in der Verantwortung der Jugendanstalten, wenn sie eine derartige Maßnahme durchführen lassen. Diese Konstellation wirft eine Reihe von rechtlichen Fragen auf.

Für das Anti-Aggressivitätstraining im Vollzug wird von seinen Vertretern eine ‚Behandlung unter Zwang als sekundäre Einstiegsmotivation' akzeptiert. Im Haftalltag bedeutet die Teilnahme an Angeboten Abwechslung in der Routine. Die Bewerber erhoffen sich dadurch Vergünstigungen. Die lockende vorzeitige Entlassung auf Bewährung begrenzt die freie Willensentscheidung.

Den Zwangscharakter ihres Trainings rechtfertigen die Protagonisten damit, potentielle Gewaltopfer zu schützen(vgl. Weidner 2001, S. 16). Das unterstreicht die Instrumentalisierung der jungen Strafgefangenen.

Vor diesem Hintergrund ist zu prüfen, ob das AAThS eine entwürdigende Maßnahme darstellt, die gegen das Gebot der Achtung der Menschenwürde (Art.1 Abs.1 GG) verstößt (vgl. Rzepka 2005).

Art. 6 GG iVm § 1631b BGB (Verhältnismäßigkeitsgrundsatz)
Entwürdigende Maßnahmen im Sinne des 1631 II BGB sind unter anderem solche, die die eigene Selbstachtung und das Ehrgefühl in unzulässiger Weise beeinträchtigen (vgl. Palandt 2003, § 1631 RN 13). Vorgehensweisen aus dem konfrontativen Teil des AAThS wie die spezifische Form des vorgeführt Werdens vor der Gruppe und die „grenzwertige“ Kommunikation insgesamt erfüllen diesen Tatbestand. Im Übrigen wird der verfassungsrechtliche Grundsatz der Verhältnismäßigkeit, wonach die Ausübung staatlicher Gewalt geeignet, erforderlich und angemessen im engeren Sinne sein muss (vgl. Jarass/Pieroth 2004, Art. 20 RN 81), verletzt. Das Kriterium der ‚Erforderlichkeit’ ist – schon angesichts der dürftigen empirischen Befunde (vgl. Ohlemacher u.a. 2001) – zweifelhaft, da bei gleicher Eignung mildere Maßnahmen möglich und vorrangig einzusetzen sind (Grundgedanke in § 1666a BGB).

Fazit

Die Konfrontative Pädagogik und die Methode des Anti-Aggressions-Trainings mit dem heißen Stuhl haben eine Vielzahl von Fragen aufgeworfen. Sie bedürfen einer systematischen und gründlichen Analyse. Das Ergebnis ist eindeutig: Das Konzept ist theoretisch nicht fundiert, methodisch nicht gerechtfertigt und rechtlich unzulässig.

Die entscheidenden, markanten Grundlagen (Provokative Therapie; Konfrontative Therapie; ‚Heißer Stuhl’) wurden nicht verstanden. Die Verfechter haben sie nicht präzise auf ihre Übertragbarkeit hin überprüft, sondern die Konzepte schlicht verbal geplündert. Zudem ignoriert die Methode das Strafproblem in der Pädagogik. Grundlegende Erkenntnisse der Entwicklungspsychologie und Sozialisationsforschung bleiben unberücksichtigt. So fehlt jede nähere Bestimmung, unter welchen Bedingungen nachhaltig gelernt werden kann.

Schließlich entziehen sich die Protagonisten auch einer selbstkritischen Betrachtung, unter welchen Umständen sie als Trainer überhaupt eine Interventionsberechtigung erlangen könnten. Im Gegenteil, ihre öffentlichen Bekundungen und praktischen Handlungen sind geprägt von einer gering schätzenden Meinung von ihrem Klientel. Es erscheint als intellektuell schlicht, emotional reduziert und moralisch zurückgeblieben. Es ist fraglich, ob eine derartig oberflächliche

Betrachtungsweise sachlich zutrifft. In jedem Fall prägt sie den Blick auf die Adressaten und die Beziehung zu ihnen. Es gehört zur Professionalität, Vorurteile, Affekte, Vorbehalte, Antipathien usw. im Zaume zu halten.

Die beteiligten Institutionen (Justizministerium und Vollzugsanstalten) verletzten ihre Schutzpflichten gegenüber den betroffenen Strafgefangenen. Die Eingriffe in deren Grundrechte und – bei unter Achtzehnjährigen – die Erziehungsrechte der Eltern sind massiv. Zumindest müsste bei den Trainings zwingend ein Psychologe anwesend sein (vgl. Rau 2006, S. 165) – wenn man nicht ohnehin das ganze Konzept als fachlich unzureichend verwirft.

Die Konfrontative Pädagogik will „Realitätsprinzipien in Erziehungsprozessen auch gegen den Willen von delinquent agierenden Jugendlichen einmassieren" (Weidner 2001, S. 20). Dieses Denken hat totalitäre Züge. Aspekte der Straflust sind unverkennbar. Das AAThS ist eine aggressive Technik zur Durchsetzung fragwürdiger Machtansprüche (vgl. Winkler 2003, S. 46; Scherr 2002, S. 310).

Es steht grundsätzlich jedem frei, in unserer Gesellschaft ein Unternehmen zu gründen und Leistungen anzubieten, in denen mit Menschen rüde umgegangen wird. Im Privatfernsehen gibt es täglich genug Beispiele, wie sich Menschen demütigen lassen. Die Grenzen bestehen allerdings dort, wo die Rechte der zwangsweise Betroffenen berührt sind. Es gibt keine wissenschaftliche oder politische Rechtfertigung dafür, Strafgefangene Prozeduren auszusetzen, wie sie das AAThS praktiziert. Einmal mehr wird deutlich, wie relativ schutzlos Gefangene mit niedrigem sozialem Status sind. Ihnen fehlt die advokatorische Hilfe.

Literatur

Bandura, Albert (1979): Aggression. Ein sozial-lerntheoretische Analyse. Stuttgart: Klett-Cotta

Barth, S. (2006). Konfrontative Pädagogik – Ein Paradigmenwechsel? Theorie und Praxis der Sozialen Arbeit 2006. 6. 13-19

Bierhoff, Hans-Werner (1980): Hilfreiches Verhalten. Darmstadt: UTB

Brumlik, Micha (2007): Die Wiederkehr des Reaktionären. Vortrag auf dem 27. Deutschen Jugendgerichtstag. ZJJ 2007. 4. 350-355

Bueb, Bernhard (2006): Lob der Disziplin. Berlin: List

Bundesministerium des Inneren (Hrsg.) (2006): Zweiter Periodischer Sicherheitsbericht. Berlin

Claußen, Bernhard (2006): Sozialarbeit und Sozialpädagogik als Politikum in gesellschaftlicher Verantwortung. Hamburg: Tagungs-Manuskript

Colla, Herbert E. (2002): Glen Mills Schools – A private out-of-state residental facility. In: DJI e.V. (Hrsg.): Die Glen Mills Schools, Pennsylvania, USA. Ein Modell zwischen Schule, Kinder-und Jugendhilfe und Justiz? Eine Expertise (2. Auflage, S. 9-28). URL http://www.dji.de/bibs/ 124_ 619_expertise2.pdf (Stand: 6. 2. 07).

Colla, Herbert; Scholz, Christian; Weidner, Jens (Hrsg.) (2001): Konfrontative Pädagogik. Das Glen Mills Experiment. Mönchengladbach: Forum-Verlag Godesberg

DVJJ (Hrsg.) (2006): Verantwortung für Jugend. Perspektiven und Qualitätssicherung in der Jugendkriminalrechtspflege. Schriftenreihe der DVJJ Band 37

Farrington, D. (2007): Childhood Risk Factors and Risk-Focused Prevention. In: Maguire/Morgan/Reiner, Ed., The Oxford Handbook of Criminology. Oxford, p. 602-640.

Francke, Herbert (1929): Kriminalpädagogik. In: Nohl et al. (1929): 195-206

Geissler, Erich E. (1982[6]): Erziehungsmittel. Bad Heilbrunn: Klinkhardt

Heilemann, Michael; Fischwasser-von Proeck, Gabriele (2001): Gewalt wandeln: Das Anti-Aggressivitätstraining AAT. Lengerich: Pabst Science Publishers

Heinemann, Anne u.a. (2009): Methodische Ausführung zum Konzeptansatz, Lernprozesse bei jugendlichen/heranwachsenden Delinquenten. Manuskript Universität Hamburg und Lüneburg

Heinz, Wolfgang (2008): Bekämpfung der Jugendkriminalität durch Verschärfung des Jugendstrafrechts? In: ZJJ 2008. 1. 60-68

Herz, Birgit (2005): Ist „Konfrontative Pädagogik“ der Rede wert? ZJJ 2005. 4. 365-373

Jarass, D.; Pieroth, B. (2004). Grundgesetz für die Bundesrepublik Deutschland – Kommentar. Art. 1, 2, 20 bearb. v. D. Jarass (7. Auflage). München: Verlag C.H. Beck.

Kilb, Rainer (2003): Das AAT /CT: ein Verfahren zur (Re-)Integration. In: Sozialextra 27. 7. 33 ff.

Kilb, Rainer (2006): Weshalb und wozu „Konfrontative Pädagogik“, AAT und CT ? Der Versuch einer kritischen Verortung. In: Kilb et al. (2006): „Konfrontative Pädagogik in der Schule“, 45-74

Kilb, Rainer (2006a): Einleitung: Eine Methode aus der Straffälligenhilfe für die Schule? In: Kilb et al. (2006): „Konfrontative Pädagogik in der Schule“, 9-12

Kilb, Rainer; Weidner, Jens; Gall, Reiner (Hrsg.) (2006): Konfrontative Pädagogik in der Schule. Anti-Aggressivitäts- und Coolnesstraining. Weinheim, München: Juventa

Kilb, Rainer; Weidner, Jens; Jehn, O. (2001). Qualitätsanforderungen für das Antiaggressivitäts-Training (AAT) und das Coolness-Training (AAT/CT). In: Weidner et al. (2001): 262-274

Kohlberg, Lawrence (1974): Zur kognitiven Entwicklung des Kindes. Frankfurt a. M.: Suhrkamp, 1986

Kraußlach, Jörg (1981): Interventionsberechtigung. In: Kraußlach (1981): S. 67-103

Kraußlach, Jörg (1981): Aggressionen im Jugendhaus. Konfliktorientierte Pädagogik in der Jugendarbeit. Wuppertal: Jugenddienstverlag

Kraußlach, Jörg; Düwer, Fritz, Fellberg, Gerda (1976) : Aggressive Jugendliche. Jugendarbeit zwischen. Kneipe und Knast. München: Juventa

Kron, Friedrich W. (1988): Grundwissen Pädagogik. München: Reinhardt, 2001 (6. Auflage).

Mollenhauer, Klaus (1974): Einführung in die Sozialpädagogik. Weinheim: Beltz, 4. Auflage

Montada, Leo (2002): Moralische Entwicklung und moralische Sozialisation. In: Oerter et al. (2002): 619-647

Nohl, Hermann (1933-35/1963): Die pädagogische Bewegung in Deutschland und ihre Theorie. Frankfurt: Schulte-Bulmke

Nohl, Hermann; Pallat, Ludwig (Hrsg.) (1929): Handbuch der Pädagogik. Band V. Langensalz, 1966

Oerter, Rolf; Montada, Leo (2002^5): Entwicklungspsychologie. Weinheim: Beltz, 5. Auflage.

Ohlemacher, Thomas; Dennis Sögding; Theresia Höynck; Nicole Ethé; Welte, Götz (2001): „Nicht besser, aber auch nicht schlechter“: Anti-Aggressivitätstraining und Legalbewährung. DVJJ Journal 174. 4: 380-386

Palandt, Otto (2003): Bürgerliches Gesetzbuch. Kommentar (62., neubearbeitete Auflage). München: C.H. Beck

Palloks, Kerstin (2006): Cool sein auf Kommando? Konfrontative Pädagogik in der Praxis. Evaluierung einer Umsetzung des Projekt-Formates „Coolness-Training“. In: Zeitschrift unsere Jugend 4/2006. 158-170

Plewig, Hans-Joachim (2000): Devianzpädagogik. In: Stimmer, F. (Hrsg.): Lexikon der Sozialpädagogik und der Sozialarbeit. München Wien (4. Auflage)

Plewig, Hans-Joachim (2005): Von der Kriminal- zur Devianzpädagogik – und zurück? In: Richter et.al. (2005): 139-155

Plewig, Hans-Joachim (2007 und 2008a): Neue deutsche Härte? – Die ‚Konfrontative Pädagogik' auf dem Prüfstand. In: ZJJ 2007. 4. 363-369 und ZJJ 2008. 1. 52-59

Plewig, Hans-Joachim (2008): Im Spannungsfeld zwischen Erziehung und Strafe? Pädagogischer Umgang mit hochdelinquenten jungen Menschen. In: ZJJ 2008. 1. 34-43

Richter, Helmut (1998): Sozialpädagogik – Pädagogik des Sozialen : Grundlegungen – Institutionen – Perspektiven der Jugendbildung. Frankfurt a. M.: Peter Lang

Richter, Helmut (2001): Kommunalpädagogik. Studien zur interkulturellen Bildung. Frankfurt a. M.: Peter Lang

Richter, Helmut; Plewig, Hans-Joachim (Hrsg.): Dialogisches Verstehen. Festschrift für Horst Scarbath. Frankfurt a. M.: Peter Lang

Rzepka, Dorothea (2005): Anti-Aggressivitäts-Training – Anmerkungen aus verfassungsrechtlicher und kriminologischer Sicht. In: Behindertenpädagogik 44. 4. 373-384

Scherr, Albert (2002): Mit Härte gegen Gewalt? Kritische Anmerkungen zum Anti-Aggressivitäts- und Coolness-Training. In: Krim. Journal 34.4. 304-311

Sherman, Lawrence et. al. (1997): Preventing Crime: What works, what doesn't, what's promising? University of Maryland

Stimmer, Franz (2006): Grundlagen des Methodischen Handelns in der Sozialen Arbeit. Stuttgart: Kohlhammer (2.überarbeitete u. erw. Auflage)

Thiersch, Hans (2007): Wie geht die Sozialpädagogik mit Regelverletzungen junger Erwachsener um? Vortrag Januar 2007; Ev. Akademie Bad Boll: http://www.ev-akademie-boll.de/fileadmin/res/otg/520107-Thiersch.pdf [15.11.2007]

Walter, Joachim (2002). Was kann der deutsche Jugendstrafvollzug von den Glen Mills Schools lernen? In: DJI e.V. (Hrsg.). Die Glen Mills Schools, Pennsylvania, USA. Ein Modell zwischen Schule, Kinder- und Jugendhilfe und Justiz? Eine Expertise. http://www.dji.de/bibs/ 124_ 619_ expertise 2.pdf (Stand: 6. 2. 07).

Weidner, Jens (2001): Vom Straftäter zum Gentleman? In: Colla/Scholz/Weidner 2001: 7-54

Weidner, Jens (2006): Konfrontative Pädagogik (KP). Ein Plädoyer für eine gerade Linie mit Herz- auch im schulischen Alltag. In: Kilb et al. (2006): 29-44.Weinheim und München: Juventa

Weidner, Jens (2000a): Der heiße Stuhl. In: Weidner et al. (2000). Weinheim und Basel: Beltz

Weidner, Jens (2001a): AAT ®. Anti-Aggressivitäts-Training für Gewalttäter. Ein deliktspezifisches Behandlungsangebot im Jugendvollzug. Mönchengladbach: Forum Verlag Godesberg GmbH

Weidner, Jens; Kilb Reiner, Kreft, Dieter (2000) (Hrsg.): Gewalt im Griff. Bd. 1: Neue Formen des Anti-Aggressivitäts- Trainings. Weinheim und Basel: Beltz

Weidner, Jens; Kilb, Reiner (2004): „Konfrontative Pädagogik. Konfliktbearbeitung in sozialer Arbeit und Erziehung", Vorwort zur 1. Auflage, Wiebaden, 7-8

Winkler, Michael (2003): Verliebt in das eigene Programm. Sozialextra 27. 44-46

Gesellschaftskritische Repliken auf (Un)Kulturen von Bildung und Erziehung

Neoliberaler Zeitgeist in der Pädagogik: Zur aktuellen Disziplinarkultur

Birgit Herz

Einleitung

1980 erschien die historische Studie von Renate Flissikowski, Karl-J. Kluge und Klaus Schauerhammer: „Vom Prügelstock zur Erziehungsklasse für „schwierige“ Kinder“. Sie bietet eine historiografische Analyse epochenspezifischer Disziplinartechniken schulischer Erziehungs- und Bildungsprogramme. Untersuchungsgegenstand sind die Wechselwirkungsprozesse zwischen gesellschaftlich-strukturellen Problemen (Makroebene) und deviantem Verhalten, Verwahrlosungserscheinungen und/oder anderen sozialen Auffälligkeiten als individuelle Problemlösungsstrategien (Mikroebene). Im Zentrum des empirischen Teils steht der Zusammenhang zwischen sozioökonomischer Deprivation und der je spezifischen institutionellen Disziplinarherrschaft und Sanktionspraktiken. Das Erstaunlichste an diesem vor 30 Jahren veröffentlichten Buch scheint mir allerdings seine Aktualität zu sein!

In Pädagogik und Erziehungswissenschaft sind derzeit Disziplinapologeten en vogue: Von Buebs „Lob der Disziplin“ bis zu Fernsehformaten wie „Erziehungscamp“, von behördlichen Praxiszeitschriften wie „Disziplin und gute Ordnung“ über Lehrerhandreichungen wie „Bei Stopp ist Schluss!“ bis zu Initiativen, eine Privatschule nach dem Vorbild der Glenn Mills – Schools zu gründen, etabliert sich ein neuer „alter“ Trend: Disziplin, Sanktionen, Drill und Dressur sind wieder hoffähig (vgl. Cremer-Schäfer 2007). Die Maxime lautet, wieder konservative Werte und Regeln zu vermitteln und durchzusetzen, oft dekontextualisiert und um den Preis des Verlusts von reflexivem Wissen über die historisch-kulturelle Eingebundenheit dieser Werte und Regeln. Ein kleines Beispiel aus der Schulpädagogik mag hier zur Illustration genügen: Die Autoren Thomas Grüner und Franz Hilt ermutigen Lehrerinnen und Lehrer, bei Unterrichtsstörungen dem störenden Verhalten keine Aufmerksamkeit zu schenken, sondern diese ausschließlich den nicht-störenden Schülerinnen und Schüler vorzuhalten und Kinder, die wiederholt nicht mitarbeiten können, weil ihnen die Arbeitsmaterialien fehlen, von beliebten Aktivitäten wie Kunst- oder Sportunterricht auszuschließen (vgl. Grüner/Hilt 2008, S. 47).

In der Praxis des bestrafenden Ein- und Wegsperrens zur Sicherung von „Normalität“ wird wieder zu Arrangements der konformen Verhaltenskontrolle mittels einer erstarkenden Punitivität zurückgegriffen. Aber auch sozial- und sonderpädagogische, therapeutische, medizinische und psychiatrische Korrekturdienstleister für schwierige Kinder und Jugendliche haben Hochkonjunktur.

> „Der pädagogische Zeitgeist bläst also, zumindest, was die aktuell populären pädagogischen Bücher und Ratgeber angeht, derzeit aus einer ziemlich rückwärts gewandten, antiliberalen Strenge, Zucht und Ordnung einfordernde Richtung“ (Göppel 2008, S. 60);

repressive Tendenzen breiten sich kontinuierlich aus (vgl. Plewig 2007, S. 363).

Wer oder was schafft wie und auf welche Weise den derzeitigen Akzeptanzrahmen für all jene Disziplinartechniken, die über Jahrzehnte hinweg als „Schwarze Pädagogik“ (Rutschky) verfemt waren? Wie und wie weit haben gesellschaftliche, ökonomische und politische ‚Entwicklungen’ (bis hin zur sog. ‚Globalisierung’) welche Konsequenzen für Pädagogik, Bildung und Erziehung? Wo und wie legitimiert wissenschaftliche Rhetorik, bspw. bei ADHS, den neu erstarkenden strafenden Mainstream?

Vom Sozialstaatsmodell zum Strafstaatsmodell

Der globale neoliberale Umbau westlicher Gesellschaften basiert auf der Wettbewerbs- und Leistungsorientierung einer ausschließlich auf Kapitalakkumulation ausgerichteten Dominanzkultur. Im kontinuierlichen Abbau sozialstaatlicher Leistungen („schlanker Staat“) vollzieht sich eine Neubestimmung des Staates. Ziel ist ein sukzessiver Abbau der ehemals wohlfahrtstaatlichen Unterstützung. Mit dem politischen Argument der ökonomischen Entwicklungen – Stichwort Standortsicherung – im Kontext der Globalisierung finden Lohn- und Leistungskürzungen statt, aber auch Abbau und/oder Privatisierung ehemals kommunaler Aufgabenbereiche. Dieser Trend geht einher mit der Verfestigung einer neuen Unterklasse von geringfügig Beschäftigten, Jobnomaden, Gelegenheitsarbeitern, Niedriglöhnern, dauerhaft Arbeitslosen (vgl. Vogel 2006, S. 354) und führt zu latenter Statuspanik, Abstiegsängsten, biographischer Verwundbarkeit; es herrscht ein Klima der Verunsicherung und Angst (vgl. Herz 2009a).

Zygmut Baumann schreibt:

> „Der ‚Sozialstaat' ist gegenwärtig auf dem Rückzug … Er stützte seine Legitimation und gründete seine Ansprüche auf die Loyalität und Folgsamkeit seiner Bürger auf das Versprechen, sie gegen Arbeitslosigkeit, Ausschluss und Zurückweisung, wie auch gegen unvorhergesehene Schicksalsschläge zu beschützen und abzusichern – gegen die Zuweisung zum ‚menschlichen Abfall', die aus individuellen Unzulänglichkeiten oder Unglücksfällen resultieren mochten" (Baumann 2005, S. 127).

Das individuelle Risiko, unter den neuen sozioökonomischen Rahmenbedingungen zu scheitern, wird privatisiert, die sozialen Sicherungssysteme reduziert. Die Soziologie spricht von Exklusionsprozessen, die nicht nur die Lebenslage Armut umfassen (vgl. Bude/Willich 2006).

Das Selbstverständnis neoliberaler Politik bringt Finanzminister Peer Steinbrück auf den Punkt, wenn er schreibt:

> „Soziale Gerechtigkeit muss künftig heißen, eine Politik für jene zu machen, die etwas für die Zukunft unseres Landes tun: die lernen und sich qualifizieren, die arbeiten, die Kinder bekommen und erziehen, die etwas unternehmen und Arbeitsplätze schaffen, kurzum, die Leistung für sich und unsere Gesellschaft erbringen. Um die – und nur für sie – muss sich Politik kümmern" (Steinbrück 2003, in: Butterwegge 2007, S. 157 f).

Doch je geringer die Sozialleistungen einer Gesellschaft ausfallen, desto funktionsfähiger muss ihr Gewaltapparat sein: Die Unfähigkeit von Menschen, sich am Spiel des Marktes zu beteiligen, wird bspw. zunehmend kriminalisiert (vgl. Baumann 2005, S. 75). Christian Pfeiffer u. a. stellen fest, dass in einer Gesellschaft mit wachsenden sozialen Gegensätzen, in der der Staat die Bedürfnisse der sozial Deklassierten nicht mehr wie früher durch Fürsorgeprogramme beantwortet, dieser zunehmend auf das Gefängnis als Disziplinierungsinstrument setzt (vgl. Pfeiffer u. a. 2004, S. 432). Es handelt sich bei diesem politischen Transformationsprozess nicht um einen „deutschen Sonderweg", sondern um Entwicklungen, die sich insbesondere in den USA bereits sehr früh abzeichneten und von Loic Wacquant seit den 1990er Jahren untersucht wurden (vgl. Wacquant, 2004b, 2006, 2007).

Die internationale Entwicklung zur „Abstrafung der Armen"

Dem Ausbau von Strafinstitutionen während der letzen drei Jahrzehnte in den USA korrespondiert ein massiver Rückbau des wohlfahrtsstaatlichen Sektors: Armut wird kriminalisiert. In den Worten Wacquants:

> "The United States launched into a unique sociohistorical experiment: The incipient replacement of the welfare regulation of poverty and of the urban disorders spawned by mounting social insecurity and racial strife by its penal management via the police, courts, and correctional system" (Wacquant 2001, S. 19)

with an institutional machinery for managing poverty that is being put in place in the area of mass joblessness and precarious employment (vgl. Wacquant 2001, S. 404).

Diese Entwicklung führt dazu, dass

> "... nearly half of young African Americans in the big cities are currently under criminal justice supervision. The result is that a deep *structural and functional symbiosis has emerged between the ghetto and the prison*" (Wacquant 2005, S. 21).

Es handelt sich um eine Bevölkerungsgruppe, die sowohl ökonomisch als auch politisch überflüssig ist (vgl. Wacquant 2005, S. 20). Zygmut Baumann beschreibt sie als „die Ausgegrenzten der Moderne" (Baumann 2005).

Der strafende Staat diszipliniert und reglementiert durch

> "... by what Bourdieu (1998) calls 'the left hand' of the state, symbolised by education, public health care, social security, social assistance and social housing, is being *superseded* – in the United States – or *supplemented* – in Western Europe – by regulation through its 'right hand', that is, the police, courts and prison system, which are becoming increasingly active and intrusive in the lower region of social space" (Wacquant 2001, S. 402).

Was Wacquant für die USA beschreibt, kritisierte Jan O'Connor in seinen Studien über Arbeitslosigkeit, prekäre Arbeitsverhältnisse, Langzeitarmut und die Intensivierung der Strafverfolgung junger Menschen an Australien:

> „In the same period as the justice model emerged in Australia, the youth labour market collapsed. For many poor and disadvantaged young people the transmission from school to work has been disrupted" (O'Connor 1997, S. 3).

Die globale Tendenz, Armut zu bestrafen, hat auch Europa erreicht. Wacquant zufolge spielt England die Rolle eines Trojanischen Pferdes, um – von Amerika ausgehend – die neoliberale Strafpraxis in Europa zu übernehmen und durchzusetzen. Diese Entwicklung wurde möglich,

> „grâce a une criminalisation progressive de la pauvreté, un processus originaire des Etats-Unis, a l'œuvre dans la plupart des pays et souvent couplée dans la pratique avec la politique de 'tolérance zéro' ..." (Pedrazzini 2005, S. 114).

Als ideologische Wegbereiter fungieren vor allem politiknahe Stiftungen, Wirtschaftsverbände und Forschungsinstitute.

Exkurs: Stiftungen, Wirtschaftsverbände und Forschungsinstitute

In den USA waren insbesondere das 1984 von Anthony Fischer und William Lasey gegründete „Manhatten Institute" maßgeblich daran beteiligt, „to apply market principles to social problems" (Wacquant 2004a, S. 165). Sie beeinflussten die Politik der „zero tolerance", die Anfang der 1990er von New Yorks Bürgermeister Guiliani ausging. In England wurde Sozialstaatabbau und Intensivierung der Strafverfolgung ideologisch und politisch vorangetrieben durch das „Adam Smith Institute", das „Centre for Policy Studies" und das „Institut of Economic Affairs", wobei letzteres ebenfalls von Anthony Fischer gegründet wurde. Ein weiterer Mitstreiter, Charles Murray, proklamierte „'that prisons works', and that correctional expenditures are a reasoned and profitable investment for society" (Wacquant 2004a S. 162).

Ergebnis dieser „Think Tanks" war 1998 eine repressive Strafgesetzgebung durch Tony Blairs New Labour-Regierung. Viele europäische Staaten übernahmen diese Verschärfungen des Strafrechtes (Schweden, Holland, Belgien, Spanien, Frankreich und Deutschland). Für die Übersetzung und Transformation dieser Prozesse sind Schulen als Institutionen der sekundären Sozialisation prädominiert. So leitet bspw. an der Universität Bordeaux Eric Debardieu das „l'Observative Internationale de la Violence à l'Ecole", gleichsam eine globale Denkfabrik schulischer Disziplinierungen und Sanktionen.

In Deutschland tragen vor allem die Aktivitäten der Bertelsmannstiftung, der Heinz- Nixdorf-Stiftung und der Ludwig-Erhardt-Stiftung dazu bei, eine neoliberale Politik umzusetzen (vgl. Butterwegge 2007, S. 172; vgl. Barth 2006). Die Parole vom „Fördern und Fordern" legitimiert staatliche Sanktionen als Disziplinarmacht. In allen genannten Ländern steht demgegenüber der massive Ausbau der Gefängnisse in keinem Verhältnis zur realen Kriminalitätsbelastung der Bevölkerung (vgl. Estrada 1999; Wacquant 2005; Pfeiffer u. a. 2004) – zugenommen haben nicht die Straftaten, sondern die Strafverschärfung, die Verschärfung der Sanktions- und der ethnischen Segregationspraxen.

Unter dem Schlagwort „Innere Sicherheit" dient das Schüren des Angstpotentials der Bevölkerung vor Gewalt und Kriminalität der politischen Legitimation, um das Strafrechtssystem als ein Instrumentarium zu nutzen, die soziale Unsicherheit und die soziale Polarisierung zu verwalten (vgl. Wacquant 2006, S. 13) – mit Unterstützung eines weltweiten, globalen, ideologischen Marketingsystems. Soziale Probleme werden kriminalisiert (vgl. Baumann 2005, S. 120). Das Klima ist insgesamt rauer geworden; statt Sozialstaats*gebot* herrscht Sozialstaats*verbot*: „tough on crime" bestimmt den öffentlichen Diskurs eines zum Aus- und Einschluss willigen Staates. Diese Debatte ist gekennzeichnet durch pseudowissenschaftliche Argumentationen, die die sozialen Konflikte verschleiern und der Rechtfertigung von Macht- und Herrschaftsverhältnissen dienen (vgl. Lanwer 2008, S. 70).

In der primären, sekundären und tertiären Sozialisation von Kindern, Jugendlichen und jungen Erwachsenen manifestieren sich insbesondere in Bildung und Erziehung die Normalitäts- und Normativitätskultur der Gesellschaft. Die Sonderschule und der Jugendstrafvollzug sind gesellschaftlich anerkannte und historisch tradierte Institutionen normativer Kontrolle. Mit einem kurzen Blick auf die amerikanischen Bootcamps soll ein Modell kurz vorgestellt werden, das in extremer Ausprägung die Disziplinarmacht der „right hand" des Staates verdeutlicht.

Bootcamps zwischen Jugendstrafanstalt und „Umerziehungslagern"

Seit den 1980er zählen Bootcamps zum legitimen und anerkannten Erziehungs- und Bildungsort für delinquente Jugendliche in den USA. Diese Camps befinden sich in staatlicher oder privater Hand; ihr Konzept basiert auf militärischem Training und den Methoden der US-Marine. Ein Beispiel soll das illustrieren. Die Jugendkommission im Bundesstaat Texas beschreibt ihr Bootcampprogramm mit den folgenden Worten:

> „Boot camps are highly structured residential programs generally modeled after military basic training. They emphasize rigorous physical exercice, regimented activities, strict supervision and discipline, and military drill and ceremony. Military-

style battle dress uniforms and boots are the standard uniforms for cadets and staff. ... The organization of the Sheffield Boot Camp is streamlined and succinct. It is based on a military model with a commandant who has military experience. ... The Duty Day consists of 16 hours of programmed activity and eight hours of sleep. ... The youth sent to the Texas Youth Commission are the state's most serious or chronically delinquent offenders" (Texas Youth Commission).

Die Klientel des Sheffield Boot Camps in Texas besteht zu 43 % aus spanischstämmigen Jugendlichen und zu 33 % aus Afroamerikanern; ihre mittleren Schulleistungen in Mathematik und Lesekompetenz liegen fünf Jahre hinter ihrer Altersgruppe zurück; 62 % kommen aus einkommensschwachen Haushalten.

Die Betreiber können sich die Jugendlichen selbst aussuchen, so dass sie die Form eines „First Class" – Jugendgefängnis einnehmen. Zwischen den einzelnen Boot-Camp Betreibern besteht große Konkurrenz. So wirbt bspw. das „Bethel Bootcamp für schwierige Jugendliche" mit seiner akademischen Exzellenz; seine militärische Schulkultur bietet ein strukturiertes Leben in einer christlichen Schule mit Ordnung, Führung und Stabilität für schwierige Jugendliche an (vgl. Bethel Boot Camp). Diese religiöse Ausrichtung kann allerdings nicht die Tatsache verleugnen, dass das grundlegende Prinzip der Bootcamp-Ideologie darin liegt, den Willen zu brechen: „The persons identity is completley erased ... stripe all sense of self and rebuild the personality" (www.bootcampsfortroubled teens.com). Bootcamps sind totale Institutionen, sie repräsentieren machtvoll die „eiserne Hand des Staates". Ihre Herrschafts- und Gewaltstrukturen beruhen auf institutionalisierten Befehls- und Gehorsamsstrukturen in einer vollkommen asymmetrischen Machtbeziehung. Und sie legitimieren Unterwerfung, Drill und Dressur; ihre Disziplinierungsstrategien dienen der erzwungenen Anpassung und Unterwerfung der ethnisch marginalisierten amerikanischen „Ghettokids" an die US-amerikanische Dominanzkultur. Ihre „Lagermentalität" erinnert in fataler Weise an die Jugend-KZs der Nazizeit. Der Anglizismus in den politischen Forderungen deutscher Politiker nach ‚Erziehungscamps' vermeidet genau jene Assoziationen an diese faschistischen Umerziehungslager (vgl. Lanwer 2008, S. 70).

Die Würde des jungen Menschen ist wieder antastbar

Die politischen Debatten über Jugendkriminalität, Kinderdelinquenz, Vandalismus, Drogenmissbrauch und anderer Abweichungen von dominanz-kultureller „Normalität" verstärken das neoliberale „law and order" – Klischee, das sich wiederum als mediales Infotainment kommerziell ausbeuten lässt (vgl. Giese/Levin/Schmidt 2007).

Nationale wie internationale Studien belegen den Zusammenhang zwischen einer Sozialisation in Armut und sozialer Exklusion, etwa in Form von Schulausschluss, Schulverweigerung oder Delinquenz (vgl. Hompesch/Kawamura/Reindl 1996; Stevens/Gladstone 2002; Palmer/Carr/Kenway 2005). Ungeachtet solcher Forschungsergebnisse finden keine substantiellen Veränderungen der sozioökonomischen Rahmenbedingungen einer Armutssozialisation statt, denn nachweislich existiert eine immer größer werdende Kinderpopulation, die in depravierten Umwelten heranwächst (vgl. Opp/Fingerle 2007, S. 11). Eltern und/oder primäre Bezugspersonen stehen im Kampf um die materielle Grundversorgung und Grundsicherung ihrer Familienmitglieder unter den derzeitigen gesellschaftlichen Entwicklungen der Arbeitsmarkt-, Familien- und Bildungspolitik permanent unter Stress (vgl. Herz 2009a).

Kinder und Jugendliche erfahren über einfache bis hoch komplexe Ausgrenzungsprozesse die potenzierte Stigmatisierung ihrer depravierten Lebenslagen: Diese werden segregiert beschult in den Förderschulen – für ökonomisch depravierte SchülerInnen – und in Sonderschulen für Verhaltensgestörte – für emotional depravierte SchülerInnen. In einer veränderten Grammatik wohlfahrtsstaatlicher Verantwortung sind die Pole „Normalität" und „Abweichung" von enormer Bedeutung für die Entwicklung von Kindern und Jugendlichen. Standard wird das DIN-genormte Schulkind, das die betriebswirtschaftlichen Durch- und Umstrukturierungen der Bildungsinstitutionen erfolgreich absolviert. Norbert Störmer bringt es auf den Punkt: Es geht ausschließlich darum, „Menschen so zu verändern, dass sie das tun, was ich von ihnen will" (Störmer 2008, S. 31ff). Die öffentliche Erziehung und Bildung wird für ökonomische Zwecke instrumentalisiert; die Organisationen des Erziehungs- und Bildungssystems treten auf Quasimärkten in Konkurrenz zueinander (vgl. Radtke 2003, S. 103f).

Die damit einhergehende Verschärfung des Selektionsprinzips für bildungsbenachteiligte Heranwachsende verantwortet eine Ghettobildung im untersten Schulsegment (vgl. Solga 2006; Rennison/Maguire/Middleton/Ashworth 2005; Herz u.a. 2008).

Strafrituale als Verhaltenskorrektur im Unterricht haben mittlerweile ebenso Hochkonjunktur wie Methoden des rituellen Ein- und Wegsperrens in geschlossenen Unterbringungen, Jugendstrafanstalten oder die Unterwerfung unter den militärischen Drill in sogenannten Erziehungscamps. „Plazieren, Verlegen, Abschieben und Einsperren" (Bittscheid 1998, S. 31) lauten die entsprechenden Stationen. Kanadische Studien belegen, dass die externalisierten Verhaltensstörungen Strafpraxen und Exklusion produzieren und rechtfertigen, wenn die Politik der „Zero Tolerance" die Pädagogik bestimmt (vgl. Jull 2000; Jull 2008). Dabei konnte Stephan Jull nachweisen, dass die Übernahme des amerikanischen Modells der „Zero Tolerance" in Kanada seit Mitte der 90er Jahre die Zahl der Ausschulungen und Schulverweise ansteigen ließ:

> „As a result, through zero tolerance, underrepresented and/or marginalized students will continue to be excluded at a greater rates than their socially conforming peers" (Jull 2000, S. 4).

Sonder- und Sozialpädagogik wird in diesen gesellschaftlichen Distanzierungsprozessen die Aufgabe zugewiesen, sich mit den sozial Un*er*wünschten und personal Un*ge*wünschten zu befassen (vgl. Kobi 2008, S. 18), d. h. Normalisierungsarbeit zu leisten (vgl. Herz 2009a). Eine Pädagogik bei Verhaltensstörungen, die die politischen Rahmenbedingungen des neoliberalen Umbaus des ehemaligen Sozialstaatsmodells in ihren pädagogischen Konsequenzen kritisch reflektiert (vgl. Herz u. a. 2008), die Veränderungen des kulturellen Wandels analysiert (vgl. Ahrbeck 2007) und die subjektiven Rahmenbedingungen (vgl. Willerscheid 2008) ebenso wie die institutionellen Settings (vgl. Reiser u.a. 2007) überprüft, muss sich präzise und empirisch begründet positionieren. Sie steht vor dem Dilemma, entweder die dem neoliberalen Zeitgeist entsprechenden Effizienz- und Effektivitätsparolen mit den entsprechenden top-down-Programmen, die Normalisierungsarbeit an der Oberfläche versprechen, im Mainstream des Wissenschaftspluralismus zu akzeptieren, oder sie verlässt diese Ebene der Trivialisierung ge- und verstörten Verhaltens (und ihrer entsprechenden Systeme) und rückt die Lebenswirklichkeit (und -nöte) ihrer Klientel in den Mittelpunkt ihrer Forschung.

Diese beiden – hier sehr zugespitzten Polarisierungen führen zu unterschiedlichen wissenschaftspolitischen und -ethischen Standpunkten – und Forschungsprogrammen.

Gemäß der kritischen Position von Andreas Fröhlich sind Wettbewerb und Markt die bestimmenden Denk- und Handlungskriterien unseres derzeitigen Lebens geworden (vgl. Fröhlich 2003, S. 92) – was sich auch in allen wissenschaftlichen Feldern durchsetzt. Zugespitzt handelt es sich auch um eine Polarisierung des gesellschaftlichen Verständnisses und der Selbstvergewisserung der Erziehungswissenschaft.

Wird sie „die gute Ordnung der Bertelsmannstiftung" kritiklos adaptieren oder ist sie in der Lage, ihr aus der Ideengeschichte der Aufklärung basierende

Fachidentität aufrecht zu erhalten? Kann sie ihre wissenschaftliche Stärke trotz des betriebswirtschaftlichen Umbaus des gesamten Erziehungs- und Bildungssektors behaupten oder wird sie von der neuen Performance-Kultur der OECD (vgl. Radtke 2003) völlig assimiliert bzw. von anderen Wissenschaftsdisziplinen zurück gedrängt? Ingrid Gogolin schreibt:

> „im Kern pädagogischer Professionalität stehen also: Reflexivität und kritische Aufmerksamkeit für die Vorraussetzungen des eigenen Tuns. ... Damit haben Erziehungswissenschaft und pädagogische Praxis in der Öffentlichkeit heutzutage schlechte Karten. Denn es ist en vogue, das Bemühen um Nachdenklichkeit als beschleunigungshemmend zu denunzieren oder gar als innovationsfeindlich zu brandmarken“ (Gogolin 2002, S. 28).

Ich will diese Polarisierungen am Beispiel von ADHS illustrieren, um einige Konfliktfelder zu verdeutlichen.

ADHS – die Abweichung vom DIN-genormten Schulkind

Das Etikett „ADHS“ – eine Sammelkategorie für eine Vielzahl an Verhaltensweisen – sorgt für eine wissenschaftlich kontroverse Debatte, die im Wesentlichen drei Positionen umfasst:

1. Eine medizinisch-psychiatrische Position individualisiert das Störungsbild und argumentiert naturwissenschaftlich; hier wird ADSH über Medikalisierung und isolierte (verhaltenstherapeutische) Programme (vgl. Lauth/ Naumann 2008) relativ kurzfristig entsprechend dem medizinischen Behandlungsmodell „therapiert“. Diese organpathologische Sichtweise unterstellt eine Hirnstoffwechselstörung; defizitäre Symptome werden am Kind individualisiert. Nicht selten werden hier Forschungsgelder direkt durch die Pharmaindustrie bereit bestellt. Ein allgemein kulturelles Phänomen wird verengt auf ein individualisiertes Krankheitsbild (vgl. Bergmann 2003, S. 22).
2. Eine kulturreflektierte und psychodynamische Position versteht das Symptom als Maskierung bestehender psychodynamischer Konflikte in der Lebenspraxis des Kindes und bietet eine zeitintensive Unterstützung bei der emotionalen (und kognitiven) Verarbeitung der inneren und äußeren Lebensrealität an (vgl. Ahrbeck 2007; Bergmann 2007). Die psychosozialen

Bedingungen der kindlichen Sozialisation erlauben keine eindimensionale, defizitorientierte organpathologische Problemlösung, sondern erfordern einen mehrperspektivischen Zugang, der Eltern, Schule usw. einbezieht.
3. Eine gesellschaftskritische und (neuro-)psychoanalytische Position, die die Funktionalität des ADHS-Störungsbildes im Kontext der gesellschaftlichen Entwicklungen hervorhebt und die positiven Anpassungsleistungen dieser Kinder und Jugendlichen betont, lehnt eine individualisierende und defizitorientierte Sichtweise ab, da der offiziell anerkannte medizinisch-psychiatrische Symptomkatalog keine verifizierbaren Kriterien enthält. (vgl. Ampft 2006; Mattner 2006; Leuzinger-Bohleber/Brandl/Hüther 2006).

Vergleichbar den wirtschafts- und gesellschaftspolitischen „Think Tanks" neoliberaler Umstrukturierungsprozesse fungieren wissenschaftliche Positionen als Anker und Relaistationen für die Praxis. Der allseitigen Ressourcenverknappung im Feld der Kinder- und Jugendhilfe und der Bildungsinstitutionen kommen einfache, komplexitätsreduzierende Erklärungsansätze und Interventionsstrategien sehr entgegen, nicht nur weil sie von der eigenen Verantwortung entlasten, sondern weil sie ein einfaches, überschaubares und scheinbar effizientes Problemmanagement erlauben und eine Aufwandsreduzierung versprechen. Abweichendes Verhalten wird in dieser Logik „verwaltbar" und schafft Distanzierung. Machbarkeitsversprechungen entlasten auch von erforderlicher Selbstreflexion, kritischer professioneller Distanz, erlauben die Leugnung paradoxaler Grundkonflikte in Bildung und Erziehung; pädagogische Prozesse werden reduziert auf eine programmatische Oberflächlichkeit (vgl. Reiser 2006).

Diese „programmatische Oberflächlichkeit" berührt einen Kernkonflikt in der pädagogischen Praxis mit Kindern und Jugendlichen aus schwierigen Lebenslagen, die zu den „Schwierigen" geworden sind. Unter dem ökonomischen Druck der Kostenminimierung und Effizienzsteigerung werden schnelle, einfach zu handhabende und leicht verfügbare Programme attraktiv, die für konflikthafte Interaktionsdynamiken einfache Erklärungsmuster und klare Handreichungen anbieten. An der ADHS-Debatte lässt sich diese Entwicklung exemplarisch aufzeigen. Die Medikamentenvergabe entlastet die Systeme der primären und sekundären Sozialisation und enthebt die Erwachsenen ihrer Verantwortung und Beteiligung an der Entstehung und Verfestigung dieses „Störungsbildes". Stattdessen steht die Oberflächenstruktur, die Symptome und nicht die Er- und Beziehungsdynamiken innerhalb und zwischen den Systemen.

Sind Boot-Camps Repräsentanten realer Gewalt, mit Bestrafungs-, Drill- und Dressurritualen, so entpuppt sich die naturwissenschaftliche Reduzierung und Trivialisierung kindlichen Verhaltens als symbolische Gewalt.

> „Die Bedingungen und Ursachen der Störung werden systemimmanent … als ‚im Kind liegend' verortet. … Die Reparatur wird kostengünstig durch eine Handlung ‚Gabe von Stimulanzen' von außen aus – bzw. zugeführt" (Brandl 2007, S. 110).

In dieser Vorgehensweise wird die Bedeutung des Beziehungsaspektes nicht einmal geleugnet – sie kommt gar nicht erst vor!

Um die Konsequenzen der Dramatik ihres Strafcharakters wenigstens annähernd zu erfassen, die dem Kind in einer (emotional und sozial) verstörenden Lebenspraxis die alleinige Verantwortung zuschreibt, bedarf es nur eines kurzen Blicks in die – empirisch gesicherten – Erkenntnisse der Bindungstheorie, der Neuropsychoanalyse und der Psychoanalytischen Pädagogik (vgl. ex. Gerspach 1998; Brisch/Hellbrügge 2003; Grossmann/Grossmann 2004; Crain 2005; Leuzinger-Bohleber/Haubl/Brumlik 2006).

Störungen im Verhalten werden hier im Kontext der biographischen Verletzungen von Kindern gesehen, zu deren Bewältigung beziehungspädagogische, system- und kontextbezogene Interventionen notwendig sind. Die Entwicklung einer tragfähigen Beziehung und eines förderlichen Dialoges erfordern die Bereitschaft aller am Erziehungs- und Bildungsprozess Beteiligten, sich nicht nur mit ihrer eigenen Involviertheit in psychodynamischen Konflikten auseinanderzusetzen, sondern dem Kind als Subjekt zu begegnen. Solche Prozesse sind hoch komplex und lassen sich nicht mechanistisch reduzieren. Die theoriegeleiteten Praxisbeispiele einer beziehungsorientierten Pädagogik belegen die Bedeutung und Nachhaltigkeit einer kulturreflektierten, psychodynamischen und gesellschaftskritischen Position (vgl. ex.: Warzecha 1990; Heinemann/Rauchfleisch/Grüttner 1992; Ertle/Hoanzl 2002; Herz 2006).

In einer beziehungsorientierten Pädagogik geht es vor allem um die Herstellung hinreichender Entwicklungsmöglichkeiten, um die Konstruktion von Lebensentwürfen mit dem Ziel von Mündigkeit und Autonomie (vgl. Dörr 2007, S. 147). Ich selbst habe in meiner Studie über „Emotionen und Persönlichkeit" gezeigt, wie und in welcher weise die Umweltbedingungen für eine gelingende Sozialisation verantwortlich sind (vgl. Herz 2009b).

Ausblick

Das Recht auf gewaltfreie Erziehung steht zur Disposition. Die Wirkmächtigkeit gesellschaftlicher Transformationsprozesse machen unmissverständlich deutlich, dass und wie Pädagogik und Erziehungswissenschaft heute funktionieren muss: möglichst schnell, effizient und preiswert als „Entstörung" – zugespitzt: sog. „evidenzbasierte" Konzepte verdrängen nachhaltige, zeit- und kostenintensive Entwicklungsförderung.

> „Es ist … ein verhängnisvoller Irrtum der gegenwärtig allerorts zu beobachtenden Effizienzsteigerung, dass Beziehungserfahrungen gegenüber technisch instrumentalisierter Zielorientierung abgewertet werden" (Küchenhoff 1999, S. 162).

Die „Bildung zum Subjekt" (Adorno) ist ersetzt durch eine Normalisierungspflicht, deren Scheitern sanktioniert wird – die Jugendstrafanstalten und Psychiatrien sind Strafinstitutionen der sozioökonomischen Perspektivlosigkeit ihrer Insassen; Medikalisierung und Biologisierung von Normabweichungen dienen der dekontextualisierten, wenn auch zweifelsfrei kostengünstigen, Konfliktreduktion und Reflexionsabwehr (vgl. Herz 2009b).

In der radikalen Wettbewerbskonkurrenz eines neoliberalen transformierten Wissenschaft-„betriebes" könnten zukünftig Technokraten die Wissenschaftsdisziplin Pädagogik bei Verhaltensstörungen dominieren; gemäß neoliberalem Zeitgeist haben Trainingsprogramme zur Disziplinierung großen Zulauf, frei nach dem Motto: „Man muss als Lehrer auch mal hart sein und nicht nachgeben" (Grüner/Hilt 2008, S. 60). Dazu braucht es dann in der Schule nur noch eine Feed-back-Liste, die „einfach und ökonomisch ist" (Grüner/Hilt 2008, S. 53); dann gelingt ein „regelkonformes Sozialverhalten, das eine angenehme Arbeitsatmosphäre schafft und lernfähige Schüler" (vgl. Grüner/Hilt 2008, S. 37). Eine sonder- und sozialpädagogische Haltung, die für „schwierige" Kinder (bspw. mit der Etikettierung ADHS) besteht aber zunächst darin, diesen Kindern einen verlässlichen inneren und äußeren Ort zu rekonstruieren (vgl. Bergmann 2003, S. 22).

Die gegenwärtige universitäre Ausbildung befördert diese Entwicklung. Durch die hohe Reglementierung in den erziehungswissenschaftlichen Studiengängen ist kaum Raum für individuelle Irr- und Umwege vorhanden, der für Selbstbildungsprozesse der jungen KollegInnen in kritischer Reflexion über die Studieninhalte und -organisation ermutigt. Der zielgleiche und homogenisierte Erwerb von Leistungsnachweisen reduziert das Studium auf die ECTS-Akkumulation im strikt vorgegebenen Studienrahmen. Derart „gebildete" LehrerInnen und PädagogInnen, die selbst unter ‚Strafe', d.h. Zeitverlust und damit weiterer Studiengebühren (hochschulisch) sozialisiert werden, laufen Gefahr, solche Anpassungsmuster zu internalisieren und auf ihr Klientel unreflektiert und unkritisch zu transformieren.

Abweichungen vom erzieherischen und schulischen Mainstream führen zu Irritationen, zu deren Bewältigung der Zugriff auf einfache Erklärungsmuster und klare Handlungsanweisungen ganz selbstverständlich erscheint. Gleichzeitig muss der emotionale Stress und Druck universitärer ‚Strafpraxen' abgewehrt werden, um das eigene Selbstbild nicht zu destabilisieren.

Der Rückgang an selbstreflexivem Wissen führt geradewegs zu jener ‚programmatischen Oberflächlichkeit' (Reiser), die auch Strafpraxen legitimiert.

Im komplexen Zusammenspiel zwischen gesellschaftlichen Entwicklungen, individuellen Aneignungsprozessen und Konflikten besitzen punitive Tendenzen eine hohe Attraktivität. Pädagogische Alternativen, wie sie bspw. die psychoanalytische Pädagogik vertritt, stehen unter Legitimationszwang im Widerstreit zwischen der Autonomie der Subjekte und den sozial erwünschten Anpassungen an Konformität.

Bootcamps sind Beispiele für die extreme Variante dieses Zeitgeistes und betreffen Jugendliche. Der Umgang mit ADHS ist zwar insgesamt ein qualitativ und quantitativ anderes Phänomen, ist aber ebenfalls der Dimension des „Abstrafens" von abweichendem Verhalten zuzuordnen.

Wo selbstreflexives Wissen als Fundamentum pädagogischer Praxis fehlt, da gewinnen die Machbarkeitsversprechen der evidenzbasierten Programme an Bedeutung.

Das DIN-genormte Schulkind ist mit dem neuen pädagogischen Zeitgeist machbar! Eine Sozialisation unter der Lebenslage Armut mit den entsprechenden Konsequenzen für die kognitive, emotionale und soziale Entwicklung von Kindern und Jugendlichen wird allenfalls zum unerwünschten Störfaktor in den Bildungs-„Unternehmen", was Disziplinierung, Sanktionierung, Dressur und Drill – und Psychopharmakavergabe legitimiert.

„Punishing the Poor" (Wacquant 2007) – daran wirken Teildisziplinen der Erziehungswissenschaft längst mit!

Literatur

Achtenhagen, Frank; Gogolin, Ingrid (Hrsg.) (2002): Bildung und Erziehung in Übergangsgesellschaften. Opladen: Budrich

Ahrbeck, Bernd (2007): Hyperaktivität, innere Welt und kultureller Wandel. In: Ahrbeck (2007): 13-49

Ahrbeck, Bernd (Hrsg.) (2007): Hyperaktivität. Stuttgart: Kohlhammer

Ahrbeck, Bernd (Hrsg.) (2009): Pädagogik bei Verhaltenstörungen, Stuttgart: Kohlhammer (im Druck)

Ampft, Hartmut (2006): ADHS: Hirnstoffwechselstörung und/oder Symptom einer kranken Gesellschaft? Psychopharmakagabe als Mittel einer gelingenden Naturbeherrschung am Menschen. In: Leuzinger-Bohleber, et al. (2006): 70-90

Barth, Thomas (2006): Bertelsmann: Ein globales Medienimperium macht Politik. Expansion als Bildungsdienstleister und politische Einflussnahme – internationale Perspektiven. Hamburg: Anders

Baumann, Zygmunt (2005): Verworfenes Leben. Die Ausgegrenzten der Moderne, Hamburg: Hamburger Edition

Behörde für Schule und Berufsbildung (2008) (Hrsg.): Hamburg macht Schule: Disziplin und gute Ordnung, 2, Hamburg: Selbstverlag

Bergmann, Wolfgang (2003): Das Drama des modernen Kindes. Hyperaktivität, Magersucht, Selbstverletzung. Düsseldorf: Patmos

Bergmann, Wolfgang (2007): Ich bin nicht in mir und nicht außer mir. In: Ahrbeck (2007): 49-71

Bittscheid, Dorothee (1998): Repressionen statt Perspektiven. In: Köttgen (1998): 25-39

Brandl, Sarah Yvonne (2007): „Einmal bitte Öl wechseln und die Schaltung reparieren". Sprache und metaphorische Wahrnehmung zur kindlichen Verhaltensbeschreibung. In: Ahrbeck (2007): 107-124

Brisch, Karl-Heinz & Hellbrügge, Theodor (Hrsg.) (2003): Bindung und Trauma. Stuttgart: Klett Cotta

Bude, Heinz; Willich, Andrea (2006): Das Problem der Exklusion. In: Bude, et al. (2006): 7-26

Bude, Heinz; Willich, Andreas (Hrsg.) (2006): Das Problem der Exklusion. Ausgegrenzte, Entbehrliche, Überflüssige, Hamburg: Hamburger Edition

Bude, Heinz; Willich, Andreas (Hrsg.) (2006): Das Problem der Exklusion. Ausgegrenzte, Entbehrliche, Überflüssige, Hamburg: Hamburger Edition

Bueb, Bernhard (2006): Lob der Disziplin. Eine Streitschrift, Berlin: List

Butterwegge, Christoph (2007): Rechtfertigungen, Maßnahmen und Folgen einer neoliberalen (Sozial-)Struktur. In: Butterwegge et al. (2007): 135-220

Butterwegge, Christoph; Lösch, Bettina; Ptak, Ralf (2007): Kritik des Neoliberalismus. Wiesbaden: VS-Verlag

Crain, Fitzgerald (2005): Fürsorglichkeit und Konfrontation. Psychoanalytisches Lehrbuch zur Arbeit mit sozial auffälligen Kindern und Jugendlichen. Gießen: Psychosozial

Cremer-Schäfer, Helga (2007): Populistische Pädagogik und das „Unbehagen an der punitiven Kultur". In: Widersprüche 27. 106. 59-76

Dörr, Margret (2007): Analogien und Differenzen von Heilen und Erziehen in therapeutischen und pädagogischen Beziehungen. In: Hierdeis et al. (2007): 135-151

Ertle, Christoph & Hoanzl, Martina (Hrsg. 2007): Entdeckende Schulpraxis mit Kindern. Bad Heilbrunn: Klinkhardt

Estrada, Felix (1999): Juvenile Crime Trends in POST-WAR-Europe. In: European Journal on Criminology Policy and Research. 1999. 7. 23-43

Feuser, Georg; Herz, Birgit (Hrsg.): Emotionen und Persönlichkeit, Stuttgart: Kohlhammer (im Druck)

Flissikowsky, Renate, Kluge, Karl-J. & Schauerhammer, Klaus (1980): Vom Prügelstock zur Erziehungsklasse für „Schwierige" Kinder, Müchen: Minerva

Fonagy, Peter, Gergely, György, Jurist, Elliot L. & Targer, Mary (2004): Affektregulierung, Mentalisierung und die Entwicklung des Selbst. Stuttgart: Klett Cotta

Fröhlich, Andreas (2003): Kunden, Käufer, Konsumenten – Sonderpädagogik in der Dienstleistungsdiskussion. In: Zeitschrift für Heilpädagogik 54. 3. 92-98

Gasteiger-Klicpera, Barbara; Julius, Henri; Klicpera, Christian (Hrsg.) (2008): Sonderpädagogik der sozialen und emotionalen Entwicklung. Göttingen u.a.: Hogrefe

Gerspach, Manfred (1998): Wohin mit den Störern? Zur Sozialpädagogik der Verhaltensauffälligen. Stuttgart: Kohlhammer

Giese, Christiane; Levin, Anne; Schmidt, Andrea (Hrsg. 2007): Supernannies – Funktionalisierende Tendenzen in der Erziehung, Hohengehren: Schneider

Gilligam, George; Pratt, John (Eds.) (2004): Crime, Truth and Justice, Portland: Willan

Gogolin, Ingrid (2002): Grenzüberschreitung. Bedingungen pädagogischen Handelns in Übergangsgesellschaften. In: Achtenhagen et al. (2002): 21-39

Göppel, Rolf (2002): „Wenn ich hasse, habe ich keine Angst mehr ...". Psychoanalytische Beiträge zum Verständnis problematischer Entwicklungsverläufe und schwieriger Erziehungssituationen. Donauwörth: Auer

Grossmann, Karin; Grossmann, Klaus E. (2004): Bindungen – das Gefüge psychischer Sicherheit. Stuttgart: Klett Cotta

Grüner, Thomas; Hilt, Franz (2008[7]): Bei STOPP ist Schluss! Werte und Regeln vermitteln. Buxtehude: AOL

Heinemann, Evelyn; Rauchfleisch, Udo; Grüttner, Tilo (1992): Gewalttätige Kinder. Psychoanalyse und Pädagogik in Schule, Heim und Therapie. Frankfurt a. M.: Fischer

Herz Birgit & Czarnitzki, Burkhard (2008): „Armut macht Angst und demütigt“, In: Herz et al. (2008): 79-90

Herz, Birgit (2009a): Soziale Benachteiligung und Desintegrationsprozesse. In: Ahrbeck (2009) im Druck

Herz, Birgit (2009b): Normalisierung. In: Feuser et al. (2009) i. D

Herz, Birgit; Becher, Ursel; Kurz, Ingrid; Mettlau, Christiane; Treeß, Helga; Werdermann, Margarethe (Hrsg.) (2008): Kinderarmut und Bildung, Wiesbaden: VS

Hierdeis, Helmwart; Walter, Hans Jörg (Hrsg.) (2007): Bildung Beziehung Psychoanalyse. Beiträge zu einem psychoanalytischen Bildungsverständnis. Bad Heilbrunn: Klinkhardt,

Hompesch, Raimund; Kawamura, Gabriele; Reindl, Richard (Hrsg.) (1996): Verarmung – Abweichung – Kriminalität. Straffälligenhilfe vor dem Hintergrund gesellschaftlicher Polarisierungen, Bonn: Forum

Jull, Stephan K. (2000): Youth Violence, Schools, and the Management Question: A Discussion of Zero Tolerance and Equity in Public Schools. In: Canadian Journal of Educational Administration and Policy 17. 1-6

Jull, Stephan K. (2008): Emotional and behavioural difficulties (EBD): the special need justifying exclusion. In: JORSEN. 8. 1. 13-18

Kobi, Emil E. (2008): Alternative Integration als integrierte Alternative? In: Heilpädagogik online 2. 13-26

Köttgen, Charlotte (Hrsg.) (1998): Wenn alle Stricke reißen. Kinder und Jugendliche zwischen Erziehung, Therapie und Strafe, Bonn: Psychiatrie Verlag

Küchenhoff, Joachim (1999): Die Fähigkeit zur Selbstfürsorge – die seelischen Vorraussetzungen. In: Küchenhoff (1999): 147-164

Küchenhoff, Joachim (Hrsg.) (1999): Selbstzerstörung und Selbstfürsorge, Gießen: Psychosozial

Lanwer, Willehad (2008): Reflexion über Gewalt im Feld der Pädagogik – eine systematische Betrachtung, in: Behindertenpädagogik 47. 1. 69-87

Lauth, Gerhard; Naumann, Kerstin (2008): Aufmerksamkeitsdefizit-/ Hyperaktivitätsstörungen. In: Gasteiger-Klicpera (2008): 207-218

Leuzinger-Bohleber, Marianne; Brandl, Yvonne; Hüther, Gerald (Hrsg.) (2006): ADSH – Frühprävention statt Medikalisierung, Theorie, Forschung, Kontroversen. Göttingen: Vandenhoeck & Ruprecht

Leuzinger-Bohleber, Marianne; Haubl, Rolf; Brumlik, Mischa (Hrsg.) (2006): Bindung, Trauma und soziale Gewalt. Göttingen: Vandenhoeck & Ruprecht

Mattner, Dieter (2006): ADS – die Biologisierung abweichenden Verhaltens. In: Leuzinger-Bohleber et al. (2006): 51-60

O'Connor, Ian (1997): Models of Juvenile Justice. Paper presented on the Australien Institute of Criminology, Adelaide, 27-28 june

Opp, Günter; Fingerle, Michael (2007): Erziehung zwischen Risiko und Protektion, In: Opp, G./Fingerle, M. (Hrsg.): Was Kinder stärkt. Erziehung zwischen Risiko und Resilienz, München, Basel: Reinhardt, 2007, 7-18

Palmers, Guy, Carr, Jane & Kenway, Peter (2005): Monitoring Poverty ad Social Exclusion, York

Peddrazzini, Yves (2005): La violence dans les villes, Paris: Enjeux Planète

Pfeiffer, Christian u.a. (2004) Die Medien, das Böse und wir. Zu den Auswirkungen der Mediennutzung auf Kriminalitätswahrnehmung, Strafbedürfnis und Kriminalpolitik. In: Kriminologie und Strafrechtsreform. 2004. 6. 415-435

Plewig, Hans-Joachim (2007): Neue deutsche Härte – Die „Konfrontative Pädagogik" auf dem Prüfstand, in: Zeitschrift für Jugendkriminalrecht und Jugendhilfe18. 4. 363-369

Radtke, Frank-Olaf (2003): Die Illusion der merikratischen Schule, in: Bade, Klaus Jürgen/Bomme, Michael (Hrsg.): Migration, Integration, Bildung, IMIS-Beitrag 23, Universität Osnabrück: Universitätsverlag, 2003, 143-178

Reiser, Helmut (2006): Machbarkeitsversprechen und (sonder-)pädagogische Professionalität. In: VHN 75. 4. 336-339

Reiser, Helmut; Willmann, Marc; Urban, Michael (2007): Sonderpädagogische Unterstützungssysteme bei Verhaltensproblemen in der Schule. Bad Heilbrunn: Klinkhardt

Rennison, Joanne, Maguire, Sue, Middleton, Sue & Ashworth, Karl (2005 Eds.): Young People not in Education. Employment or Training: Evidence from the Education Maintenance Allowance Pilots Database. DfES Publications, Nottingham: Loughborougth University, (www.dfes.go.uk/research) Zugriff am 21. 3. 2008

Solga, Heike (2006): Ausbildungslose und die Radikalisierung ihrer sozialen Ausgrenzung. In: Bude et al. (2006): 121-146

Stevens, Alex & Gladstone, Ben (2002, Eds.): learning not offending: effective interventions to tackle youth transmission to crime in Europe, Kent: RPS Rainer

Störmer, Norbert (2008): Das Problem, Menschen so zu verändern, dass sie das tun, was ich von Ihnen will. In: Behindertenpädagogik 47. 1. 31-60

Vogel, Bernd (2006): Soziale Verwundbarkeit und prekärer Wohlstand, in: Bude, Heinz/Willich, Andreas (Hrsg.): Das Problem der Exklusion. Ausgegrenzte, Entbehrliche, Überflüssige, Hamburg: Hamburger Edition, 442-358

Vorstand der Bundesärztekammer (2006): Stellungnahme zur „Aufmerksamkeitsdefizit-/Hyperaktivitätsstörung (ADHS)", in: Deutsches Ärzteblatt, Heft 1 (39-45)

Wacquand, Loic (2001): The Penalisation of Poverty and the Rise of Neo-Liberalism. In: European Journal on Criminal Policy and Research. 2001. 9. 401-412

Wacquand, Loic (2001): Four Strategies to Curb Carceral Costs: On Managing Maß Imprisionment in the United States, in: Criminal Policy and Research, 69, Autumn, 2001, 10-30

Wacquand, Loic (2004): Penal Truth comes to Europe: think tanks and the "Washington Consensus" on Crime and Punishment. In: Gilligam et al. (2004): 161-180

Wacquand, Loic (2005): The great penal leap backward: Incarceration in America from Nixon to Clinton. In: Pratt, John et al. (Eds.) (2005): The new punitiveness: Current Trends, Theories and Perspectives, Portland: Willan

Wacquant, Loic (2006): Das Janusgesicht des Ghettos und andere Essays, Basel, Boston, Berlin: Birkhäuser

Wacquant, Loic (2007): Urban Outcasts. A Comparative Sociology of Advanced Marginality. Cambrigde: Polity Press

Warzecha, Birgit (1990): Ausländische verhaltensgestörte Mädchen im Grundschulalter. Eine Prozessstudie über heilpädagogische Unterrichtsarbeit. Frankfurt a. M.: IKU

Warzecha, Birgit (Hrsg.) (2003): Heterogenität macht Schule. Beiträge aus sonderpädagogischer und interkultureller Perspektive. New York u.a.: Waxmann

Willerscheid, Jochen (2008): Ist die Integration von SchülerInnen mit Verhaltensstörungen möglich? In: Heilpädagogik online 2. 53-65

Internetquellen

www.bootcampsfortroubledteens.com/

www.http.//bethelacademy.org/

www.psu.edu/ur/archives/intercom_1996/June20/CURRENT/research.html/

www.tyc.state.tx.us/programs/boot_camp.html/

Über die Verhüllung der Scham in der spätmodernen Gesellschaft und ihre Auswirkungen auf die pädagogische Praxis

Margret Dörr

Bereits in den dreißiger Jahren des letzten Jahrhunderts hat Erich Fromm von der Marketing-Orientierung in der modernen Gesellschaft gesprochen, als noch kein Betriebswirt davon sprach. Und in den sechziger Jahren erkannte er, dass der Mensch immer mehr vom Gemachten, Instrumentellen, Dinglichen angezogen wird und dabei seine Liebe zum Leben und zum lebendigen Menschen zu verlieren droht. Immer wieder nahm er in seinen Schriften ein Wort von Emerson auf, der formulierte, dass die Dinge im Sattel säßen und die Menschheit reiten würden. Für Fromm hing unsere Zukunft davon ab, ob es dem ganzen, schöpferischen Menschen gelingt, sich in den Sattel zu setzen (vgl. u.a. Fromm 1960). Ebenso kritisierte Herbert Marcuse (1978) in seinen Gesellschaftsanalysen die umfassende Geltung eines Leistungsprinzips in der modernen Gesellschaft. Er hatte damals insbesondere die Bereiche Arbeit und Konsum im Blick. Dagegen fällt heute die Forderung zur ‚Arbeit' am eigenen Selbst ins Auge. Wobei damit ein Begriff des Selbst in Anschlag gebracht wird, welcher mit einem alteuropäischen Personideal, das durch ‚persönliche Tiefe' charakterisiert ist, nicht viel gemeinsam hat. Eher handelt es sich um die Aufforderung, sich zu einem kreativen „Oberflächengestalter" (Bosshart 1995) zu entwickeln. So meint Gerd Gerkens (1994), ein deutscher Marketing Fachmann, beobachten zu können, dass sich im globalisierten neuen Kapitalismus das Ich des westlichen Menschen vermehrt habe und darin läge

> „eine große Chance für eine neue Bewußtseins-Offensive der europäischen Unternehmen: Je mehr Ichs es gibt, um so mehr Bewußtsein kann repräsentiert werden. Je mehr Bewußtsein existiert, umso mehr Komplexität kann bewältigt werden" (Gerkens 1994, S. 95).

Und David Bosshart, Direktor des Gottlieb-Duttweiler-Institut für Wirtschaft und Gesellschaft (GDI) in Zürich feiert den derzeitigen Trend der Fitness:

> „Sich persönlich fit zu machen wird nicht mehr heißen, ein starkes Ich zu entwickeln, sondern in virtuellen Beziehungen zu leben und multiple Identitäten zu pflegen. Das heißt: Ich setze nicht mehr auf einen persönlichen ‚Kern' und suche ihn, sondern ich trainiere mir die Fähigkeit an, mich nicht mehr definitiv auf etwas festzulegen. Damit bleibe ich fit für neue Wege. Metaphorisch gesprochen: *Statt in die Tiefe gehe ich in die Breite*. Ich werde zum Oberflächengestalter, ich gestalte mit meinen Stilen, torsohaften Charakteren und Identitäten Oberflächen. (...) Dreh- und Angelpunkt der persönlichen Fitness ist nicht mehr der Aufbau einer eigenen, stabilen Identität, sondern das Vermeiden des Festgelegtwerdens" (Bosshart 1995, S. 147 f.).

Die Forderung zur Arbeit am eigenen Selbst bezieht sich selbstredend auch auf den Körper, genauer gesagt auf ein „Body Management", das die Störanfälligkeit des Körpers möglichst ausschaltet. Er wird als „Wetware" (= menschliche Körper aus Fleisch, Knochen und Flüssigkeiten) bezeichnet, der keinesfalls vernachlässigt werden darf, aber nur um ihn als „ärgerliches Randphänomen, das Kosten verursacht" zu „eliminieren" (S. 149).

Offenbar haben wir entgegen aller Autonomie- und Freiheitsrhetorik das normative Gehäuse der „Hörigkeit" (Max Weber) keineswegs verlassen, sondern lediglich die traditionelle, konservative Moral gegen eine marktliberale Moral getauscht, der es sich nun zu unterwerfen gilt. Jeder gegen jeden, ohne viel Solidarität. Und Normen beherrschen unsere Alltagspraxis nach wie vor:

> „Wir sollen aus unserem Leben mit seinen vielen Chancen etwas machen, lebenslang und schon von früher Kindheit an lernen; dabei haben wir immer frohgestimmt zu sein und die Events der Erlebnis- und Spaßgesellschaft zu genießen. Von Gedanken an Alter, Krankheit und Tod haben wir uns freizuhalten, allenfalls unter dem Vorzeichen der Vermeidung, Vorsorge und Versicherung tauchen sie auf. Und natürlich und nicht zuletzt sollen wir als mobile, flexible, opferbereite „Arbeitskraftunternehmer" (...) der Wirtschaft in ihren immer schnellen Wendungen (Auf-, Abschwüngen, Zusammenbrüchen) zur Verfügung stehen." (Busch 2009, S. 41).

Heute, als Bevormundung unkenntlich gemacht, hat sich der Disziplinierungsdruck in der Spätmoderne in der Weise verstärkt, als dass es nicht mehr Verbote sind, an die sich die Subjekte zu halten haben, sondern Gebote, die als Selbstgewollte, Selbstbestimmte dem Subjekt hohe Anforderungen abverlangen. In seiner gemeinsam mit Jonathan Cobb verfassten Untersuchung hat Sennett (1972) die unauffälligen Verletzungen herausgearbeitet, die jene erfahren müssen, die auf der untersten Sprosse der gesellschaftlichen Berufshierarchie ihr Leben fristen.

Nicht die materielle Nöte, sondern die psychischen Belastungen standen im Vordergrund der Gespräche, die die Autoren mit Arbeitsimmigranten aus der amerikanischen Unterschicht führten. Was die Befragten psychisch vor allem bewegte, war die Scham über das eigene Versagen im Leistungskampf. Jene amerikanischen Arbeiter hatten die Normen und Werte der Leistungsideologie so stark verinnerlicht, dass sie vor deren Hintergrund auch ihren eigenen Berufsweg als individuell verursachtes Scheitern wahrnahmen. Der Scham, die sie darüber empfanden, versuchten sie mit außerberuflichen Mitteln der Gewinnung von Selbstachtung und Anerkennung zu begegnen. Folgerichtig weisen die Autoren der Scham bzw. Beschämung eine weiterhin vorherrschende „*stillschweigende* Kontrollfunktion" in der Macht- und Statusverteilung moderner Gesellschaften zu.

Scham – eine Annäherung

Michel Foucaults Reflexionen zur Disziplinargesellschaft (1976) erhellen einige der zentralen sozialen Bedingungen, auf deren Boden das Schamgefühl entsteht. In einer genealogischen Perspektive entziffert er die Koordinaten des Schamgefühls und stellt hierbei *den Blick* als eine Technik der Macht heraus. Die spezifischen Ordnungen von Sichtbarkeit definieren je unterschiedliche Modelle der Macht. Eine für unsere derzeitige Gesellschaft wichtigste Technik ist die Prüfung. Sie unterwirft die geprüften Subjekte dauerhafter Sichtbarkeit: hierzu zählen Examinierungen in der Schule ebenso wie Bewertungsverfahren am Arbeitsplatz oder Gutachten, die die Justiz vornimmt (vgl. Foucault 1976, S. 238ff). Die Macht wird aufgrund ihrer Anonymität unsichtbar, erzeugt aber über den Unterworfenen eine permanente Sichtbarkeit; das Abweichende von der Norm wird zum Gegenstand der Beobachtung. Da das Subjekt einer beständigen Sichtbarkeit unterworfen ist, wendet es – so Foucault – den eigenen Blick auf sich selbst zurück und generiert gleichsam die Selbstunterwerfung des Subjekts. Nun ist die Macht dem Individuum nicht mehr nur äußerlich: Im Wissen um den Blick, den es von der Macht auferlegt bekommt, wendet sich das Subjekt zu sich selbst und macht sich zum Objekt der eigenen Beobachtung. Die vormals äußerliche Macht wird verinnerlicht (vgl. Foucault 1976, S. 255ff). Scham setzt dann ein, wenn das Subjekt an den im Ich-Ideal gespeicherten Idealnormen scheitert. Es ist diese selbstkritische Blickwendung des Subjekts, welches ein tragendes Element der Modernität der Scham ausmacht. Foucault (1977) macht deutlich, dass diese Idealnormen in der Disziplinargesellschaft keine einfachen Regeln sind, durch die Erlaubtes von Unerlaubten unterschieden wird. Sie verbieten nicht einfach sondern enthalten imaginäre Idealwerte, stellen gleichsam ideelle Vollkommenheitswerte dar, wodurch zumeist unerreichbare virtuelle Optimalzustände vorgegeben sind. Hierzu zählen beispielsweise Schönheitsnormen, Gesundheitsnormen ebenso dazu wie Normen der Maskulinität oder Feminität und weitere – historisch variable – kulturelle Skills. Je mehr die Norm aber nicht mehr einfach verbietet, sondern ideelle Vollkommenheiten darstellt, desto stärker entstehen Möglichkeiten des Scheiterns oder Versagens an der Norm.

Scham ist ein heißes Gefühl, sie lässt den Kopf erröten und badet den Leib in Angstschweiß. Sie ist ein Signal, wühlt uns auf und weckt in uns den Wunsch, in den Boden zu versinken, aus der Welt zu flüchten, einfach nicht mehr da zu sein (vgl. Neckel 1991). Scham ist wie eine Wunde am eigenen Selbst, ein schmerzlich-brennendes Erleben, das uns die eigene Person als wertlos oder verächtlich, als klein oder schmutzig, lächerlich, hässlich oder erbärmlich erfahren lässt. Scham ist ein Wertgefühl, sie zeigt an, im eigenen Wertbewusstsein herabgedrückt oder bedroht zu sein. Sie gründet in „sozialer Angst", wie Freud sagt, d.h. in einer Angst, verlassen zu werden oder ausgestoßen zu sein. Es gibt keine Schamerfahrung ohne die Präsenz einer anderen Person, sei sie real anwesend oder als Wertung des eigenen Ich-Ideals, jener Teil des Über-Ichs, das sich durch die Verinnerlichung des Blicks des anderen konstituiert. Und, Scham bezeichnet nicht einfach einen Affekt, sondern ist als das Ergebnis eines inneren Konflikts mit dem Ich-Ideal zu lesen. Sie ist eine Emotion, die an ein Selbstbewusstsein geknüpft ist. Der Wunsch zu verbergen, Entblößung zu vermeiden, Intimität zu schützen, gehört mithin unvermeidlich zum Erleben von Scham. Es ist ein stiller, verborgener Affekt, dazu auch noch begleitet von einer Sprachunfähigkeit, wodurch die Möglichkeit unterbunden ist, im Unterschied zu den Affekten von Wut und Zorn, sich gegen Beschämung zur Wehr zu setzen.

Die „Maske der Scham"

Wurmser (1990) hat anschaulich gezeigt, dass Scham ein Gefühl ist, welches zumeist nur in der Verhüllung, der Maskierung erscheint, selten jedoch offen und unverkleidet. Aus der Vielzahl möglicher Erscheinungsformen möchte ich – in Anlehnung an Hilgers (2005) – eine in unserer Gesellschaft weit verbreitete Maske herausgreifen: das „Fischgesicht". Ein Fischgesicht imponiert durch seine mimische Ausdruckslosigkeit. Nun ist bei Fischen bekanntlich der fehlende Facialis-Gesichtsnerv der Grund für die Unmöglichkeit mimisch zu kommunizieren. Dagegen legt ein Mensch, der ein „Fischgesicht" aufsetzt, seine Gesichtszüge regelrecht aufs Eis, er friert sie ein und verhindert darüber, seine inneren Regungen über das Mimenspiel zu verraten. In der Weise lässt sich das Fischgesicht nachgerade als eine Verteidigung lesen gegen die Gefahr, „sein Gesicht zu verlieren“, und dies in zweifacher Weise: Das Verbergen bezieht sich nämlich nicht bloß auf umstehende Teilhaber einer Schamszene, sondern mindestens ebenso sehr auf den eigenen, den inneren Blick: „Das ‚Fischsein' signalisiert nach außen das Incommunicado, wie es nach innen den Versuch darstellt, nicht zu fühlen und nicht zu wissen. So gibt es keine peinlichen Blicke, weder von anderen noch seitens des inneren Auges (vgl. Hilgers 2005, S. 13f.).

Offenbar avanciert derzeit die Fähigkeit, sein eigenes lebendiges Gesicht in ein kaltes Fischgesicht zu verwandeln, dem Gefühlsregungen nicht zu entnehmen sind, zu einer wesentlichen Ressource um in der aggressiven Wettbewerbskultur unseres Wirtschaftslebens zu bestehen. So hat beispielsweise die Jerusalemer Soziologin Eva Illouz (2006; 2009) psychologische Ratgeber für angehende Chefs auf das ihnen zu Grunde liegende Leitbild untersucht und ihre Erkenntnisse dann in Interviews mit Absolventen von Top-Universitäten in den USA überprüft. Gemeinsam ist ihnen die Aussage, man solle lieber die Firma wechseln, als Wut und Enttäuschung über grobe Fehlentscheidungen und Ungerechtigkeiten erkennen zu lassen: „when you react, you are hooked“, fasste es einer von Illouz' Interviewpartnern zusammen.

Der Habitus der Coolness korrespondiert mit der um sich greifenden gesellschaftlichen Erwartung, ein „unternehmerisches Selbst“ (Bröckling 2007) zu werden und sein Leben als eine rasche Abfolge von Projekten anzusehen und diese jeweils mit klugem Ressourceneinsatz optimal zu gestalten. Aber gerade dabei muss sich nicht selten das Subjekt als ein fremdbestimmtes Selbst erleben. So berichtet im Februar 2008 der Spiegel online (www.spiegel.de) unter der Überschrift „Job als Statussymbol“ über eine „coolness-Falle“, in die junge Akademiker allzu leicht bei ihrer Jobsuche geraten und dort gefangen gehalten würden. Angezogen von jenen schicken, trendigen Unternehmen, werden sie unverzüglich der Tücke der „Selbstausbeutung“ ausgeliefert, denn ein cooles Unternehmen fordert einen coolen kreativen Arbeitnehmer, der den eigenen genialen Kopf rund um die Uhr in den Dienst des Unternehmens stellt. Auch in diesem Artikel warnt der Münchener Autor Jakob Schrenk (2007), dass das Attribut „cool“ eben nicht alles sei, sondern auch schaden könne: Der Wunsch, einen trendigen Arbeitgeber zu haben, der das eigene Sozialprestige aufwertet, ist nichts anderes als emotionaler Kapitalismus. Für einen schicken Arbeitgeber seien die Leute allzu schnell bereit, sich völlig aufzuopfern, und fühlten sich schuldig, wenn sie mal an einem Sonntag den Blackberry ausgeschaltet haben.

War es vormals die Konformität, die das Individuum in seinen Lebensanstrengungen anspornte, so sind inzwischen die Ansprüche auf individuelle Selbstverwirklichung zu einem institutionalisierten Erwartungsmuster der sozialen und ökonomischen Reproduktion geworden, ohne dass allerdings die gesellschaftlichen, milieuspezifischen und individuellen Voraussetzungen zur Ermöglichung von Selbststeuerung und Selbstkontrolle hinreichend zur Verfügung gestellt werden. Nunmehr wird von jedem Gesellschaftsmitglied die Anstrengung erwartet, „fit zu bleiben für seine Anstrengungen" (Baumann 1997, S. 184), sich als erfolgreiche autonome Agentur eines zwangsläufig selbstorganisierten freien Lernprozesses darzustellen. Das Besondere hierbei ist, dass zugleich diese Erfüllung von Fremdanforderung als Eigenbedürfnis darzustellen ist. Dies wird normativ erwartet und womöglich auch von den Subjekten so begriffen (vgl. Honneth 2002).

Insofern durchzieht derzeit vor allem Schamangst die moderne Gesellschaft, weil die Gefahr des Achtungsverlusts den Wert der individuellen Einzigartigkeit bedroht. Niederlagen oder Misserfolge in sozialer Konkurrenz, Versagen vor gesellschaftlichen Leistungs- oder Erscheinungsnormen, persönliche Diskriminierung für die Gruppe, zu der man gehört, Entrechtung, der man ausgeliefert ist, bedrohen den Status, den eine Person zugebilligt bekam oder für sich unterstellt hatte. Dementsprechend erscheint es auch zunehmend glaubhaft, den Einzelnen für das Gelingen oder Scheitern seines oder ihres Lebens allein verantwortlich zu machen.

Die Konformitätsnorm der Gegenwart ist die souveräne Individualität. In diesem modernen Ideal der „autonomen Einzigartigkeit"! findet auch die Scham ihren Wertinhalt. Und genau daran knüpft die alte Technik der sozialen Kontrolle an, den einzelnen durch Signale der Missachtung auf Konformität auszurichten. Dazu materiell oder kulturell, kognitiv oder ästhetisch nicht befähigt zu sein, stellt daher die modernste Form dar, in der sich Scham mit der Person in sozialer Hinsicht verbindet. Die zusätzliche Perversion besteht darin, dass sich über die Schamangst ein peinliches Schweigen legt, denn diese Angst ist ohne eigenen Wertverlust überhaupt nicht darstellungsfähig und somit sprachunfähig. Unter diesen Bedingungen geriert das „Fischgesicht" oder der coole Habitus zur Schlüsselkompetenz der Gesellschaftsmitglieder der Spätmoderne. Es gilt die Devise, allem Geschehen nur mit temperierten Gefühlen zu begegnen mit dem Ziel, sich gegenüber peinlichen und beschämenden Enttäuschungen unempfindlich zu machen.

> „Dieser Habitus hat eine moralpsychologische Relevanz, denn er bestimmt nicht nur die Beziehung der einzelnen Gesellschaftsmitglieder zu sich selbst, sondern auch der

Gesellschaftsmitglieder untereinander, was etwa ihre Bereitschaft betrifft, einander sozial zu unterstützen.“ (Haubl 2007, S.117)

Fragen an die Pädagogik

Es ist nicht weit hergeholt, solche Denkzusammenhänge auch pädagogisch nutzbar machen zu wollen: was wollen wir jungen Menschen an Haltungen und Einstellungen zu diesen Entwicklungen mitgeben? Welche Art „Bewältigungs-Hybris“ lassen Eltern, Schule, Medien jungen Menschen angedeihen oder finden wir auch die Vermittlung kritischer Reflexivität gegenüber solchen Prozessen? Was können wir Pädagoginnen und Pädagogen aus diesem Wissen um die Scham als Machtdispositiv lernen? Verfügen wir in einer marketingorientierten Welt, in der Autoritäten, die früher noch namhaft gemacht werden konnten, und die heute komplexer, anonymer aufzutreten vermögen, nämlich als Organisationen, Systeme mit ihren Hierarchien und Zwängen, über Möglichkeiten, anders als über das Erlernen von Fischgesichtern oder „cool-sein“ auf Enttäuschungen, Scham sowie soziale Missachtungserfahrungen zu reagieren? Wie können wir in der pädagogischen Praxis einer Tendenz der Heroisierung der Coolness, der Ausbreitung des „Fischgesichts“ entgegen wirken, in der eine kontrollierende, affekt- und phantasiebereinigte Zwanghaftigkeit um sich greift? In der Probleme und Konflikte hinter einer Maske von „Null Problemo“ über die Verleugnung zum Verschwinden gebracht werden. In einer Zeit, in der die Landnahme des Kapitalismus längst in unserer alltäglichen Welt, in den Institutionen des Bildungs-, Sozial- und Gesundheitswesens, aber eben auch im Inneren des einzelnen Subjekts stattgefunden hat.

Lösungen einer konstruktivistisch-systemtheoretischen Pädagogik

Derzeit steht von PISA, zu sozialpädagogischen und therapeutischen Feldern bis in Organisationsentwicklungen hinein die Frage auf der Agenda, wie die Bildungsprozesse aussehen und gestaltet werden können, die Kinder und Jugendliche für eine souveräne Lebensbewältigung brauchen. Ist die Pädagogik für diese Herausforderungen der Spätmoderne gerüstet?

Ja, so scheint es, denn mit der aktuellen Umstrukturierung des gesellschaftlichen Produktions- und Reproduktionsprozesses gekonnt Schritt zu halten, hält sich z. B. die konstruktivistisch-systemtheoretische Pädagogik zu Gute:

> „Der Konstruktivismus (...) unterstützt kognitionstheoretisch den unumstrittenen Trend der Individualisierung als Vergesellschaftungsprozess. Die Menschen müssen heute mit sich, ihren Identitätskrisen und ihren Zukunftsängsten alleine zurechtkommen. Der Konstruktivismus treibt die Individualisierung erkenntnistheoretisch auf die Spitze, er beweist die Selbstverantwortlichkeit des Einzelnen und entlastet das System" (Arnold/Siebert 1995, S. 23).

Entsprechend geben ihre Lern-Lehr-Programme dem geforderten Selbstmanagement nicht nur Raum sondern Selbststeuerung wird – allerdings propagiert als freie Entfaltungsmöglichkeit – geradezu zwingend gemacht: Jeder kann (nein muss!) als autopoietisches System zum unverwechselbaren Urheber seines eigenen Lernerfolgs werden, ungeachtet der ihn umgebenden Umwelt.

Boenicke (1998) weist zu Recht darauf hin, dass alle Formen selbstgesteuerten Lernens sozial selektiv sind,

> „denn sie bevorzugen diejenigen, die bereits gelernt haben, strukturiert zu arbeiten, sich zu motivieren, kurz: die die bürgerlichen Arbeitstugenden internalisiert haben" (Boenicke 1998, S. 6f.).

Das Insistieren auf Selbstbestimmung, Selbstorganisation und Selbstbeobachtung in der konstruktivistisch-systemtheoretischen Pädagogik unterschlägt die Frage, unter welchen Zwängen die Annahme dieses Lernangebots erfolgt, wenn gesellschaftlich gewünschte und geforderte Subjektspotentiale pädagogisch-funktional abgesichert werden sollen. Eine Beeinflussung des Einzelnen wird explizit verneint, doch bei genauerer Betrachtung einfach unkenntlich gemacht (vgl. Pongratz 2005, S. 148). Der einstmals emanzipatorisch gedachte Begriff der Selbstbestimmung wird im Kontext einer pädagogischen Funktionalisierung des Subjekts halbiert wenn nicht gar sinnentleert gebraucht, zielt doch „Selbststeuerung" „nur auf ein Segment dessen, was mit Selbstbestimmung gemeint war, auf funktionsgerechtes Verhalten" (Boenicke 1998, S. 7). Somit werden emanzipatorische Bestrebungen der Pädagogik verkürzt auf ein Modell der Autonomie, dass sich genauer besehen als alltäglicher Kampf um die Aufrechterhaltung von (An)Passungsverhältnissen beschreiben lässt: Konformismus, Flexibilität, Mobilität, Bindungslosigkeit, Entemotionalisierung und Selbst-Vermarktung gelten als die neuen Garanten einer erfolgreichen Subjektbildung, so das Ergebnis der Analyse neoliberaler Herrschaftsformen, wie sie Pongratz in seinen Publikationen im Anschluss an Foucaults Thesen zur Gouvernementalität formuliert hat (Pongratz 2003, S. 148ff). Mit ihren Modellen einer „nicht-interventionistischen Didaktik"

verfolgen konstruktivistisch-systemtheoretische Pädagogen zeitgemäße Optimierungsstrategien, und die operieren mit ‚weichen' Disziplinarformen.
„Sie zielen auf ‚selbstorganisierte' Integration in einen überindividuellen Zusammenhang, dessen Imperative sich hinter dem Rücken jedes Einzelnen immer wieder durchsetzen." (Pongratz 2005, S. 177)

Dieses Umschlagen von einem Ideal der Selbstverwirklichung in Zwangsverhältnisse betrifft zunehmend alle diejenigen sozialen Gruppen, die aus dem ökonomischen, kulturellen oder ethnischen „Integrationskern" der Gesellschaft ausgeschlossen werden. Das heißt, der Einsatz von beschämenden Zwangsmechanismen zeigt sich besonders bei den Kinder/Jugendlichen, die nicht oder nicht jetzt das Bedürfnis nach Selbststeuerung in sich entdecken, die es nicht hinbekommen, die geforderte intrinsische Motivationsleistungen zeitgerecht und passgenau zu erbringen. Dazu zählen insbesondere die Menschen, die aufgrund der Herkunft oder infolge nachteiliger Familienverhältnisse die psychischen Dispositionen der Selbstkontrolle und Selbststeuerung nur unzureichend auszubilden vermochten, die infolge sozialer Marginalisierung oder sozialisationsbedingter Nachteile keinen oder nur wenig Zugang zu kulturellen Ressourcen für die Entwicklung eigener Lebensentwürfe und Handlungspläne haben, die sich infolge von Anerkennungsdefiziten schnell kommunikativ entmutigen lassen oder gar durch Krankheit, Alter und Armut daran gehindert sind, selbst über ihre Lebensverhältnisse zu entscheiden.

Für diese Personengruppen, die von funktionalistischen Modellen einer „nicht-interventionistischen Didaktik" nicht erreicht werden, hat sich die Parole „Fördern und Fordern" auch in der ökonomisierten pädagogischen Praxis durchgesetzt. Entsprechend gilt es, so genannte „Bildungsverweigerung" durch Präventionsprogramme, Sondermaßnahmen, Kontrolle, Zwang und Strafen zu verhindern (vgl. Sturzenhecker i. d. B.). Nicht die gesellschaftliche Verweigerung angemessener integrativer Bildungsangebote stehen im Brennpunkt der zu verändernden sozialen Bildungsbedingungen, sondern die objektiven Bedingungen werden einseitig psychologisiert – die Adressaten, z.B. Jugendlichen, werden als störende „Bildungsverweigerer" stigmatisiert. Diesen ist dann durch schnelle, effiziente Programme – beispielsweise des AAT oder der Coolnesstrainings – beizubringen, sich den Strukturen, Regeln und Curricula von Institutionen zu unterwerfen. Jene Programme versprechen, mit ihrem „konfrontativen Ansatz", jenes unangepasste, abweichende Verhalten der Kinder und Jugendlichen mittels einer „Schnelldiagnose", und mit dem „Knalleffekt" einer „sofortigen Korrektur" „in eine 100% Erfolglosigkeit" zu führen (vgl. Reissner 2004, S. 203).

Liest man die Beschreibungen solcher Maßnahmen (vgl. Gall 2001), dann wird ein pädagogischer Stil erkennbar, der mit der Tendenz in der westlichen neoliberalen Welt korrespondiert: mit Verachtung und Beschämung wird eben nicht nur Politik gemacht, sondern eignet sich anscheinend auch dazu, Pädagogik zu begründen und zu betreiben. Wer also die Sollensvorschriften der Selbstvermarktung nicht hinreichend gehört (sprich verinnerlicht) hat, dem muss durch das Fühlen einer heißen Beschämung diese Werte ins Selbst einmassiert werden. Aber, ob diese Praxis einer „heißen Beschämung" mit der psychoanalytisch-pädagogischen Methode von Redl und Wineman (1984) – die sie „Einmassieren des Realitätsprinzips" nannten – zu vergleichen ist, möchte ich deutlich bezweifeln. Im Gegensatz zu Redl und Wineman handelt es sich hierbei um Fremddisziplinierungen, die bewusst auf die Bearbeitung von Ursachen und Gründen für das unerwünschte Verhalten der Kinder und Jugendlichen verzichtet.

Dies hat fatale Auswirkungen auf die betroffenen jungen Menschen: So verfügen wir aus der pädagogischen Praxis, beispielsweise mit Jugendlichen mit Migrationshintergrund, über eine wichtige Erkenntnis. Diese Jugendlichen „verweigern sich in der Schule und fallen als Versager auf. Manche richten ihre zerstörerischen Ausbrüche gerade gegen die sozialen Einrichtungen, in denen sie verkehren, in denen sie Beachtung sowie Anregung finden." (Scheifele 2009, S. 4) Aber mit einer „Schnelldiagnose" und „sofortigen Verhaltenskorrektur" ist den hier oft zugrunde liegenden psychischen Mechanismen dieser Handlungen sicherlich nicht beizukommen:

> „Mir scheint" – so konstatiert die Psychoanalytikerin Sigrid Scheifele (2009) –, „dass im gewalttätigen Ausbruch eine komplizierte, nicht auf den ersten Blick fassbare Dynamik zum Vorschein kommt. Diese Dynamik speist sich aus einer Verschränkung von internalisierten Forderungen der Sohnesgeneration, es besser als die Väter zu machen, wie auch einer Identifikation mit den geschwächten Vätern, die von den Söhnen nicht durch ein Übertrumpfen ihrerseits erneut geschwächt werden sollen. Das steht oft im Hintergrund des Schulversagens und damit dem Zerstören besserer Berufschancen." (Scheifele 2009, S. 4f)

Perspektiven einer psychoanalytisch orientierten Pädagogik

Eine kulturreflektierte und psychodynamische Position wehrt sich dagegen, die ‚Bildung des Subjekts' einseitig durch eine Normalisierungspflicht zu ersetzen und deren Scheitern zu sanktionieren. Für sie gilt weiterhin, das Symptom als Maskierung bestehender psychodynamischer Konflikte in der Lebenspraxis des Kindes bzw. Jugendlichen zu sehen (vgl. Ahrbeck 2007). Dies in Rechnung zu stellen bedeutet, sich auf eine zeitintensive Unterstützung der Kinder und Jugendlichen bei der emotionalen und kognitiven Verarbeitung der inneren und äußeren Lebensrealität einzulassen.

Dabei ist ja ein unmittelbarer Umgang mit anderen in Konfliktsituationen gerade dort besonders schwierig, wo verletzende und verletzte Affekte eine „vernünftige“ Kommunikation und ein vorurteilsfreies und wirklichkeitsgerechtes Wahrnehmen des jeweils anderen beeinträchtigen. So stehen auch psychoanalytisch orientierte PädagogInnen vor der Aufgabe, solchen Konflikten mit einer fairen Konfrontation zu begegnen. Zentral will ich damit die notwendige Fähigkeit hervorheben, konfrontieren zu können, ohne dass mit dem Wehtun nur der eigene Sadismus oder die eigene Überheblichkeit sich Bahn bricht. Dies setzt voraus im eigenen Inneren zu wissen was es bedeutet, verletzt, traurig, wütend, beschämt und angstvoll zu sein. Diese Fähigkeit zur Empathie impliziert die Chance, trotz Grenzsetzungen einen verstehenden Zugang nicht zu verschließen, sondern – wie Hörster und Müller (1996) es immer wieder betonen – offene pädagogische Anfänge zu schaffen. Die Schaffung von offenen pädagogischen Anfängen ermöglicht einen anderen Blick als die „beschlagnehmende Wahrnehmung von Auffälligkeiten“ (S. 630), die diese umgehend beseitigen bzw. kontrollieren will. Ihre Zielrichtung „geht davon aus, dass das späterhin so deklarierte Anormale genetisch, und das heißt tatsächlich, ein Erstes ist gegenüber dem Normalen“ (ebd. 630). Gleichwohl,

> „(d)as öffnende Intervenieren, das mimetische ‚Dazwischentreten', ist (...) verwiesen auf das Wissen, daß es Sozialpädagogik mit sozialen und (psychischen) Faktoren zu tun hat, die mächtiger sind als sie selbst. Dies zu berücksichtigen ist wichtig, um sich als Pädagoge in den pädagogischen Möglichkeiten nicht zu überschätzen, um auch im Falle des Scheiterns an den Grenzen nicht eine ‚Erschütterung seines Wertgefühls' (Bernfeld 1921, S. 27) zu erfahren.“ (Hörster/ Müller 1996, S. 631)

Jene offenen pädagogischen Anfänge ermöglichen demnach die Herstellung von intermediären Räumen, in denen es für die Kinder und Jugendlichen möglich wird, das Erleben von Wut, Enttäuschung, Hilflosigkeit und Scham nicht hinter einem „Fischgesicht“ bzw. einer Maske von Coolness zu verleugnen. Mit anderen Worten: Nicht Coolness, sondern „soziale Anerkennung“ ist der pädagogische Schlüsselbegriff für eine erzieherische Praxis in der Spätmoderne, will Pädagogik an der Zielsetzung zur Herstellung von Mündigkeit und Autonomie festhalten.

So unterscheiden wir in der (Sozial)Pädagogik zwischen einer inneren und einer äußeren Dimension: Eher nach innen auf das Subjekt bezogen geht es um die Konstruktion und Aufrechterhaltung von Kohärenz und Selbstanerkennung, um das Gefühl von Authentizität und Sinnhaftigkeit. Hierzu zählt die Bearbeitung der eigenen Lebenserfahrung, das begreifende Verarbeiten von Leid und Scheitern. In diesen Prozessen gilt es auch zu lernen, den eigenen Anteil an der eigenen Lebensgeschichte zu begreifen und sich nicht immer nur als passives Opfer anderer Menschen, der Lebensumstände oder des Schicksals zu sehen. Die eigene Beteiligung in Form von Illusionen oder Selbstüberschätzungen zu erkennen ermöglicht allererst einen konstruktiven aktiv realitätsverarbeitenden Modus der Selbst- und Welterfahrung.

Die Beachtung dieser *inneren Dimension* einer erzieherischen Praxis basiert auf das Wissen um die sowohl herstellende als auch stabilisierende Größe der anerkennenden Antworten seitens der PädagogInnen auf das So-Sein ihrer AdressatInnen: Die Entwicklung und Aufrechterhaltung von Selbstvertrauen und Selbstwertgefühl ist abhängig davon, dass Affekte durch die Passung der Interaktionen zwischen Bezugsperson und Kind reguliert werden. Irritationen bis hin zu schmerzhafter Scham entstehen ja dann, wenn Antworten in Form eines dem eigenen ähnlichen Affekts ausbleiben oder wenn man keine komplementäre Botschaft zum eigenen Affekt beim anderen erreichen kann.

> „Ohne die Erfahrung eines auf ihn reagierenden Interaktionspartners wäre ein Individuum nicht dazu in Lage (...) seine Reaktionen als die Hervorbringungen der eigenen Person zu verstehen" (Honneth 1994, S. 121).

Ziel wäre ein Möglichkeitsraum, der

> „sein lässt und nicht in Anpassungsforderungen erstickt", der „schützt und nicht unbewältigbaren Anforderungen aussetzt", der „hält und nicht fallenlässt", „der auf den Weg zur Realität begleitet und nicht von dieser fernhält, der den Kindern und Jugendlichen Resonanz gibt und sie nicht sich selbst überlässt, der ihnen Grenzen setzt und sie nicht allein für ihre Disziplinierung verantwortlich macht." (Sesink 2002, S. 146).

Um keine Missverständnisse aufkommen zu lassen will ich daran erinnern, dass der *Konflikt* die Triebfeder für Anerkennungsprozesse ist: Normen, die die Anerkennung regeln, geraten durch die Nicht-Anerkennung des Anderen in die Krise. Darüber erst werden die normativen Zwangsmechanismen, die Anerkennbarkeit regeln, ebenso hinterfragbar wie die eigene Voreingenommenheit.

> „Diese kritische bzw. selbstkritische Öffnung gibt einen Raum frei, innerhalb dessen möglicherweise neue Erfahrungen im Hinblick auf Anerkennung der Andersheit des Anderen möglich wird. Auch wenn dieser Raum keineswegs frei ist von Zwängen, so bietet dieser Ort dennoch die Bedingung der Möglichkeit, die Standards in Bewegung zu versetzen und der menschlichen Würde zu ihrem Recht zu verhelfen. Aus diesen Gründen darf der Prozess der Anerkennung niemals zum Stillstand kommen." (Borst 2004, S.263)

Ganz in diesem Sinne hat bereits Winnicott (1971) in seinem Entwurf des „Möglichkeitsraums" darauf hingewiesen, dass nicht allein der Vorgang einer erfolgreichen Internalisierung des Fürsorgeverhaltens der Bezugsperson im Kind die Fähigkeit herausbilden kann „in Gegenwart eines anderen mit sich allein zu sein", was eine Voraussetzung zur Entwicklung von Kreativität und Autonomie ist. Sondern hierzu bedarf es einer Erweiterung um das Prinzip der Grenzziehung, die im ‚aggressiven Akt' der Differenzierung geschieht. Dies gelingt kaum als harmonischer Entwicklungsprozess, setzt doch das Kind sein Anspruchsverhalten dem enttäuschenden Objekt (Mutter) in Form eines Zerstörungswunsches entgegen. Für das Kind ergibt sich aus dem Prozess der Ent-Anpassung eine große, schwer zu bewältigende Herausforderung. Es muss nämlich nun damit beginnen, zu einer „Anerkennung des Objekts" als ein Wesen mit eigenem Recht zu gelangen.

Das Ernstnehmen dieser primären Anerkennungsdimension ermöglicht es nachgerade, ein alternatives pädagogisches Konzept zu vertreten, das momentan nicht dem gesellschaftlichen und pädagogischen Mainstream entspricht (vgl. Gerspach i. d. B.). Ein Konzept, welches das Verstehen und den Zugang zur inneren Welt (der eigenen, derjenigen des Gegenübers) ins Zentrum stellt und somit die Bedeutung von Bindung und Solidarität für das Subjekt hervorheben kann. Die psychoanalytische Pädagogik richtet hier einen besonderen Fokus auf emotionales Lernen als Bedingung kognitiven Lernen. Im Mittelpunkt steht dabei der Umgang mit Triebwünschen, deren Artikulation und Zügelung. Es geht darum, Affekte mit Kognition, Definition von Situationen und Handeln in Einklang zu bringen. Die Bedeutung dieser Aufgabe für die Kulturfähigkeit der Menschen wird in der derzeitigen Bildungsdebatte häufig übersehen und unterschätzt, und doch gibt es erfolgreiche Projekte, die zeigen, wie ein förderlicher psychoanalytisch pädagogischer Umgang mit solchen intergenerationalen destruktiven Konflikten – wie oben angesprochen – in der Pädagogik konkret aussehen kann.

Die Einbeziehung *der äußeren Dimension* einer pädagogischen Praxis wird durch den kulturkritischen Hintergrund der psychoanalytischen Pädagogik offen gehalten. Ein wesentlicher Tragpfeiler einer Pädagogik in einer demokratischen Gesellschaft ist die Herstellung bzw. Wiederherstellung sowie die Aufrechterhaltung von Handlungsfähigkeit der Subjekte. Hierbei gibt es gute Gründe, die objektiven ökonomischen und strukturellen Bedingungen einer Lebenssituation, einer Krise oder eines Scheiterns wahrzunehmen und falsche Psychologisierung zurückweisen, die als psychologische Schuldzuweisungen imponieren.

Eine demokratische Alltagskultur wird durch Partizipation der Subjekte gewährleistet, d.h. durch Strukturen, die Selbstwirksamkeitserfahrungen ermöglichen. Dies fördert und stärkt jene Kräfte, die vernünftige, kommunikative Formen des Umgangs mit Konflikten hervorbringen, sie bietet die besten Aussichten, dass Individuen mit Selbstvertrauen heranwachsen, es gewohnt sind, ihre Bedürfnisse und Interessen auszusprechen und die anderer anzuerkennen und bezüglich der bestehenden Differenzen einen Konsens auszuhandeln. Eine solche pädagogische Praxis zeichnet sich dadurch aus, dass dem Kind bzw. Jugendlichen wesentliche Erfahrungsmodi zur Entwicklung einer starken psychischen Widerstandsfähigkeit ermöglicht wird: D.h., Erfahrungen der Selbstwirksamkeit über ein erfolgreiches Handeln in der Alltagswelt; Erfahrungen des Selbstwertes über Rückmeldungen durch signifikante Andere sowie Erfahrungen der Selbst-Einbindung über eine Integration in eine größere Gemeinschaft.

Diese Sachverhalte verweisen darauf, dass Partizipation ein zentrales Paradigma für die Pädagogik sein muss. Unter Beachtung des Spannungsverhältnisses von Autonomie und Abhängigkeit, das dem Kinderleben unterlegt ist, gilt es daher verstärkt Antworten auf die Frage zu finden, wie Kinder und Jugendliche dabei unterstützt werden können, sich an demokratischen Prozessen und Entscheidungsfindungen unserer Gesellschaft zu beteiligen (vgl. Sturzenhecker i. d. B.). Dazu zählt auch die Relevanz der UN-Konvention für die Rechte des Kindes, die es in den verschiedenen pädagogischen Praxen deutlicher herauszustellen gilt (vgl. Sünker 2003). Dies ist ein wichtiger Weg, langfristig wirkmächtig gegen Verächtlichmachung und Beschämung von Kindern und Jugendlichen zu streiten. Mit Freud (1927) ist es weiterhin ein Ziel der psychoanalytischen Pädagogik, die Kinder und Jugendlichen im Prozess der Einsicht zu begleiten, dass Schwäche und Hilflosigkeit durch Größen- und Rachephantasien nicht aus der Welt zu schaffen sind.

Literatur

Ahrbeck, Bernd (2007): Hyperaktivität, innere Welt und kultureller Wandel. In: Ahrbeck (2007): 13-49

Ahrbeck, Bernd (Hrsg.) (2007): Hyperaktivität. Stuttgart: Kohlhammer

Arnold, Rolf; Siebert, Horst (1995): Konstruktivistische Erwachsenenbildung. Hohengehren: Schneider Verlag, Baltmannsweiler

Bauman, Zygmunt (1997): Flaneure, Spieler und Touristen. Essays zu postmodernen Lebensformen. Hamburg: Hamburger Edition

Boenicke, Rosemarie (1998): Autopoesis im Klassenraum? Begründungsprobleme von Konzepten selbstgesteuerten Lernens. (Habilitationsvortrag TU-Darmstadt), S. 1-20

Borst, Eva (2004): Sozialpädagogische Bildungsvorstellungen. In: neue praxis 34. 3. 259-270

Bosshart, David (1995): Die Neuerfindung des Menschen. In: TopTrends. Die wichtigsten Trends für die nächsten Jahre. Düsseldorf: Metropolitan Verlag, S. 139-165

Bröckling, Ulrich (2007): Das Unternehmerische Selbst. Frankfurt a. M: Suhrkamp

Busch, Hans Joachim (2009): Das Unbehagen in der Spätmoderne. In: Dörr et al. (2009): 33-53

Busch, Hans Joachim (Hrsg.) (2007): Spuren des Subjekts. Positionen psychoanalytischer Sozialpsychologie. Göttingen: Vandenhoeck & Ruprecht

Dörr, Margret; Aigner Josef. Ch. (Hrsg.) (2009): Das neue Unbehagen in der Kultur und seine Folgen für die psychoanalytische Pädagogik. Göttingen: Vandenhoeck & Ruprecht

Foucault, Michel (1976): Überwachen und Strafen. Die Geburt des Gefängnisses. Frankfurt a. M.: Suhrkamp

Foucault, Michel (1977): Der Wille zum Wissen. Sexualität und Wahrheit I. Frankfurt a. M.: Suhrkamp

Fromm, Erich (1960): Wege aus einer kranken Gesellschaft. Frankfurt a. M.: Europäische Verlagsanstalt

Gall, Reiner (2001): Warum es gut sein kann, böse Menschen schlecht zu behandeln! Coolness-Training® (CT) für gewaltbereite Kinder und Jugendliche – ein Konzept zur konfrontativen Pädagogik. In: Lernende Schule 2001. 13. 44-49

Gerkens, Gerd (1994): Besser verkaufen ohne Strategie. Der befreite Verkäufer. Düsseldorf: Econ

Gerlach, Alf (2008): Intimität als Gegenwehr und Tyrannei der Intimisierung. Psychoanalytische Anmerkungen am Beispiel des Films *Die Truman Show* von Peter Weir. In: Psyche 62. 9/10. 1068-1076

Gerspach, Manfred (2009): Über den heimlichen Zusammenhang von Bildung und Aufmerksamkeitsstörungen. In diesem Band

Haubl, Rolf (2007): Be cool! Über die postmoderne Angst, persönlich zu versagen. In: Busch (2007): 111-133

Hilgers, Micha (2005): Scham. Gesichter eines Affekts. Göttingen: Vandenhoeck & Ruprecht

Honneth, Axel (1994): Kampf um Anerkennung. Zur moralischen Grammatik sozialer Konflikte. Frankfurt a. M.: Suhrkamp

Honneth, Axel (2002): Organisierte Selbstverwirklichung. In: Honneth (2002): 141-158

Honneth, Axel (Hrsg.) (2002): Befreiung aus der Mündigkeit. Paradoxien des gegenwärtigen Kapitalismus. Frankfurt a. M.: Campus

Hörster, R., Müller, B. (1996): Zur Struktur sozialpädagogischer Kompetenz. Oder: Wo bleibt das Pädagogische der Sozialpädagogik. In: Combe, A., Helsper, W. (Hrsg.): Pädagogische Professionalität. Frankfurt a. M., S. 614-648

Illiouz, Eva (2009): Die Errettung der modernen Seele. Frankfurt a. M.: Suhrkamp

Illouz, Eva (2006): Gefühle in Zeiten des Kapitalismus. Frankfurter Adorno-Vorlesungen 2004. Frankfurt a. M.: Suhrkamp

Lansky, Melvin R. (2008): Beobachtungen zur Dynamik der Einschüchterung: Spaltung und projektive Identifizierung als Abwehrmanöver gegen Scham. In: Psyche 62, 9/10. 929-961

Marcuse, Herbert (1978):Triebstruktur und Gesellschaft. Frankfurt a. M.: Suhrkamp

Neckel, Sighard (1991): Status und Scham. Zur symbolischen Reproduktion von sozialer Ungleichheit. Frankfurt a.M., New York: Campus

Pongratz, Ludwig A. (2003). Zeitsurfer – Beiträge zur Kritik der Erwachsenenbildung. Weinheim: Deutscher Studienverlag

Pongratz, Ludwig A. (2005). Untiefen im Mainstream. Zur Kritik konstruktivistisch systemtheoretischer Pädagogik. Wetzlar: Büchse der Pandorra

Redl, Fritz; Wineman, David (1984): Kinder, die hassen. Auflösung und Zusammenbruch der Selbstkontrolle. München: Piper Verlag

Reissner, Bert (2004): Unbeschulbare Grundschüler gibt es nicht. Konfrontative Pädagogik in Kooperation von Schule und Jugendhilfe mit Kindern aus Multiproblemfamilien. In: Weidner et al. (2004): 197-210

Scheifele, S. (2009): Rebellion und Fanatisierung als Reaktionen auf die Erschütterung der väterlichen Autorität. Vortrag auf der Joseph Sandler Research Conference, „Religion und Fanatismus – Wiederkehr eines Themas", März 2009, S. 1-13

Schrenk, Jakob (2007): Die Kunst der Selbstausbeutung. Köln: DuMont Verlag

Sennett, Richard; Cobb, Jonathan (1972): The Hidden Injuries of Class. London/New York: Vintage Press

Sesink, Werner (2002): Vermittlungen des Selbst. Eine pädagogische Einführung in die psychoanalytische Entwicklungstheorie D.W. Winnicotts. Münster: Litt

Sünker, Heinz (2003): Politik, Bildung und Soziale Gerechtigkeit. Perspektiven für eine demokratische Gesellschaft. Frankfurt a.M.: Peter Lang

Voß, Günter; Pongratz, Hans (1998). Der Arbeitskraftunternehmer. Eine neue Grundform der Ware Arbeitskraft? In: Kölner Zeitschrift für Soziologie und Sozialpsychologie 50. 1. 131-156

Weidner, Jens; Kilb, Reiner (Hrsg.) (2004): Konfrontative Pädagogik. Konfliktbearbeitung in sozialer Arbeit und Erziehung. Wiesbaden: VS-Verlag

Winnicott, Donald W. (1971): Übergangsobjekte und Übertragungsphänomene. In: ders. Vom Spiel zur Kreativität. Stuttgart: Ernst Klett, 1979

Wurmser, Léon (1990): Die Maske der Scham. Die Psychoanalyse von Schamaffekten und Schamkonflikten. Berlin: Springer Verlag

http://www.spiegel.de/unispiegel/jobundberuf/0,1518,535005,00.html letzter Zugriff vom 11.08.2009

Sozialpsychologische Überlegungen zu Angst und Bildung

Fitzgerald Crain

Die Schweiz: ein Sonderfall?

In einem Referat vor Lehrkräften betonte ein hoher Beamter des Erziehungsdepartements von Basel-Stadt durchaus selbstkritisch, Schule könne heute nicht mehr mit dem Ziel einer umfassend verstandenen Bildung begründet werden. Schule legitimiere sich vielmehr dadurch, dass sie eine funktionale, der Wirtschaft dienende und wirkungsorientierte *Ausbildung* ermögliche. Kurze, auf Verhaltensänderung angelegte Programme wie Triple P oder das Anti-Aggressivitäts-Training sind ebenso aktuell in Erziehung und Sozialpädagogik wie behavioral orientierte Interventionstechniken in der Psychotherapie. Fürsorglichkeit in der Erziehung wie im Unterricht wird oft als „Kuschelpädagogik" abgewertet. Vermehrt wird auf Repression und Kontrolle gesetzt, indem beispielsweise seit Januar 2007 ein verschärftes Jugendstrafrecht in Kraft ist und erstmals in der Schweiz Jugendgefängnisse geplant sind – das erste in Uitikon bei Zürich. Auch in der Schweiz ist der Trend zur Normalisierung festzustellen, indem – entgegen dem proklamierten Ansatz, jedes Kind nach seinen individuellen Begabungen zu fördern – umfassende Leistungs- und Entwicklungstests zum Einsatz kommen sollen, mit denen Schülerinnen und Schüler an einem allgemein gültigen Maßstab gemessen werden. Auch in der Schweiz werden zunehmend aus gestörten Verhältnissen individuelle Probleme, da kindliches Verhalten individualisiert, biologisiert und als ADHS primär medizinisch behandelt wird. Einer repressiven beziehungsweise behavioralen Tendenz in Erziehung und Bildung entsprechen auf der politischen Seite vom Volk angenommene Initiativen wie jene von 2004, die eine lebenslange Verwahrung von „extrem gefährlichen" Sexual- und Gewaltstraftätern ermöglicht – eine Initiative, deren Rechtsgrundlage unhaltbar ist, da unvereinbar mit der europäischen Menschenrechtskonvention.

Das alles sind Tendenzen, nicht mehr. Schaut man genau hin, so erweist sich alles als viel komplexer. Ein Schulausschluss kann unter bestimmten Voraussetzungen durchaus Sinn machen – fragwürdig ist er als Ausdruck einer allgemein zunehmenden Repression, die nicht *auch* das Interesse der Ausgeschlossenen im Blick hat. Ein Jugendgefängnis vermag ein Ort zu sein, der bei bestimmten Straftätern eine sinnvolle Resozialisierung möglich macht. Problematisch ist wiederum das verschärfte Jugendstrafrecht als Ausdruck eines weit verbreiteten gesellschaftlichen Bedürfnisses, schwierige Menschen einfach wegzusperren. Die heutige Bildungslandschaft ist gekennzeichnet von Widersprüchen. Es gibt nicht nur die repressiven Entwicklungstendenzen. Die Emanzipation des Individuums, verbesserte Chancengerechtigkeit, Integration von jungen Menschen mit Migrationshintergrund oder Frühförderung sind weiterhin proklamierte und durchaus auch ernst genommene Zielsetzungen.

Aber eine verbreitete Grundhaltung, die auf mehr Repression und mehr Kontrolle in Bildung und Erziehung zielt, ist doch offensichtlich – wie ist dies zu erklären? Sowohl psychologische als auch wirtschaftliche, technische oder politische Faktoren müssen berücksichtigt werden, wenn man sich der äusserst komplexen Fragestellung nähern will. Leicht wird man dazu verführt, die Antwort in einem eindimensionalen Deutungsmuster zu finden, beispielsweise in einem Erklärungsansatz, der alles auf die neoliberale Wirtschaftspolitik zurückführt. So wichtig Naomi Kleins (2007) diesbezügliche Interpretation der Geschichte der letzten Jahrzehnte ist, so sollte sie kritisch diskutiert und um die sozialpsychologische Dimension erweitert werden. Zu untersuchen wäre, wie aus politischen, wirtschaftlichen oder sozialen Makroentwicklungen individuelle Befindlichkeit, individuelle Interaktionsmuster und Kommunikationsprobleme, Verhaltensmuster und Störungen menschlicher Verhältnisse werden. Antworten darauf müssten in einem interdisziplinären Dialog von Wirtschaftswissenschaft, Soziologie, Politologie und Psychologie gesucht werden.

Nicht die Ursachenforschung soll hier im Zentrum stehen. Vielmehr soll die These begründet werden, dass sich die Schule an einem umfassenden Bildungsgedanken orientieren müsste. Von einem sozial- und entwicklungspsychologischen Gesichtspunkt aus soll begründet werden, warum reflexive Kompetenz als wesentliches Element von Bildung zu betrachten ist.

Angst und Angstkontrolle

Ausgangspunkt der Überlegungen ist der Aspekt der Angst. Angst und Angstabwehr nehmen in der psychoanalytischen Theorie seit jeher einen wesentlichen Stellenwert ein. Ich begreife die Angst – Erich Fromm (u. a. 2003) oder der Bindungsforschung folgend – als ein existentielles, von der menschlichen Triebnatur unabhängiges Motivationssystem. Angst, so Fromm, gehört zum Wesen des Menschen. Der Mensch wird sich seiner Existenz selbstreflexiv bewusst. Er weiss um seine Endlichkeit und Begrenztheit. Diese Erkenntnis trifft die Menschen je nach Alter, Biographie, Geschlecht, Kultur, ihrem Status oder der Zeit, in der sie leben, ausnahmslos, aber in unterschiedlicher Weise, die stets mit Angst verknüpft ist.

Angst ist – vor allem wenn sie von wichtigen, geliebten oder idealisierten Menschen ausgeht – das wichtigste Herrschaftsmittel (vgl. Benjamin 2004). Die katholische, dann auch die protestantische Kirche haben die Angst ihrer Untertanen Jahrhunderte lang nicht nur ausgebeutet, sie haben Angst (auch in der Form der Schuld) gezielt als Mittel der Unterordnung und des abhängig Machens eingesetzt. Schockartig eingesetzte Angst, so Naomi Klein (2007), war seit den 70er Jahren das Mittel, um radikale wirtschaftliche und politische Veränderungen im Sinn des Neoliberalismus durchzusetzen – Eingriffe in das Sozialsystem beispielsweise, die von der jeweiligen Bevölkerung ohne diesen Schock niemals akzeptiert worden wären (siehe den Militärputsch und die Ermordung von Allende 1973 in Chile oder die Errichtung der Militärdiktatur 1976 in Argentinien). Angst vor dem Terrorismus wurde nach dem 11. September 2001 gezielt eingesetzt, um Menschen dazu zu bringen, ihre eigene Freiheit einzuschränken.

Angst kann durch Rituale, Mythen oder „Grosse Erzählungen“ wie die Religionen gebunden und damit kontrolliert werden. Die Moderne hat den Menschen aus vielen religiösen und sozialen Bindungen weitgehend freigesetzt. Freigesetzt hat sie damit auch Angst. Diese wird verstärkt durch eine Zukunftsangst, die sich aus verschiedenen Quellen speist. Die sich in ungeheurem Tempo verändernden Lebens- und Arbeitsbedingungen, der Klimawandel, der sich als künftige Klimakatastrophe entpuppen könnte, die Erkenntnis einer mit der Globalisierung zunehmenden Komplexität der Welt, die immer weniger durchschaubar scheint und wirtschaftliche Krisen verstärken die Angst.

Welches sind die Folgen der Angst? Angst, sofern sie ausgehalten („contained“) und anerkannt wird, ist grundsätzlich sinnvoll, da sie uns dazu veranlasst rationale Lösungen zu suchen, welche Angst zu reduzieren oder zu eliminieren vermögen. Angst aber, die nicht ausgehalten und nicht anerkannt wird, verhindert gerade die Reflexion, die nötig wäre. Damit blockiert sie einen rationalen – und das heisst auch einfühlsamen und mitfühlenden – Zugang zum Umgang mit den vielschichtigen Problemen, die auf uns zukommen.

Angst und Angstkontrolle in Bildung und Erziehung

Angst in ihren vielfältigen und oft unerkannten Formen ist auch im Alltag der familiären Erziehung oder der Schule allgegenwärtig. Vermag mein Kind in einer späteren Welt der Konkurrenz und des wirtschaftlichen Überlebenskampfes zu bestehen? Genüge ich als Lehrerin oder Lehrer den Anforderungen, die an mich gestellt werden? Entspreche ich den Erwartungen des Lehrplans, der Kolleginnen und Kollegen, der Schulleitung, der Angehörigen? Vermag ich mich in einer schwierigen Klasse durchzusetzen? Wie reagiere ich auf freches, arrogantes Verhalten von pubertierenden Jugendlichen? Manchmal ist Angst als solche erkennbar. Eine Lehrerin mag sich vor einem schwierigen Elterngespräch fürchten, ein Lehrer Angst vor einem immer wieder gewalttätigen Jugendlichen haben. Oft verbirgt sich die Angst unerkannt hinter dem Stress, den eigenen hohen Ansprüchen nicht gewachsen zu sein. Unerkannt wirkt die Angst, wenn sie durch autoritären Unterricht oder durch sehr hohe und die Kinder überfordernde Leistungserwartungen an die Kinder kontrolliert wird. PISA steht nicht nur für einen sachlich zu begründenden nationalen und regionalen Leistungsvergleich. PISA steht auch für individuelle und kollektive Angst, nicht zu genügen (vgl. Crain 2008).

Die eigene Angst kann für die Angst oder die Unsicherheit anderer Menschen sensibilisieren. Angst, wenn sie nicht angenommen wird oder ein bestimmtes Mass überschreitet, kann die Fähigkeit der Reflexion blockieren. Was dies für Bildung und Erziehung bedeutet, soll an einem Beispiel erläutert werden. Wenn ich im Unterricht mit einem schwierigen Kind zu tun habe, das den Blickkontakt meidet, sehr unruhig ist, fortwährend herumspringt und meine Aufforderungen nicht beachtet, so kann mir meine Fähigkeit zur Reflexion helfen zu verstehen, was hier abläuft. Reflexive Kompetenz heisst beispielsweise, dass ich mir meiner eigenen narzisstischen Kränkung bewusst werde. Das schwierige Kind ist kein anerkennendes Kind (vgl. dazu Benjamin 1996), sein Verhalten lässt mich ratlos und ohnmächtig zurück, weckt vielleicht Wut und sogar Hassgefühle in mir. Reflexive Kompetenz heisst, dass ich meine innere Welt anerkenne. Tue ich das nicht, wird sie sich unerkannt in meinem Verhalten manifestieren.

Reflexive Kompetenz heisst aber auch, dass ich mich in das schwierige Verhalten des Kindes hinein zu versetzen suche. Ich nehme nicht nur das Verhalten als solches wahr, sondern versuche zu verstehen. Ich bilde Hypothesen. Welche dieser Hypothesen hilfreich ist, kann sich erst im weiteren Verlauf zeigen und ob meine Vermutung zutrifft, ist grundsätzlich unsicher. Der Versuch, das kindliche Verhalten aus verschiedenen Perspektiven zu sehen – die Fähigkeit, im Modus des „als ob“ zu reflektieren – ist jedoch eine Bedingung dafür, dass ich dem Kind offener gegenüber zu treten vermag (vgl. Fonagy/Gergely/Jurist/ Target 2004; Crain 2007).

Im besten Fall hat mir meine Ausbildung zur Lehrkraft ein Grundlagenwissen in die Hand gegeben, das den Verstehensprozess erleichtert. Von meinen bindungstheoretischen Kenntnissen her vermag ich die Hypothese aufzustellen, dass auch dieses scheinbar Bindung abweisende Kind auf Bindung angewiesen ist und Bindung sucht. Ich kann die Hypothese formulieren, dass dieses Kind, das den Blickkontakt meidet, mit seinem Verhalten zugleich alles tut, damit ich es fortwährend „im Auge" habe. Im optimalen Fall öffnet der Reflexionsprozess das Bild vom Kind, was das Verhalten der Lehrerin oder des Lehrers beeinflusst, damit wiederum auch das Verhalten des Kindes. Sicher ist das nicht, eine Garantie gibt es nicht. Es ist dies aber der einzige Weg, einen Prozess in Gang zu setzen, der das Selbst des Kindes stärkt und sein Verhalten der Situation angemessener werden lässt.

Was aber, wenn ich nicht bereit bin, mich auf diesen Prozess einer fortwährenden Reflexion einzulassen? Dies kann verschiedene Gründe haben. Es kann an mir selbst liegen, da mir das kindliche Verhalten auf unannehmbare Art unheimlich, fremd ist und Angst macht. Es kann daran liegen, dass ich mich in einem Zustand fortwährenden angstbedingten Stresses befinde, so dass ich keine reflektierende Distanz einzunehmen vermag. Es kann sein, dass ich mich allein gelassen fühle, da mir eine sichere Bindungsbasis im Schulhaus – im Team, im Kollegium – fehlt. Vielleicht verfüge ich von der Ausbildung her auch nicht über das Wissen, das es mir erlauben würde, sinnvolle Hypothesen zu bilden.

Welches sind die möglichen Folgen mangelhafter Reflexionsfähigkeit? Ich nehme nur wahr, wie sich das Kind *verhält*, ohne seine innere Welt verstehen zu können. Ich handle auch auf dieser Verhaltensebene, vielleicht notgedrungen repressiv, wenn es ein störendes Verhalten ist. Vielleicht gelingt es mir, das Verhalten als Ausdruck eines individuellen *Krankseins* zu sehen, das hirnbiologisch zu interpretieren und medizinisch als ADHS zu behandeln ist. Ich suche nach kurzfristigen Lösungen, mit denen das Problem, das ganz und gar als das Problem dieses individuellen Kindes erscheint, behandelt werden kann.

Von einem psychodynamischen Gesichtspunkt aus werde ich damit dem Kind niemals gerecht, da es sich nicht erkannt, nicht anerkannt und zurückgewiesen fühlt. Das schwierige Kind bleibt ein nicht anerkennendes Kind, was meine Ohnmacht und Hilflosigkeit und was auch meine Wut auf dieses Kind vergrößern kann. Indem ich mich emotional vom Kind zurückziehe, verstärkt sich wiederum die (oft unbewusste) Angst des Kindes, was es noch unruhiger und störender werden lässt.

Reflexive Kompetenz: ein vorrangiges Bildungsziel

Das Fehlschlagen der Beziehung zwischen der Lehrkraft und dem schwierigen Kind aufgrund fehlender Reflexion mag als individuelles Problem einer bestimmten erwachsenen Person mit einem bestimmten Kind erscheinen. Es gibt jedoch zugleich eine überindividuelle, eine (bildungs-)politische Dimension. Denn die Frage lautet, welches Ziel mit dem Unterricht erreicht werden soll. Was lehren uns die ökologischen, wirtschaftlichen und technischen Entwicklungen? Doch vor allem dies, dass wir immer weniger wissen, wie die Welt in zwanzig oder dreissig Jahren aussehen wird. Welches werden die politischen Veränderungen im Verhältnis zwischen den Großmächten von heute und jenen von morgen sein? Wie wird sich die Energiesituation präsentieren und wie wird es sein, wenn das Zeitalter des billigen Öls zu Ende geht? Wie werden die Menschen mit dem Problem des immer knapper werdenden Wassers umgehen? Wie werden die verschiedenen Konfliktebenen wirtschaftlicher, sozialer, politischer und ökologischer Art miteinander interagieren? Wir wissen es nicht. Was wir mit einer grossen Wahrscheinlichkeit annehmen können ist eine Zunahme des Konfliktpotentials und damit eine Zunahme von Angst, Unsicherheit und Gefühlen der Ohnmacht.

Reflexive Kompetenz ist eine Grundbedingung für rationales Problemlösen – heute wie auch im Morgen, das bereits begonnen hat. Reflexive Kompetenz muss früh und auf spielerische Weise eingeübt werden. Reflexivität muss eine Grundkompetenz in der Schule sein, da Kinder lernen, in Zusammenhängen zu denken, die immer auch geschichtliche und politische Zusammenhänge sind. Nicht zuletzt wird sie auch in der Hochschulbildung eine herausragende Rolle spielen müssen. Da wir das Wissen um die Gesellschaft von morgen nicht vermitteln können, müssen wir jene Kompetenzen stärken, die es erlauben, mit der Komplexität der zukünftigen Welt bestmöglich umzugehen. Reflexive Kompetenz ist also nicht nur eine Voraussetzung, die der Lehrperson erlaubt, ein schwieriges Verhalten besser zu verstehen und angemessener zu handeln, sie sollte ein grundlegendes Ziel des Unterrichts sein. Mit anderen Worten: Bildung sollte in einem umfassenden Sinn verstanden werden und gerade nicht als Ausbildung, ausgerichtet nur auf die Bedürfnisse einer Wirtschaft, die niemals Prognosen für die zukünftige Arbeits- und Lebenswelt zu machen vermag.

Auf die pädagogische und sonderpädagogische Ausbildung bezogen bedeutet das: die Studierenden sollten sich mit den unterschiedlichen wissenschaftlichen Erklärungsansätzen auseinandersetzen, so dass sie einzelne Problemsituationen aus verschiedenen Perspektiven zu sehen vermögen. Sie sollten, mit anderen Worten, darin geübt werden, im Modus des „Als-ob" zu denken. Sie sollten sich zugleich der geschichtlichen und politischen Bedingtheit der verschiedenen Theorien – und immer auch ihrer eigenen subjektiven Theorien – bewusst werden. Anders gesagt: sie sollten wissen, dass Theorien Annäherungen an die Wirklichkeit sind und nicht mehr und dass jene wissenschaftlichen und subjektiven Theorien, die ihr Handeln leiten, immer auf kulturellen, sozialen, biographischen oder geschlechterspezifischen Voraussetzungen beruhen.

Solidarität oder die Balance zwischen Selbstbehauptung und Anerkennung

Die Welt von heute, die Welt von morgen: sie ist nicht nur auf Reflexion, sie ist auch auf solidarisches Handeln angewiesen. Der Begriff der Solidarität wurde im Zeitalter des Neoliberalismus abgewertet. „Ich kenne keine Gesellschaft, ich kenne nur Individuen", dieser Margaret Thatcher zugeschriebene Satz kennzeichnet sowohl ein Konzept des Menschen, der grundsätzlich allein ist, als auch ein Konzept der Gesellschaft, die aus atomisierten Einzelnen besteht. Diese vielen Einzelnen kämpfen um einen sicheren Platz in einer Gesellschaft, die als eine hierarchische zu verstehen ist. Es ist, wie Kissling (2008) für die Schweiz statistisch belegt, eine auf zunehmende Ungleichheit und nicht auf mehr Gleichheit angelegte Gesellschaft.

Die Bildung (als Ausbildung) hat sich der ökonomischen Logik zu unterwerfen. Gefragt ist nicht das Individuum, das seine eigene Position reflektiert, das unter den gesellschaftlichen Umständen leiden mag, dieses Leiden auch artikuliert und beispielsweise die Forderung nach mehr Gleichheit stellt. Gefragt ist nicht das Individuum, das lernt solidarisch zu sein. Sprache ist verräterisch. Nicht die Fähigkeit zu solidarischem Handeln soll heute gefördert werden, vielmehr geht es bei der „Beschulung" der Kinder und Jugendlichen um soziale „Techniken", „Fertigkeiten" und „kommunikative Kompetenzen", mit denen sich das Individuum im Überlebenskampf besser durchzusetzen vermag.

Aber ist die Forderung nach solidarischem Handeln nicht zu idealistisch gedacht? Beweist die Geschichte nicht täglich, dass menschliche Beziehungen – wie dies schon Freud (z.B. 1932) betont hat – grundsätzlich Machtbeziehungen sind, Verhältnisse, die letztlich auf Gewalt basieren? Die moderne Psychoanalyse, wie sie hier verstanden wird – eine Theorie des Selbst, eine interpersonale oder intersubjektive Theorie – hebt im Gegensatz zu Freud die Fähigkeit des Menschen zu einer herrschaftsfreien Beziehung hervor. Mutter-Kind- (oder Vater-Kind-)-Interaktionen können, im Fall der Affektabstimmung (Stern 2003), herrschaftsfrei sein. In einer Interaktion, in der es auf Seiten der erwachsenen Person um das absichtslose „to join“ und „to share“ (ebd.) geht, wird das Kind anerkannt und anerkennt seinerseits wieder sein Gegenüber. Erfahrungen der Affektabstimmung sind eine Grundlage für sichere Bindung. Sichere Bindung wiederum ist eine Voraussetzung für Exploration und Lernfreude.

Erfahrungen der Bindung auf der Grundlage der Gegenseitigkeit sind möglich. Zugleich aber gibt es ein autonomes Bedürfnis der Selbstbehauptung. Das Kind der Wiederannäherungsphase (umgangssprachlich die Trotzphase, vgl. Mahler/Pine/Bergman 2003) beispielsweise möchte seine Autonomie bewahren, die in der vorhergehenden Zeit so unhinterfragt schien. Es beharrt darauf, einzigartig zu sein und in dieser Einzigartigkeit anerkannt zu werden. Sich auf Hegel berufend interpretiert dies Benjamin (2004) als das Bedürfnis des einzelnen Menschen, sich absolut zu setzen. Gelingt dies dem Kind, so nimmt es die Position der Macht ein und der Elternteil befindet sich in der Position der Ohnmacht – eine in der heutigen Erziehung immer wieder zu beobachtende Konstellation. Als Mächtiges steht das Kind oben, was durchaus einen vordergründigen Lustgewinn ermöglicht. Zugleich aber fehlt dem Kind ein Gegenüber, das ein lebendiges Gegenüber ist und das Halt und Sicherheit zu geben vermag. Die scheinbare Macht ist mit Ohnmacht und Angst verknüpft.

Das Kind bedarf eines Gegenübers, das ebenfalls darauf besteht, als einzigartig wahrgenommen und anerkannt zu sein. Mit Winnicott (2002) könnte man auch sagen: das Kind möchte, indem es auf seiner Einzigartigkeit und absoluten Selbstbehauptung beharrt, sein Gegenüber „zerstören.“ Es muss die Erfahrung machen, dass diese oder dieser Andere „überlebt“, indem er oder sie auf einfühlsame Weise Widerstand leistet. Im optimalen Fall gelingt es, mit den Worten von Benjamin (ebd.), immer wieder eine Balance herzustellen zwischen der Selbstbehauptung („ich bin einzigartig“) und der Anerkennung („ich anerkenne deine Einzigartigkeit“). Diese Balance ist immer fragil, sie ist nie endgültig erreicht, sondern muss immer wieder neu „erarbeitet“ werden (vgl. dazu ausführlich Crain 2005).

Geschichte kann gelesen werden als ein fortwährendes Ringen um Einzigartigkeit und Anerkennung und ein ebenso fortwährendes Scheitern der Balance. Die Geschichte, wie sie uns in der Schule präsentiert wird, erscheint oft als eine unendliche Folge von Macht-Ohnmacht-Verhältnissen, von Eroberung, Diskriminierung, Verfolgung und Destruktivität. Nicht nur, natürlich, aber doch zu einem grossen Teil – und die moderne Geschichte macht hier keine Ausnahme. Zugleich ist das Krisenpotential heute so groß, dass man sich eine kriegerische Bewältigung in der Zukunft nicht mehr leisten kann. Die Probleme der Zukunft können nur konstruktiv angegangen werden, wenn es immer wieder Annäherungen an die Balance zwischen Selbstbehauptung und Anerkennung gibt, sei es auf individueller Ebene, sei es zwischen den Generationen, den Geschlechtern, den Nationen.

Zur bildungspolitischen Situation in einer Zeit des Umbruchs

Das Konzept des atomisierten und auf seine Bedürfnisse fixierten Individuums war wissenschaftlich gesehen stets unhaltbar. Dass Menschen auf Bindung in einem ganz primären Sinn angewiesen sind, ist eine Standardaussage der Bindungsforschung, sie findet sich im Grunde bereits im Freud'schen Begriff des Eros und in der Marx'schen Sicht des Menschen als „soziales Wesen." Sie wird auch von der modernen Psychoanalyse oder der Hirnforschung bestätigt.

Es ist an der Zeit, radikal (im Sinne von „an die Wurzel gehend") in Alternativen zu denken, im Hinblick sowohl auf politische als auch auf wirtschaftliche Fragestellungen. Viele Erklärungsansätze im Zusammenhang mit der Wirtschaftskrise von 2008/2009 verharren jedoch weiter in der gewohnten Logik. Die Gier sei eine anthropologische Konstante, heisst es beispielsweise, womit das Problem nicht in seinem ökonomisch-systemischen Zusammenhang gesehen, sondern individualisiert und auf die wohl unveränderbare menschliche Natur zurückgeführt wird.

Wenn Alternativen in Politik, Wirtschaft und Bildung angedacht werden, so müssten sowohl der Aspekt der notwendigen Reflexivität als auch des solidarischen Handeln mit berücksichtigt werden. Was Bildung und Erziehung betrifft: Wie sieht dies heute aus? Welches wären die notwendigen Konsequenzen?

Wir befinden uns, nach der Wirtschaftskrise, die doch eine Systemkrise und damit eine politische Krise ist, in einer Zeit des notwendigen Wandels. Die Bildungspolitik aber scheint noch stark der alten und primär ökonomischen Logik verhaftet. Dies zeigt sich in der Schweiz beispielsweise daran, dass die finanziellen Mittel, die vom Bund den Hochschulen zugesprochen werden, nach der Summe der Credit Points berechnet werden. Je mehr Studierende eine Hochschule hat und je mehr Credit Points vergeben werden, umso höher die Summe, die der Hochschule zur Verfügung steht. Da zugleich ein immer größerer Teil der Gelder für eine zunehmende Administration benötigt wird, wird die Betreuungsqualität eher verschlechtert und die Lehre wird tendenziell abgebaut.

Während meiner eigenen Tätigkeit als Dozent an Universität und Pädagogischer Hochschule belegten die Studierenden der Heil- und Sonderpädagogik in zwei Jahren insgesamt während zwölf Semesterwochenstunden das Fach „Psychologische Grundlagen der Heilpädagogik“ mit einem Schwerpunkt „Psychoanalytische Pädagogik“, sechs weitere Semesterwochenstunden mit dem Fach Entwicklungspsychologie und insgesamt weitere acht Semesterwochenstunden mit dem Fach Psychopathologie. Neu soll der Umfang der Psychologie- und Psychopathologievorlesungen auf weniger als die Hälfte des bisherigen Umfangs reduziert werden (zur Situation an den schweizerischen Universitäten vgl. Hügli/Küchenhoff/Müller 2007).

Ist es nur ökonomische Notwendigkeit? Oder steckt dahinter auch eine andere Logik, eine Art „heimlicher Lehrplan“? Ist das Ziel die „Austreibung der Kritik aus der Wissenschaft“ (Vinnai 1993)? Reflexionsfähigkeit, im Alltag des Unterrichts mit schwierigen Kindern und Jugendlichen und ihren Angehörigen von grösster Bedeutung, wird mit diesem neuen Ausbildungskonzept marginalisiert. Die Studierenden werden nicht mehr darauf vorbereitet, sich grundsätzlich und zeitintensiv mit den verschiedenen Theorien und ihren Handlungskonzepten auseinanderzusetzen. Das Studium wird mit der Modularisierung zudem fragmentiert, wobei es den Studierenden schwer fällt, die verschiedenen Theoriefragmente in einen Zusammenhang zu bringen. Die Frage nach den gesellschaftlichen beziehungsweise ökonomischen Voraussetzungen stellt sich nicht mehr.

Eine Entwicklung wird nachvollzogen, welche die universitäre Psychologie schon lange hinter sich gebracht hat. Noch in den späteren 70er Jahren hatte das Psychologiestudium an der Universität Basel einen psychoanalytischen Schwerpunkt. Der Nachfolger des damaligen Lehrstuhlinhabers verstand die Psychologie jedoch als reine Naturwissenschaft. Von qualitativen Forschungsansätzen war keine Rede mehr, Forschung orientierte sich am Ideal des Experiments, das heisst der im Idealfall vollständig kontrollierten Laborsituation. Vor wenigen Jahren wurde die Psychologie, die sich jetzt auch explizit als Naturwissenschaft versteht, aus der Philosophisch-Historischen Fakultät herausgelöst und zu einer eigenen Fakultät. Diese Entwicklung verlief an allen deutschschweizerischen Universitäten ähnlich. Natürlich war damit auch die Ausbildung der angehenden Pädagoginnen und Pädagogen betroffen, die heute von der Psychoanalyse – als *der* reflexiven und selbstreflexiven Wissenschaft – kaum mehr etwas mitbekommen. Es fehlen ihnen damit wesentliche wissenschaftliche Erkenntnisse, die ihnen gerade in der Arbeit mit schwierigen Kindern helfen würden, entsprechende Hypothesen zu bilden und offen zu werden für alternative Sichtweisen. Es fehlen ihnen Theorien, die ihnen helfen, auch jene Verhaltensweisen wenigstens annähernd besser zu verstehen, die befremden oder Angst machen und welche die Lehrkraft mit ihrer Hilflosigkeit konfrontieren. Zu denken ist an die Arbeit mit jungen Menschen mit einer geistigen Behinderung, an die Konfrontation mit jungen Menschen, die gewalttätig werden oder mit Kindern, die in einem hohen Mass unruhig sind oder sich von schulischem Lernstoff nicht ansprechen lassen.

Ohne Reflexion – die immer Selbstreflexion miteinschliesst – und ohne theoretisches Fundament, das Reflexion ermöglicht, bleibt die Lehrperson in ihrer Arbeit vorwiegend auf der Ebene des Verhaltensmässigen. Dies bedeutet eine tiefe Kränkung und Vernachlässigung auf der Seite der betroffenen Kinder und Jugendlichen, aber es lässt auch die Lehrperson selbst immer wieder hilflos und letztlich leer zurück. Dass Gefühle der Überforderung und Burnout zunehmen lässt sich leicht nachvollziehen.

Das alles ist nicht nur eine Frage der Ausbildung. Als ich in einer schulischen Weiterbildung auf den Sinn und die Notwendigkeit hinwies, Zeit und Raum für Reflexion der eigenen Arbeit zu haben, wurde ich von Lehrkräften darauf hingewiesen, dass dafür einfach keine Zeit sei, da ihre Arbeit mit Vorbereitungen, Gesprächen mit Angehörigen, organisatorischen Fragen und Vernehmlassungen aller Art mehr als ausgefüllt sei. Es ist eine Frage der eigenen Verantwortung: man kann sich die Zeit für die Reflexion nehmen, wenn die Prioritäten entsprechend gesetzt werden und der Nutzen gemeinsamer Intervision eingesehen wird. Aber dies ist wiederum nur die personale Ebene. Es gibt immer auch die sozusagen politische: Reflexion müsste auch von gesellschaftlicher, von bildungspolitischer Ebene als grundlegend angesehen werden. Sie müsste ein Anliegen nicht zuletzt der pädagogischen und heil- und sonderpädagogischen Ausbildung sein.

Schlussgedanken

Angst, dies die Ausgangsthese des Aufsatzes, ist grundlegend für den Menschen, sie gehört zu ihm, sie ist existentiell und ein Aspekt unserer „Condition Humaine“ (Fromm 2003.). Die Frage lautet, wie Menschen mit dieser Angst umgehen, wie sie diese kontrollieren, wo sie Angst annehmen können, wo Angst produktiv genutzt werden kann und wo sie zu irrationalem Verhalten führt. Das ist nicht einfach eine individuelle und biographische, es ist immer auch eine soziale, wirtschaftliche und politische Frage.

Es ist wahrscheinlich, dass das Konfliktpotential in der Welt von morgen weiter zunehmen wird. Es wird entscheidend sein, ob es gelingt, solidarische Lösungen zu finden beziehungsweise immer wieder eine intersubjektive Balance zwischen Selbstbehauptung und Anerkennung. Es wird entscheidend sein, ob es möglichst vielen Menschen auch unter den Bedingungen von Stress gelingt, sich ihrer eigenen Motive, Gedanken und Affekte bewusst zu sein und zugleich immer wieder einen Zugang zum inneren Erleben der anderen Menschen zu finden. Die Bildungspolitik kann die Welt nicht grundlegend verändern – entscheidend werden wirtschaftliche, politische und technische Faktoren sein. Trotzdem ist Bildung von grosser Bedeutung. Ich verstehe Bildung dabei als einen lebenslangen und nie abgeschlossenen Prozess, der mit der Geburt beginnt. Affektbildung, Reflexionsvermögen und Empathie sind Fähigkeiten, die in den Beziehungen bereits des sehr kleinen Kindes zu seinen wichtigsten Bezugspersonen erworben – oder nicht erworben werden.

Die psychoanalytische Pädagogik kann die Bildungspolitik nicht verändern. Aber sie kann durchaus ein Stachel sein, der immer wieder kritisch hinterfragt. Sie kann ein alternatives Konzept vertreten, welches das Verstehen und den Zugang zur inneren Welt (der eigenen, derjenigen des Gegenüber) ins Zentrum stellt. Sie kann die Bedeutung von Bindung und Solidarität hervorheben. Sie kann ein Konzept vertreten, das momentan nicht dem bildungspolitischen Mainstream entspricht – das aber zugleich jene, die unterrichten, oft sehr anspricht.

Es ist nur *ein* Aspekt, wenn auch ein wesentlicher: die psychoanalytische Pädagogik müsste wieder vermehrt ein Teil der pädagogischen Ausbildung sein, an Universitäten und pädagogischen Hochschulen oder an Hochschulen für Soziale Arbeit und Sozialpädagogik. Dazu müsste allerdings auch die psychoanalytische Gemeinschaft bereit sein, erzieherischen und sonderpädagogischen Fragen weit mehr Gewicht zu geben als sie es heute tut. Nicht zuletzt müsste sie sich kämpferisch darum bemühen, wieder Teil des universitären Psychologiestudiums zu werden.

Literatur

Benjamin, Jessica (1996): Phantasie und Geschlecht: psychoanalytische Studien über Idealisierung, Anerkennung und Differenz. Frankfurt a. M.: Fischer

Benjamin, Jessica (2004): Die Fesseln der Liebe: Psychoanalyse, Feminismus und das Problem der Macht. 3. Auflage. Frankfurt a. M.: Stroemfeld/Nexus

Crain, Fitzgerald (2005): Fürsorglichkeit und Konfrontation: Psychoanalytisches Lehrbuch zur Arbeit mit sozial auffälligen Kindern und Jugendlichen. Giessen: Psychosozial

Crain, Fitzgerald (2007): Wenn Märchen wahr werden...In: Crain, F. Dummlinge, bucklige Hexen, böse Stiefschwestern und Zwerge. S. 15 – 39. Bern etc.: Haupt

Crain, Fitzgerald (2008): Aktivität? Partizipation? In: Richiger-Näf, B. (2008): 227-254. Bern etc.: Haupt

Fonagy, Peter; Gergely, György; Jurist, Elliot L.; Target, Mary (2004): Affektregulierung, Mentalisierung und die Entwicklung des Selbst. Stuttgart: Klett-Cotta

Freud, Sigmund (1932b): Warum Krieg? G.W. XVI. Frankfurt a. M., 11-27

Fromm, Erich (2003): Anatomie der menschlichen Destruktivität. 20. Auflage. Reinbek b. Hamburg: Rowohlt

Hügli, Anton; Küchenhoff, Joachim; Müller, Werner (2007): Die Universität der Zukunft: eine Idee im Umbruch? Basel: Schwabe

Kissling, Hans (2008): Reichtum ohne Leistung: die Feudalisierung der Schweiz. Zürich: Rüegger

Klein, Naomi (2007): Die Schockstrategie: der Aufstieg des Katastrophenkapitalismus. Frankfurt a. M.: Fischer

Mahler, Margaret S.; Pine, Fred; Bergman, Anni (2003): Die psychische Geburt des Menschen. 18. Auflage. Frankfurt/M.: Fischer

Richiger-Näf, Beat (2008): Das Mögliche ermöglichen: Wege zu Aktivität und Partizipation. Bern: Haupt

Stern, Daniel N. (2003): Die Lebenserfahrung des Säuglings. 8. Auflage. Stuttgart: Klett-Cotta

Vinnai, Gerhard (1993): Die Austreibung der Kritik aus der Wissenschaft: Psychologie im Universitätsbetrieb. Frankfurt/M.; New York: Campus Verlag

Winnicott, Donald W. (2002): Vom Spiel zur Kreativität. 10. Auflage. Stuttgart: Klett-Cotta

Über den heimlichen Zusammenhang von Bildung und Aufmerksamkeitsstörungen

Manfred Gerspach

Zur Verwandlung des Bildungsbegriffs

Spätestens seit den wenig schmeichelhaften Ergebnissen der PISA- und ihrer Folgestudien versucht man in Deutschland, Bildungsprozesse von Kindern zu intensivieren. Dabei steht die verbesserte Vermittlung abfragbaren Wissens durch gezielte Lernprogramme im Mittelpunkt der Überlegungen (vgl. Gerspach 2006, S. 70 ff).

Nicht zuletzt die Tatsache, dass die OECD als Auftraggeberin der PISA-Studien fungiert, bringt das gewachsene wirtschaftspolitische Interesse an Bildung – einschließlich der sich abzeichnenden Tendenz zu ihrer Privatisierung – zum Ausdruck. Indem hier spezifische kognitive Dimensionen in den Vordergrund gestellt werden, wird „die nachfolgende bildungspolitische Debatte in einer katastrophalen Weise gelenkt". Dabei geht „der gut nachgewiesene Zusammenhang zwischen kognitivem Lernen und emotional-affektiven Dimensionen völlig aus den Augen verloren" (Winkler 2004, S. 62 f).

Dabei zeigen z.B. Langzeitstudien zur Wirksamkeit vorschulischer Erziehung – etwa von den Universitäten Oxford und Bamberg durchgeführt – einen statistisch signifikanten Zusammenhang zwischen Indikatoren der pädagogischen Qualität und Indikatoren der Entwicklung der Kinder. Übereinstimmend dokumentieren diese Studien die

> „zentrale Bedeutung eines zugleich einfühlsamen, emotional bestätigenden und auf gezielte Anregungen und Herausforderungen gerichteten Umgangs der Erzieherinnen mit den Kindern, der seinerseits in einem systematischen Zusammenhang mit der ‚Professionalität' der Erzieherinnen zu stehen scheint" (Honig/Liegle 2006, S. 191f).

Entwicklungsfortschritte offenbaren sich dabei als die „Erarbeitung von geteilten Bedeutungen, als Sinnstiftung" (ebd.). Zum schlechten Gegenbild gehören normalisierende Technologien einer Institutionalisierung von Kindern (vgl. Honig/Liegle 2006, S. 191 ff).

Weder der verwendete Kompetenz- noch der Bildungsbegriff erfahren eine hinreichende Klärung. Die Formel „*knowledge and life skills*" bemisst sich an Nützlichkeit und Brauchbarkeit des Individuums für seine gesellschaftliche Verwertbarkeit und liegt damit „unterhalb des Niveaus an Reflexion" (Winkler 2004, S. 67). Was Bildung für die Subjekte im Sinne ihrer lebendigen und kritischen Auseinandersetzung mit Problemstellungen und Zumutungen bedeutet, bleibt ausgeklammert. Erst wenn man konstruktivistischen Ansätzen folgt und sie als „nichttriviale Maschinen" begreift, die sich autopoietisch verändern, wird man ihren eigenaktiven Prozess der Weltkonstruktion verstehen können. Dies lässt sich aber weder messen noch statistisch hochrechnen, sondern könnte allein mit Verfahren qualitativer Sozialforschung erfasst werden. Nur auf diesem Wege ließen sich stichhaltige Aussagen über Eigenwirksamkeit als zentrales Kriterium zur Feststellung von Bildungsqualität treffen.

Steht dieses Dilemma für ein grundlegendes wissenschaftstheoretisches Problem, so gesellt sich auf einer weiteren Ebene ein zutiefst erziehungswissenschaftliches hinzu. Denn gleichzeitig klagen Kindergärten und Schulen über eine dramatische Zunahme von Verhaltensauffälligkeiten. Folgen wir den Ergebnissen einer Reihe von empirischen Studien der letzten Jahre, so müssen wir bei den 2 – 18-Jährigen von einer Prävalenzrate für antisoziales und aggressives Verhalten von bis zu 7 % ausgehen (vgl. Gerspach 2008, S. 343). Kinder erscheinen unkonzentriert, so dass die Bildungsinhalte immer schwerer zu vermitteln sind. Schnell geraten diese Kinder unter Verdacht, an einer hirnfunktionellen Krankheit mit dem Namen Aufmerksamkeitsdefizit-Hyperaktivitätsstörung (ADHS) zu leiden, die man am besten medikamentös behandelt. Dabei geht es primär weniger darum, sie auf pharmakologischem Wege bildungsfähig zu machen, sondern Ruhe zu schaffen, damit die andern sich besser konzentrieren können. Metylphenidat wird sogar bereits zur Steigerung des kognitiven Leistungsvermögens bei ‚normalen' Kindern eingesetzt. Deutlicher kann der Warencharakter von Bildung nicht hervortreten. Die Erziehungswissenschaft ist in Gefahr, vor den Herausforderungen der Praxis zu kapitulieren, solange sie nicht erkennen will, dass es zwischen der Ökonomisierung der Bildungslandschaft und der psychosozialen Befindlichkeit ihrer Adressat/innen einen unmittelbaren Zusammenhang gibt.

Das Ganze ist aber noch viel weitreichender. Denn der Prozess der Instrumentalisierung von Bildung für wirtschaftliche Verwertungsinteressen, der sich im (vor-)schulischen Bereich anbahnt, kommt auch danach nicht zum Halten. Er provoziert Erosionsprozesse an den Hochschulen, im Berufsleben und ragt tief ins Private hinein, ohne dass dies den Subjekten noch sehr bewusst wäre.

Im Gegenteil: Sie gehen dem Slogan vom vollmundig propagierten *long life learning* auf den Leim, mit dessen Hilfe ihre Lernpotenziale romantisierend zu überhöhen gesucht werden, ohne noch zu erkennen, dass eine anthropologisch zu setzende natürliche Neugier auf Welt durch entmenschlichende Umstände verschüttet gehen kann und erst über einen anzubahnenden fördernden Dialog wieder ans Licht zu bringen ist (vgl. Gerspach/Mattner 2004, S. 178 ff).

In ihrem Entwurf für einen offenen Brief haben die Bildungsforscher Gruschka, Herrmann, Radke, Rauin, Ruhloff, Rumpf und Winkler 2005 davor gewarnt, das Bildungswesen als Wirtschaftsbetrieb aufzufassen (vgl. http:// bildung.twoday.net/stories/905100). Ohne philosophische und geschichtliche Selbstvergewisserung und Selbstkritik werde Wissenschaft zum hilflosen Instrument für jene Interessenten, die sich Macht über sie zu verschaffen suchten. Wer ein Studium und die Begegnung mit der Forschung auf die Aneignung von Berufsfertigkeiten verkürze, unterbinde die Ausbildung von Problemstellungs- und Problemlösungskompetenzen. Auf diese Weise verkomme pädagogische Praxis zur Abrichtung auf überprüfbare Lernleistungen. Spontane, individuelle und nicht kalkulierbare Auseinandersetzungen mit bedeutenden Kulturinhalten und ungenormte originelle Einsichten würden so aus den Bildungseinrichtungen herausgedrängt. Schulen und Universitäten würden zu Trainingsmaschinen für die OECD-Konkurrenz degradiert.

Heiner Keupp hat 2008 in seiner Abschiedsvorlesung „Universität adé!?“ beklagt, dass das aktuelle Bild der Universität mit der Humboldtschen Idee von Universität fast nicht mehr gemeinsam hat. Mit der „Eventisierung“ der Hochschullandschaft und ihrer vollständigen Ausrichtung an neoliberalen Ordnungsvorstellungen würden die Universitäten ihrer kritisch-reflexiven Restbestände an Autonomie beraubt und in das Getriebe des globalisierten Kapitalismus als unmittelbar nutzbare Ressource widerstandslos eingepasst. Ziel des Bachelorstudiums sei jetzt die Berufsbefähigung, was mittels eines durchoperationalisierten Modulsystems in möglichst kürzester Zeit zu erreichen gesucht werde. Die zugrunde gelegten Modulhandbücher stellten sich als bürokratische Monster mit starrem Rahmen heraus, so dass die Studierende nach dem Durchlaufen eines schulartigen Formierungsprozesses wie geklont erschienen und fast alle ein identisches Profil aufwiesen. Dies widerspräche eigentlich den von Wirtschaftsvertretern geäußerten Erwartungen an selbständige, flexible und kreative Akademiker (vgl. Keupp 2008).

Ich möchte hinzufügen, dass die im Grunde rückwärtsgerichtete Hinwendung zur Taylorisierung der Bildung, mit Hilfe derer effektiver und vor allem effizienter gelernt werden soll, ohne dass noch substantielle Aussagen über die

Bedeutung und den Gehalt des Gelernten selbst getroffen würden, den Niedergang des Bildungswesens dramatisch beschleunigt. Hier ist eine mechanistische Auffassung von Lern- und Bildungsprozessen zu beobachten, wonach deren Erfolg nach scheinbar eindeutigen Kriterien zu überprüfen ist. Im Hochschulbereich etwa wird der Input auf Seiten der Lehrenden ersetzt durch den Outcome auf Seiten der Lernenden. Die Komplexität des wechselseitigen Bezuges der beiden Protagonisten (als Subjekten) muss aber, um überprüfbar zu werden, auf ein lineares Subjekt-Objekt-Verhältnis reduziert werden. Zum einen wird dieses Verhältnis über präzise Anleitungen definiert, die die Lehrenden vorgeben. Zum andern aber müssen die Lernziele damit vereinfacht und folglich banalisiert formuliert werden, um überhaupt überprüfbar zu erscheinen. Dass Lernen einen je eigenen inneren und eigenaktiven Prozesses repräsentiert, dessen Verlauf, Resultat oder Zeitpunkt in keinster Weise von außen zu erfassen sind, bleibt auf diesem Wege ausgespart. Eigenständiges Denken – und das ist das Kernstück des Taylorismus – ist weder operationalisiert erfassbar noch erwünscht, sondern soll durch die monotone Einübung modularisierter Tätigkeitsmerkmale ersetzt werden.

Wider eine rationalistische Halbierung des Bildungsbegriffs

Es geht also um Wettbewerb, um eine Positionierung am globalisierten Markt, um den Zugang zu den menschlichen Ressourcen des Humankapitals. Bildung steht nicht länger im Dienst einer (selbst-)aufklärerischen Erkenntnis, sondern wird auf ihre marktgängige Verwertbarkeit hin geglättet. In der Regel wird heute nicht mehr in die Tiefe gelotet, sonst müsste jedem der hier zutage tretende Widerspruch zwischen vollmundig propagierten Lernprogrammen zur Steigerung des eigenen Marktwertes und der realen Ausgrenzung – etwa von Menschen mit einer Behinderung – aufgehen.

In einer Gesellschaft, die sich am Wettbewerb orientiert, wird ausschließlich für den Markt, also zum Tauschen, produziert. Auch die Arbeitskraft eines Menschen wird wie eine Ware behandelt, und man kann sich unschwer ausmalen, dass mit den rapide ansteigenden Anforderungen an flexible, meist zudem Internet-basierte Lern- und Weiterbildungsformen eben jene Menschen auf der Strecke bleiben, die den geforderten Ansprüchen nicht genügen und/oder mit dem rasant anwachsenden Tempo nicht mithalten können. Der ohnedies schlechtere Gebrauchs- wie vor allem Tauschwert ihrer Ware Arbeitskraft wird noch weiter sinken.

Übersetzen wir den Effekt einer beschleunigten Globalisierung des Kapitalismus, wonach das Wirtschaftswachstum nicht mehr automatisch mit einer Zunahme an Arbeitsplätzen verknüpft ist (vgl. Greffrath 2001), auf das pädagogische Feld, so können wir feststellen, dass daraus unter anderem eine veränderte, sprich verschärfte Karriereplanung für jene ihrer Adressat/innen folgt, die sich subjektiv oder objektiv von diesem Verelendungsprozess bedroht sehen. Verkoppelt ist das Ganze zudem mit einer neokonservativen Fortschrittsgläubigkeit, der eine marktgerechte Modernisierung der Bildungspolitik vorschwebt, gleichzeitig aber jedwede Solidarität mit den Benachteiligten dieses Modernisierungsprozesses lautlos abhanden gekommen ist. Bildung wird aus dem allgemeinen Besitz ausgegliedert und der rein privaten Aneignung überstellt. In Bayern besuchen bereits 10 % der Kinder eine Privatschule.

De facto stehen keine inhaltlichen pädagogischen Fragen mehr im Mittelpunkt der gegenwärtig zu beobachtenden Entstaatlichungsmechanismen von Bildungsprozessen, sondern allein Strategien zur Effizienzsteigerung, Kostenminimierung und Kostenabwälzung. Der Paradigmenwechsel bedeutet keinesfalls eine grundsätzliche Änderung der Qualifikations-, Selektions- und Legitimationsfunktion von Bildung (vgl. Klausenitzer 2000). Gerne wird dabei unterschlagen, dass diese Deregulierungsprozesse vor dem Hintergrund verknappter Ressourcen erfolgen. Die Verwaltung des Mangels wird von der Ebene staatlicher Oberhoheit auf die Institutionen selbst abgewälzt, ohne dass allerdings letzten Endes ein tatsächlicher Transfer der Verantwortung auf die unteren Entscheidungsebenen erfolgen würde.

Im Gegenteil intensiviert und rationalisiert der Staat auf diese Weise seine Kontrolle. Denn er verlagert sie von der (curricularen) Kontrolle der Lernprozesse auf die Ebene der Kontrolle der Ergebnisse. Das heißt, dass zum einen mit der Verbetriebswirtschaftlichung des Bildungswesens das institutionelle Management gestärkt, zum andern eine entsprechende Lern- und Prüfungskultur entstehen wird mit ständigen, sich an rein instrumentellem Faktenwissen orientierenden Evaluationsmaßnahmen. Das kann nur eine verschärfte Selektion gerade in den Schulen verheißen. Wir setzen nicht mehr an der Pädagogik der Vielfalt an, nicht am Einschluss aller Menschen in allgemeine Lernprozesse auf dem jeweiligen Niveau ihrer Entwicklung, sondern greifen zurück auf einen normativen Qualifizierungsanspruch, der als Maßstab primär das Gymnasium kennt.

Die Tendenz geht ungebrochen in die Richtung, Wissen als abrufbares Know-how aufzufassen, d.h. allein auf den verwertbaren Zugang zu Informationen zurückzuschneiden. Die wirkliche Warenform der Bildung wird an dieser Stelle offenbar: Der Inhalt interessiert nicht mehr, nur noch die Verpackung

scheint maßgeblich, einen guten Preis fürs eigene Wissen – im Sinne von verwertbarem Können – zu erzielen. Jeder kritische und selbstkritische Impetus von Bildung wird damit für ein Linsengericht des schnelllebigen Marktes verhökert. Es wird den Menschen auf diese Weise fast unmöglich gemacht, über Sinn oder Unsinn solcher gesellschaftlichen wie persönlichen Entwicklungsprozesse noch kompetent befinden zu können.
Bildung aber hat drei Bestimmungen:

- sie ist persönliche Bildung (das, was der sich bildende Mensch aus sich macht; Erinnerungen pflegen, sich Gesetze/Regeln geben, die Natur erklären, Vorstellungen und Hoffnungen bilden, sich von Kultur bestimmen lassen),
- sie ist eine praktische Bildung (Wissen und Fertigkeiten, orientierungsstiftende Haltungen, um in der arbeitsteiligen Welt überleben zu können)
- sie ist politische Bildung (Blick aufs Gemeinwohl, Kenntnis und Einhaltung von Rechten und Pflichten, Verteidigung der Freiheit und der Balance in der Gesellschaft) (vgl. von Hentig 2003, S. 26 f).

Dabei hat die Bildungsfrage nicht nur eine kognitive Dimension, sondern es geht auch immer „um die Förderung von Argumentations- und Kritikfähigkeit, von sozialer Empathie sowie moralischer Entscheidungs- und Handlungsfähigkeit“ (vgl. Krüger 1999, S. 169).

Unter der gegenwärtigen rationalistischen Halbierung des Bildungsbegriffs leidet die gesamte Debatte, ohne dass wir uns auf breiter Front dessen noch bewusst wären. Die Verdrängung des kritischen Bewusstseins erfolgte lautlos, umfassend und nachhaltig. Ihre Folgen sind ernüchternd: Unseren Kindern – und das ist für mich das beinahe einzig Bemerkenswerte an den PISA-Ergebnissen – wird ausgetrieben, noch zusammenhängend und sinnverstehend denken zu können, und die in aller Hektik entstandenen Vorschläge zur Abhilfe mit Hilfe weiterhin zusammenhangloser und bedeutungsentleerter Nachhilfeprogramme spiegeln diese Malaise. Da fällt es wahrlich schwer, aufmerksam zu bleiben und sich nicht ermüdet abzuwenden.

Lernen im potentiellen Raum

In konsequenter Umsetzung der skizzierten Auftragslage sieht sich die Pädagogik unter Kuratel gestellt, vorgestanzte Bildungsschablonen im Sinne der Fertigung von Massenkonfektion didaktisch umzusetzen. Der kapitale Fehler dieses Konzepts liegt in einer referenzfreien, unmittelbaren Effekterwartung (vgl. Arnold 1997, S. 22 ff). Von der Wirkungsforschung her ist bekannt, dass die eigentlichen Effekte oft unbeabsichtigt, nebenbei, zuweilen unbewusst oder gar im Gegensatz zur geplanten Erwartung eintreten.

Die Vorstellung, Qualität solcherart als machbar zu erachten, entspringt einem Mythos; Pädagogik lässt sich nicht in einem griffigen 10-Punke-Programm komprimieren. Sie kann nichts im Anderen – als einem Objekt – herstellen, sondern lediglich etwas Substantielles zu seiner Subjektwerdung beitragen. Übersehen wird bei dieser Vorstellung, dass kindliche Bildungsprozesse da beginnen, wo Phantasien Selbstentwürfe erlauben. Während sich das rationale Denken auf die analytische Zerlegung von Wahrnehmungen und Gedanken richtet, richten sich Phantasien auf die Herstellung und Sichtbarmachung von Verbindungen. In ihnen sind sachliche Aspekte aufgehoben, sofern sie subjektive Bedeutung erlangen, und indem mit ihrer Hilfe der Bereich der Emotionalität an bestimmte Beziehungen gebunden wird, verknüpfen sie die innere mit der äußeren Welt (vgl. Schäfer 1995, S. 142 ff).

Jeder pädagogische Prozess geriert sich daher als dialogischer in einem Zwischenraum – dem *potentiellen Raum* –, welcher Entwicklung wechselseitig und eigenaktiv ermöglicht. Dieser Begriff stammt von Winnicott und bezieht sich ursprünglich auf die frühe Entwicklungsphase des Kindes, lässt sich aber auch allgemein auf spätere Lebensphasen anwenden. Er fokussiert die Mutter-Kind-Einheit an der fließenden Grenze zwischen diesen beiden Akteuren; es ist ein zeitlicher und örtlicher Raum gemeint, der zusammen vom Kind und seiner Mutter gebildet wird (vgl. Crain 2005, S. 111). Dieser Raum wird zum Medium der Entwicklung, wo basale Bedürfnisse nach Zuwendung Platz haben und die Einführung schöpferischer Kompetenzen vorbereitet wird. Denn das Kleinkind kann sich nur aus der Illusion der Verschmelzung mit der Mutter befreien und damit in eine Phase der Autonomieentwicklung eintreten, wenn ihm die Trennung von Objektwelt und Selbst gelingt. Dies wird möglich, weil „es zwischen beiden keinen leeren Raum gibt“ (Winnicott 1993, S. 125).

Der potentielle Raum ist ein Oberbegriff, eine Metapher für einen Zwischenbereich der Erfahrung zwischen drinnen und draußen, ein Raum zwischen Illusion und Wirklichkeit, der dem Kind, etwa wenn es spielt, zugestanden wird, wo es zwischen seiner primären Kreativität und einer auf Realitätsprüfung basierenden Wahrnehmung wandeln darf (vgl. Ogden 1997, S. 3).

Das „Ich-Sein“ des Kindes wird durch den Anderen, die Mutter, ermöglicht. Die Entdeckung seines Selbst geschieht, indem es sich in den Augen der Mutter gespiegelt sieht. Damit wird eine interpersonelle Dialektik gestaltet, in der das „Ich-Sein“ und „ein-Anderer-Sein“ einander erzeugen und sich gegenseitig aufrechterhalten. „Die Mutter erschafft den Säugling, und der Säugling erschafft die Mutter“ (Ogden 1997, S. 5 ff).

Alle Bedeutungen, die im kindlichen Denken entstehen, erwachsen aus diesem Unterschied. In einem völlig homogenen Bereich könnte es keine Bedeutung geben. Bedeutungen und Symbole haben ihre Wurzeln in diesem potentiellen Raum – es ist ein Raum, der Potenzen hervorbringt –; mangelt es an dieser Erfahrung, gibt es nur Phantasie. Wenn Kinder auf Grund von anhaltenden Empathiestörungen ihrer primären Bezugspersonen diesen potentiellen Raum nicht ausreichend erfahren, bleibt die Entwicklung ihrer Symbolisierungsfähigkeit, wozu auch und in erster Linie die Sprache gehört, erschüttert.

Ebenso verheerend ist es aber, wenn in späteren Zeitabschnitten in den modernen Lernfabriken das kreative Moment an Entwicklungs- und Selbstbildungsprozessen aufgegeben wird zugunsten einer kontrollierenden, affekt- und phantasiebereinigten Zwanghaftigkeit. Dann wird der Aufbau von subjektiven Bedeutungen der verinnerlichten Bildungsinhalte durch das gebetsmühlenartige Herunterbeten *emotional leerer Zeichen* im Sinne Lorenzers (vgl. 1974, S. 125) ersetzt. Sie stehen für eine systematische Beschädigung der Erlebnisstruktur, für die zwanghafte Einsozialisierung der objektiven Widersprüche in die Subjekte, ohne dass ihnen ihre eigene Brechung noch bewusst würde. Ein Kind wird

> „keinen eigenen inneren Raum in sich ausbilden, der Selbstwert, Ich-Funktionen, aber auch Phantasie, Kreativität und die Fähigkeit zum Denken und Symbolisieren enthält, wenn es keinen Raum im Inneren der Mutter findet“ (Hirschmüller 2000, S. 421).

Fonagy und Target formulieren für diesen Fall:

> „Wenn Eltern für das Kind affektiv unerreichbar sind, verhindern sie, dass das Kind in den Eltern eine mentale Abbildung seiner eigenen inneren Welt etabliert, die es dann wiederum internalisieren könnte als Kristallisationspunkt eines eigenen Kern-Selbst“ (Fonagy/Target 2001, S. 969).

Analoges will mir für viele nachfolgenden Erziehungs- und Bildungszusammenhänge dünken.

In ähnlicher Absicht und ebenfalls mit Bezug auf Winnicott sprechen von Freyberg und Wolff (2004, S. 344 ff) von der Schule als einem *Übergangsraum* im affektiven Ablöseprozess von der Familie. Wir finden hier eine familienähnliche Struktur mit Lehrern als Elternfiguren vor, was für libidinöse Selbst- und

Objektbesetzungen im Dienste der anstehenden Lernanstrengungen genutzt werden kann. Dazu gesellt sich eine milde Angstbereitschaft zum Zwecke der Disziplinierung, die ebenfalls diesem Ziel verschrieben ist. Schwierig wird es allerdings, wenn psychische Konflikte und vor allem negative Objektbesetzungen übertragen werden. Ebenso schwierig erscheint mir der umgekehrte Fall, wenn der affektive Kern der schulischen Interaktionen von Lehrerseite verleugnet wird. Jeweils drohen dann neurotische Lernhemmungen, Leistungsverweigerung und aggressives oder depressives Verhalten.

Gerade in der Grundschulzeit sind Lernprozesse noch stark von persönlichen Hintergrunderfahrungen gefärbt und daher mit mehr oder weniger heftigen Affekten assoziiert. Der sanfte Übergang zum sachlich-distanzierten Stoff kann nur gelingen, wenn Kinder zur Aufgabe ihrer Impulsivität bereit sind, weil sie sich in ihrem kindlichen Eigen*sinn* verstanden fühlen. Wird dieser dagegen als Störung par excellence definiert und ‚pädagogisch' bekämpft, entsteht die Gefahr einer sich früh chronifizierenden Lern- und Schulunlust, mit depressiven Unterwerfungsgesten hier und aggressiver Verweigerung da. Oftmals beginnen in dieser Zeit eskalierende Konfliktgeschichten, bis hin zu Schulverweis, Hausverbot und Ruhender Schulpflicht. Oder das *fehlende Fallverständnis* führt im Sinne eines *institutionellen Aufmerksamkeits-Defizit-Syndroms* zum schlichten Übersehen bestimmter Schüler/innen, deren Schulkarriere damit unwiderruflich beschädigt wird. Von Freyberg und Wolff subsumieren dies alles einer „strukturellen Verantwortungslosigkeit" der Schule (v. Freyberg/Wolff 2004, S. 356 ff).

Jedes pädagogische Bemühen spielt sich als ein interaktives Geschehen zwischen zwei (oder mehreren) Subjekten ab, in denen das unwiederholbar Besondere der einzelnen (Lebens-)Geschichte – sozusagen als Subjekt-Gewordenes – mit einem solchen anderen korrespondiert. Die Plausibilität einer auf diese Interaktion gerichteten Intervention ergibt sich allein aus dem sinnhaften Verstehen der Bedeutung dieses je Besonderen. Der Übergang von den persönlichen zu den Sachthemen und deren Rückbezüglichkeit hängt maßgeblich vom Gelingen dieser Interaktion ab.

Die pädagogische Qualität bemisst sich hernach nicht an für alle gleich definierten Lernergebnissen, die vorab von außen festgelegt werden, sondern an den subjektiven Entwicklungen eines Kindes im Kontext seiner Möglichkeiten wie sozialen Lebenswelt. Erfolg ist schwer objektivierbar. Über operationalisierte Lernzieldefinitionen werden dagegen nur banale Verhaltensziele erfasst. Die tatsächlichen, nämlich im Innern des Kindes ablaufenden Entwicklungsprozesse des Lernens sind mit diesem Verfahren nicht zu erfassen. Messungen pädagogischer *Leistungen* nach vorher präzise und starr festgelegten Kriterien machen wichtige Wirkungen unsichtbar.

Bildung und Empathiefähigkeit

Bildung und Erziehung sind nicht erzeugbare Produkte, begründet in einer naiven Lehr-Lern-Illusion, die die konstruktivistische Selbstaktivität des Lernenden unterschlägt. Pädagogische Wirkungen hängen ab von unberechenbaren Sozialisationseffekten, diffusen Erwartungen, schwankenden Stimmungen und überraschenden kreativen Lösungen. Lernen und Entwicklung sind widerständige Begriffe, die sich uns erst erschließen, wenn wir die Aporie zu akzeptieren beginnen, dass es ein Lernender vielleicht eher trotz als auf Grund unserer pädagogischen Bemühungen zu etwas bringt.

Ein weiteres: Grundsätzlich gibt es zwei Arten von Wissen und Fähigkeiten. Man kann sie danach unterscheiden, ob sie eher *instrumentell* oder eher *reflexiv* sind (vgl. Schülein 1986). Das instrumentelle Wissen und Können bezieht sich auf Vorgänge in der Außenwelt und ist von dem, der sich damit beschäftigt, weitgehend unabhängig. Man kann es sich aneignen, ohne dass dabei die eigene Identität direkt beeinflusst würde.

Die meisten Bildungsthemen, mit denen wir uns konfrontiert sehen, betreffen uns allerdings unmittelbar, oder zumindest mittelbar. Deshalb können wir uns da kaum ‚heraushalten'. Und schon werden eigene Erinnerungen, Phantasien und Affekte aktiviert, sehen wir doch unsere eigene Identität mitthematisiert. Beschäftigung mit Themen ‚draußen' heißt also zugleich Nachdenken über die eigenen Themen. Deshalb sprechen wir hier vom reflexiven Wissen. Durch reflexives Wissen wird ein inneres Echo ausgelöst, und es gerät in Verbindung mit dem eigenen Erleben. Zwischen dem Gegenstand der Erkenntnis und dem erkennenden Subjekt besteht ein innerer Zusammenhang: In unsere Vorstellung von den Dingen gehen die eigenen Erfahrungen und Interpretationen unweigerlich ein. Jedem wissenschaftlichen Handeln ist ein präreflexives, normativ geprägtes und meist stillschweigend wirkendes Menschenbild zu eigen, welches solange ein gefährliches Eigenleben führt und unser Denken, unsere Methoden und Ergebnisse manipuliert, wie wir uns darüber keine Rechenschaft ablegen.

Es ist einleuchtend, dass bei Kindern, die sich noch näher an ihren (ungesteuerten) Affekten und der fließenden Grenze von Phantasie und Realität bewegen, diese Wechselwirkung des Sachthemas mit dem persönlichen Thema mächtig ist. Würden wir dies verleugnen oder gar zensieren, wir würden jede Möglichkeit genialer Erkenntnis frühzeitig abwürgen. Untersagte man Kindern, ihre

eigenen Themen in die *offiziellen* Lernkontexte einzubringen und dort mit Unterstützung der Pädagog/innen zu betrachten, man triebe ihnen gänzlich jede Lust am entdeckenden Forschen aus. Was bliebe ihnen, als sich entweder gelangweilt auszuklinken oder zu beflissenen kleinen Erwachsenen zu mutieren, was die Gefahr innerer Erkaltung und späterer psychischer Risiken einschließt?
Folgen wir der Einteilung von Leuzinger-Bohleber u.a., wonach es die folgenden Subtypen von ADHS gibt:

- ADHS-Kinder mit einem hirnorganischen Problem
- ADHS-Kinder mit einer emotionalen Frühverwahrlosung
- ADHS-Kinder aufgrund frühinfantiler Traumen
- ADHS als Überlebensversuch im Aufwachsen mit einer „toten Mutter" (André Green)
- ADHS-Kinder als Folge des Zusammenpralls verschiedener Kulturen und deren Anforderungen
- ADHS als Reaktion auf eine problematische Pädagogik bei kreativen Kindern
- ADHS als Ausdruck von akuter Trauer und Depression,

so trifft diese Vermutung tendenziell auf die letzten drei Gruppen zu. Und auch im Falle von Frühverwahrlosung, Traumatisierung oder einer depressiven Mutter muss sich Schule fragen lassen, ob sie Kindern ein Forum *und* einen stabilen Beziehungsrahmen bietet, ihre Erfahrungen – soweit es die institutionellen Bedingungen erlauben – zur Sprache zu bringen und zu bewältigen (vgl. Leuzinger-Bohleber u.a. 2008, S. 622 f).

Da die Fähigkeit zur Selbstregulation den Kern der Intelligenzentwicklung ausmacht, erscheint es notwendig, den affektiven Erfahrungen des Kindes Aufmerksamkeit zu schenken, um Vorankommen wie Stockungen von Lernprozessen verstehen und angemessen intervenieren zu können. Immerhin stellen die Bezugspersonen für das lernende Kind nicht nur die äußere Quelle seiner zu bildenden inneren Schemata dar, sondern übernehmen eine vermittelnde Funktion zur Außenwelt.

Es gilt, einen Bildungsbegriff zu entwickeln und in der Praxis umzusetzen, der emotionale, soziale, kognitive und kreative Faktoren nicht auseinanderdividiert, sondern dazu verhilft, Kinder in ihren eigenständigen Entwicklungsbemühungen anzuregen, anzuleiten und zu unterstützen. Die Wissensvermittlung muss daher zwingend mit dem Ausbau der Fähigkeit zur Empathie verknüpft werden.

Der Widerspruch der gegenwärtigen Bildungsansprüche besteht darin, dass das lernende Subjekt im Erziehungsprozess zur Ware verdinglicht wird und es dies nicht einmal mehr bewusst spüren darf. Erst in der Bildung – als einem schmerzlichen Selbsterkenntnisprozess – kann das Subjekt zu sich selbst kommen (vgl. Tenorth 1999, S. 152 f). Denn Bildung zielt nach Negt auf die Mündigkeit und Urteilsfähigkeit der Menschen und ihre Erziehung zur Widerständigkeit. Was aber bleibt von Bildung noch übrig, wo dies vergessen geht, wo der schmerzliche Weg der Selbstvergewisserung verbaut ist?

In diese Selbstvergewisserung eingeschlossen sei die Fähigkeit, die eigene Unzulänglichkeit zu erkennen und mehr noch: zu ertragen. Deshalb auch sind Elemente der Selbstreflexion wesentliche Bestandteile angeleiteter Bildungsprozesse. Ohne dieses Wissen um die eigene Begrenzung werde ich das, was sich in gesellschaftlichem Sinne als wertvolles und tradierfähiges Gut darstellen soll, schnell auf das marktgängig Erfolgreiche reduzieren und all das zum Falschen, zum Untauglichen, zum Wertlosen erklären, dem die Hybris des Erfolges abgeht. In der modernen westlichen Gesellschaft können aber

> „die Resultate der Bildung nicht anders als problematisch sein. (...) Die vorrangige Funktion der Bildung ist es, die Produktion von Personen sicherzustellen, die in die bestehenden gesellschaftlichen Strukturen passen“ (Miedema/Wardekker 1999, S. 93).

Folgen wir dieser Vorgabe nicht, erfordert es eine hohe Reflexionsfähigkeit und das Vermögen, im Dialog mit Kindern, Eltern und dem jeweiligen Team ein pädagogisches Konzept zu entwickeln, welches zwingend von einem kritischen Bildungsbegriff getragen ist, dieses in ein angemessenes Verhältnis zu den herrschenden gesellschaftlichen Bedingungen zu setzen und es vor dem Hintergrund neuer wissenschaftlicher Erkenntnisse beständig zu überprüfen und gegebenenfalls zu modifizieren. Ein solches Konzept verlangt uns Folgendes ab:

- die Wahrnehmung von Kindern als eigenständigen Subjekten, bei denen es die Selbstbildungsprozesse zu fördern gilt
- die Betonung kreativer Fähigkeiten im Umgang mit ihnen
- das Erlernen von Selbstreflexion und Selbstkompetenz
- die Verzahnung von theoretischen Inhalten mit praktischen Erfahrungen.

Konkretisiert heißt dies, die Kinder dort abzuholen, wo sie emotional stehen, ihnen unterschiedlich Zeit zu lassen für ihre individuell unterschiedlichen Lernprozesse, ihnen einen Beziehungsrahmen anzubieten, der ihnen da Halt gibt, wo sie es brauchen, und ihnen da etwas zumutet, wo sie es verkraften, und ihnen Materialien so aufbereiten, dass es ihrer Lernbereitschaft wie ihrem Wissensdrang gerecht wird (vgl. Gerspach 2000, S. 217).

Die Wirklichkeit spricht meist eine andere Sprache. Derzeit wird nur demjenigen Lernen, das durch Stress bestimmt ist, Gültigkeit zuerkannt. So regiert ein fragwürdiger Begriff vom Lernen:

> „Mit ‚Streng dich an', ‚Bemühe dich noch mehr' werden wir angetrieben, mit dem Ergebnis, dass wir eine ganz fundamentale, aber unbewusste Lebenseinstellung lernen: Das, was wir ohne Anstrengung lernen, kann nicht wichtig, nichts wert sein" (Gruen 2001, S. 29).

Dieses unsägliche Zusammenwirken der Vorherrschaft eines einseitig rationalistisch ausgelegten und ausgelebten Lernmodells mit der gleichzeitigen Entwertung des spielerisch Gelernten zeitigt dann fatale Folgen: Die Kinder passen nicht mehr auf. Ihnen wird die Neugier auf und das eigenaktive Konstruieren von Welt mit Nachdruck ausgetrieben. Wenn wir dies nicht verstehen wollen, bleibt uns nichts als sie zu pathologisieren – früher nannten wir sie dumm und unbegabt, heute erklären wir sie zu aufmerksamkeitsgestörten, weil hirnphysiologischen Mängelwesen.

Selbst wenn wir mit dem Begriff *Stress* operieren wollten, müssen wir einräumen, dass es ein sinnentleerter, physiologischer ist, mit dem wir nichts auszusagen vermögen über Inhalt und Bedeutung vom Lebens- als einem Lernkontext, der ihn auslöst.

Nehmen wir Winnicotts Bild von der „Fähigkeit zum Alleinsein" zu Hilfe. Er spricht davon, dass der Säugling lernt, im Beisein der Mutter allein zu sein (vgl. 1990). *Gute* Mütter stellen nämlich paradoxe Situationen fürs Lernen her: Sie signalisieren ihre emotionale Nichtverfügbarkeit, bleiben aber dennoch verfügbar (vgl. Paulsen 1998). Das löst durchaus Stress aus, aber, indem das Kind bei überschießenden Affektzuständen auf seine Mutter zurückgreifen kann, erfährt es seine Selbstwirksamkeit – sich nämlich selbst behelfen zu können – und erfährt die Anspannung als auszuhaltenden und zu regulierenden Gemütszustand. In Anlehnung an Piaget könnte man jetzt formulieren, dass dies der Beginn seiner Intelligenzentwicklung ist.

Wenn sich in dieser Hinsicht ein Kind von seiner Mutter im wahrsten Wortsinn *gehalten* fühlt, gelingt ihm eine stabile Unterscheidung von Selbst und Objekt (vgl. Winnicott 1990). Die Sicherheit gebende Erfahrung eines empathischen Objekts bewirkt, dass das Wechselspiel von Bindung und Loslösung gelingt. Die Welt wird mit Neugier betrachtet und in der Folge können kompetente Handlungsschemata aufgebaut werden, um sich darin immer besser zurecht zu finden.

Neben dieser Halte-Funktion ist für das Gelingen dieser Entwicklung ein weiterer Aspekt – das *Containing* – von großer Bedeutung (vgl. Bion 1992). Containing bedeutet zunächst, dass sich die Mutter zur Verfügung stellt, um

> „alle die noch nicht bewussten und (noch) unintegrierbaren Affekte und Empfindungen des Säuglings (z.B. Wut und Angst) eine Zeitlang in sich zu bewahren, in sich stellvertretend zu verarbeiten, um so das Kind vor einem Überflutetwerden von seinen Affekten zu schützen und ihm ein Gefühl der Kontinuität seiner Existenz in Beziehung zu seiner Umwelt zu ermöglichen" (Trescher/Finger-Trescher 1992, S. 94).

Containing meint die Aufnahme unbewusster Ängste und Zustände im Anderen sowie die Fähigkeit, sie miterleben und aushalten zu können. Die Mutter als Behälter/Container *verdaut* die noch unverdaulichen Elemente des Kindes und hilft ihm damit, sie zunehmend eigenständig in verdauliche Elemente zu verwandeln. Über die Empathie hinaus wird damit aber ein Moment des Nachdenkens eingeführt, eine *negative Kapazität*, um Gefühlszustände aufzunehmen, ohne sie zu beurteilen oder nach schnellen Lösungen zu suchen (vgl. Hirschmüller 2000, S. 421). Diesem Verständnis nach wird z.B. eine Mutter die projektiv vermittelten Gefühlszustände ihres Kindes nicht abwehren, sondern über dessen Erleben solange emotional nachdenken, bis in ihr eine Ahnung über sein Befinden aufkommt. Das Containing ist zentraler Teil früher strukturbildender Interaktionserfahrungen und damit die Basis von Selbstbildungsprozessen. Die Verinnerlichung der mütterlichen Container-Funktion markiert eine entscheidende Phase in der Entwicklung des Denkens. Versagt die Mutter in dieser Funktion, kommt es zu keiner Transformation von Affekten in Gefühle, die mit der Einführung von Bedeutungen einherginge (vgl. Böhme-Bloem 2002, S. 382). Von diesem Mangel wird die Entwicklung des Denkens massiv beeinträchtigt.

Beide Momente sind auch für das spätere Lernszenario der Schule von grundlegender Bedeutung – sie weiß es nur oft nicht.

Literatur

Arnold, Rolf (Hrsg.) (1997): Qualitätssicherung in der Erwachsenenbildung. Opladen: Leske & Budrich

Bion, Wilfried (1992): Lernen durch Erfahrung. Frankfurt a. M.: Suhrkamp

Böhme-Bloem, Christel (2002): Das Ergriffene im Begriff. Gedanken zum Symbolisierungsprozess. In: Zeitschrift für psychoanalytische Theorie und Praxis 4. 371-392

Crain, Fitzgerald (2005): Fürsorglichkeit und Konfrontation. Psychoanalytisches Lehrbuch zur Arbeit mit sozial auffälligen Kindern und Jugendlichen. Gießen: Psychosozial

Dammasch, Frank; Katzenbach, Dieter (Hrsg.) (2004): Lernen und Lernstörungen bei Kindern und Jugendlichen. Frankfurt a. M.: Brandes & Apsel

Fatke, Rainer; Merkens, Hans (Hrsg.) (2006): Bildung über die Lebenszeit. Wiesbaden: VS-Verlag

Finger-Trescher, Urte; Trescher, Hans-Georg (Hrsg.) (1992): Aggression und Wachstum. Mainz: Grünewald

Fonagy, Peter; Target, Mary (2001): Mit der Realität spielen. Zur Doppelgesichtigkeit psychischer Realität von Borderline-Patienten. In: Psyche 55. 9/10. 961-995

Freyberg, Thomas von, Wolff, Angelika (2004): Störer und Gestörte – Aus einem Forschungsbericht über nicht beschulbare Jugendliche. In: Dammasch et al. (2004): 341-361

Gerspach, Manfred (2000): Einführung in pädagogisches Denken und Handeln. Stuttgart, Berlin, Köln: Kohlhammer

Gerspach, Manfred (2006): Elementarpädagogik. Eine Einführung. Stuttgart: Kohlhammer

Gerspach, Manfred (2008): Kritische Anmerkungen zum Störungsbegriff. In: Schröder et al. (2008): 343-363

Gerspach, Manfred; Mattner, Dieter (2004): Institutionelle Förderprozesse bei Menschen mit geistiger Behinderung. Stuttgart, Berlin, Köln: Kohlhammer

Greffrath, Mathias (2001): Und wo bleibt die Gerechtigkeit? In: Frankfurter Rundschau Nr. 53

Gruen, André (2001): Lernen ohne Anstrengung. Erstrebenswertes oder minderwertiges Ziel? In: Feldenkrais Zeit 2. 26-34

Hentig, Hartmut v. (2003): Die Schule neu denken. Weinheim: Beltz

Hirschmüller, Barbara (2000): Von der Säuglingsbeobachtung zur analytischen Psychotherapie von Müttern mit Säuglingen und sehr kleinen Kindern. In: Analytische Kinder- und Jugendlichen-Psychotherapie 108. 419-449

Honig, Michael-Sebastian; Liegle, Ludwig (2006): Erziehung in früher Kindheit und lebenslange Bildungsprozesse – Internationale Perspektiven der frühpädagogischen Forschung. In: Fatke et al. (2006): 189-195

Keupp, Heiner (2008): Universität adé!? In: www.ipp-muenchen.de/aktuell.html

Klausenitzer, Jürgen (2003): Wolf im reformpädagogischen Schafspelz. Der Soziologie Oskar Negt zu emanzipatorischer Bildung und zum wachsenden Druck auf die Schulen in Deutschland, Marktgesetze zu befolgen. In: Frankfurter Rundschau Nr. 205

Leuzinger-Bohleber, Marianne et al. (2008): Störungen der frühen Affektregulation: Klinische und extraklinische Annäherungen an ADHS. In: Psyche 62. 7. 621-653

Lorenzer, Alfred (1974): Die Wahrheit der psychoanalytischen Erkenntnis. Frankfurt a. M.: Suhrkamp

Miedema, Siebren; Wardekker, Willem L. (1999): Pädagogik, Identität und gesellschaftlicher Wandel. In: Sünker et al. (1999): 87-111

Ogden, Thomas (1997): Über den potentiellen Raum. In: Forum der Psychoanalyse 13. 1-18

Otto, Hans-Uwe; Rauschenbach, Thomas (Hrsg.) (2004): Die andere Seite der Bildung. Wiesbaden: VS-Verlag

Paulsen, Sibylle (1998): Affekt und Beziehung – theoretische und therapeutische Überlegungen. In: Analytische Kinder- und Jugendlichen-Psychotherapie 98. 155-167

Schäfer, Gerd E.: Bildungsprozesse im Kindesalter. Selbstbildung, Erfahrung und Lernen in der frühen Kindheit. Weinheim, München: Juventa

Schröder, Achim; Rademacher, Helmolt; Merkle, Angela (Hrsg.) (2008): Handbuch Konflikt- und Gewaltpädagogik. Schwalbach / Ts.: Wochenschau Verlag

Schülein, Johann A. (1986): Selbstbetroffenheit. Gießen: Psychosozial

Sünker, Heinz, Krüger, Heinz-Hermann (Hrsg.) (1999): Kritische Erziehungswissenschaft am Neubeginn?! Frankfurt a. M.: Suhrkamp

Tenorth, Heinz-Elmar (1999): Die zweite Chance. Oder: Über die Geltung von Kritikansprüchen „kritischer Erziehungswissenschaft". In: Sünker et al. (1999): 135-161

Trescher, Hans-Georg; Finger-Trescher, Urte (1992): Setting und Holding-Function. In: Finger-Trescher et al. (1992): 90-116

Winkler, Michael (2004): PISA und die Sozialpädagogik. In: Otto et al. (2004): 61-79

Winnicott, Donald W. (1990): Reifungsprozesse und fördernde Umwelt. Frankfurt a. M.: Fischer

Winnicott, Donald W. (1993): Vom Spiel zur Kreativität. Stuttgart: Klett Cotta

www.ipp-muenchen.de/aktuell.html

http://bildung.twoday.net/storie/905100

Soziale Arbeit und gesellschaftliche Polarisierung – eine sozialräumliche Betrachtung

Christian v. Wolffersdorff

Einleitung

Die fortschreitende Vertiefung der Kluft zwischen arm und reich und die daraus resultierenden sozialen Verwerfungen bestimmen den gesellschaftspolitischen Diskurs der Gegenwart. Prominente sozialwissenschaftliche Untersuchungen befassen sich mit dem *Problem der Exklusion,* mit den *Überflüssigen* und *Ausgeschlossenen* dieser Gesellschaft (Bude 2008; Bude/Willisch 2006), den *Ausgegrenzten der Moderne* (so Zygmunt Baumann in einer Studie mit dem beziehungsreichen Titel *Verworfenes Leben*; Baumann 2005), dem Trend zur sozialen Spaltung bzw. Segregation von Räumen und Regionen – so zum Beispiel Hartmut Häußermann (2000) in seinen Studien zur *Krise der Sozialen Stadt* oder Jens Dangschat (2002) in: *Modernisierte Stadt – Gespaltene Stadt;* Berger/ Schmalfeld (1999): die *unsichtbare Mauer.* Alle diese Metaphern besitzen, wie unschwer zu erkennen ist, eine sozialräumliche Dimension, in der es nicht zuletzt auch um den Stellenwert der Sozialen Arbeit geht. Dass die hier diagnostizierten Vorgänge auch sie nachhaltig verändern werden, liegt auf der Hand, auch wenn sich über das Ausmaß und die Intensität dieser Veränderungen gegenwärtig nichts Sicheres sagen lässt.

Der folgende Beitrag hat daher den Charakter einer Erkundung. Am Beispiel exemplarischer „Raumbilder" (vgl. Kessl/Reutlinger 2007, S.88ff) soll der Frage nachgegangen werden, wie die sozialpädagogische Praxis von den eingangs angesprochenen gesellschaftlichen Verwerfungen schon heute erfasst wird.

Dimensionen sozialer Ungleichheit

Was die quantitativen Dimensionen der angesprochenen Entwicklungen betrifft, genügen wenige Hinweise. Die dramatische Ungleichverteilung der Privatvermögen in Deutschland zeigt sich schon daran, dass die unteren 50% der Haushalte nur über etwa 4% und die obere Hälfte über 96% des gesamten Nettovermögens verfügen. Je schärfer man den Fokus justiert, desto deutlicher treten die sozialen Distanzen zutage, mit denen wir es hier zu tun haben. Während das untere Fünftel der Gesellschaft überhaupt kein Vermögen, sondern im Wesentlichen nur Schulden hat, entfallen auf das obere Fünftel bereits zwei Drittel, auf das obere Zehntel fast 50%, während allein das oberste halbe Prozent über mehr als ein Viertel des Gesamtvermögens verfügt – und so weiter. Eine Studie, die vom TV-Magazin Monitor in Auftrag gegeben wurde, kam zu dem Ergebnis, dass es in Deutschland 1997 ca. 500.000 Reiche mit einem Vermögen von mehr als einer Million Euro gab, fünf Jahre später aber bereits annähernd 800.000.

Lagen die Einkommen deutscher Manager im Jahre 1996 ca. 19 mal so hoch wie das eines Facharbeiters im gleichen Betrieb, so stieg diese Zahl bis 2006 auf das 44-fache (Schreiner 2008, S.28). Auf der anderen Seite des Spektrums drängen sich die Fakten, mit denen es die Soziale Arbeit zu tun hat – ständige Ausweitung des Niedriglohnsektors; immer mehr Menschen, die trotz Arbeit arm bleiben (working poor), insbesondere Arbeitslose, Ausländer, Alleinerziehende und Familien mit mehreren Kindern. Anlässlich des Jugendhilfetages 2008 in Essen veröffentlichte die AGJ Zahlen, nach denen „mehr als jeder vierte Jugendliche in Armut lebt“ (ZEIT online 18.6.08) – *relativer* Armut, wie man hinzufügen muss – aber auch sie wirkt ausgrenzend und entwertet Personen. In direktem Zusammenhang damit ist die Tatsache zu sehen, dass 35 bis 40% der Kinder Alleinerziehender und ein erheblicher Teil der Kinder in Migrantenfamilien heute in relativer Armut aufwachsen (Unicef-Bericht zur Lage der Kinder in Deutschland, Juni 2008). Nur jedes 75. Kind unter sieben Jahren bezog im Jahre 1965 zeitweise oder auf Dauer Sozialhilfe – 2006 war es bereits jedes sechste (Borchert 2007, S. 9f).

Diese Entwicklungen führen dazu, dass wir es im Kernbereich der Kinder- und Jugendhilfe, den Hilfen zur Erziehung, heute in der überwiegenden Mehrheit der Fälle mit Kindern und Jugendlichen zu tun haben, die aus Armutsverhältnissen stammen. Die Erfahrung sozialer Ausgrenzung ist für sie weniger eine abstrakte Bedrohung als ein konkreter Bestandteil ihrer Sozialisation. Der Schlussfolgerung des Unicef-Berichts ist wenig hinzuzufügen:

> „In Deutschland wächst die Kluft zwischen Kindern, die gesund, abgesichert und gefördert aufwachsen, und solchen, deren Alltag durch Hoffnungslosigkeit, Mangel und Ausgrenzung geprägt ist – mit weitreichenden Folgen für ihr ganzes Leben“. (Borchert 2007, S. 9f)

Der Spielraum für die Weiterentwicklung einer „gestaltenden“ Kinder- und Jugendhilfe, die nicht nur auf manifeste Defizite reagiert, sondern sich als Infrastruktur des Sozialen versteht, ist im Laufe dieser Entwicklung zunehmend enger geworden. Von entscheidender Bedeutung ist dabei, dass wir es heute mit einer Armutssituation zu tun haben, die in vielen Fällen bereits von der älteren auf die jüngere Generation „vererbt" wurde und sich mit der Verfestigung benachteiligter Quartiere und abgewerteter Regionen nicht nur biographisch, sondern auch strukturell sedimentiert hat. Mehr als 350 Stadtteile wurden mit Stand 2005 ins Bundesprogramm Soziale Stadt aufgenommen, weil sie als Stadtteile mit besonderem Entwicklungsbedarf gelten (genauer gesagt: nur diese Zahl konnte aufgrund der verfügbaren Mittel in das Programm aufgenommen werden). In Nordrhein-Westfalen kam eine Enquête-Kommission des Landtags zur Zukunft der Städte 2004 zu dem Ergebnis, dass allein in diesem Bundesland 133 Stadtteile mit „niedrigem Rang" besonderen Unterstützungsbedarf besaßen (vgl. Knopp 2006). Ein weiterer Aspekt dieser Entwicklung liegt schließlich darin, dass die *Abstände* zwischen prosperierenden und benachteiligten Stadtteilen bzw. Regionen zum Teil drastisch gewachsen sind. Von der Mitte her gesehen, erscheinen die Bewohner der Randsegmente dadurch wie „Ortlose" (Böhnisch/ Schröer/ Thiersch 2005, S. 237), die von einem „auf seine hoheitlichen Funktionen zurückgestutzten Sozialstaat lediglich verwaltet, kontrolliert und konsumfähig gehalten werden" (ebd.).

Mit ihrer Perspektive von Zentrum, Peripherie und abgestuften Zonen sozialer Kontrolle folgt diese Diagnose einer *sozialräumlichen* Sichtweise, wie sie u.a. von Pierre Bourdieu und Robert Castel entwickelt worden ist. Letzterer unterscheidet in seinem Modell zwischen Zonen der sicheren Integration, der Vulnerabilität (Verwundbarkeit) und der definitiven Abkoppelung. In den aktuellen gesellschaftlichen Umbrüchen weitet sich vor allem die Zone der Verwundbarkeit in einem bislang nicht gekannten Ausmaß bis in die Mittelschichten hinein aus. Auch in Lebenswelten, die man bislang mit sozialer Sicherheit assoziierte, wachsen Ängste vor Prekarisierung und sozialem Abstieg.

> „Die große Wohlstandsmitte schmilzt zunehmend ab, eine rund ein Fünftel der Bevölkerung umgreifende Oberschicht lebt in stabilen und materiell sorgenfreien Verhältnissen, und eine ebenso „stabile" Unterschicht, die etwa ein Viertel der Bevölkerung ausmacht, richtet sich in den Armutsverhältnissen ein, aus denen es kaum noch ein Entrinnen gibt" (Schreiner 2008, S.32).

Indem immer mehr Individuen aus den stabilen Zonen sicher geregelter Arbeitsverhältnisse herausfallen, vergrößern sich die prekären Zwischenzonen, in denen sich die Bedingungen für einen Wiedereintritt in den Arbeitsmarkt sukzessive verschärfen und an die Bereitschaft zur Übernahme von Niedriglohntätigkeiten geknüpft werden. Karl August Chassé hat daraus die Schlussfolgerung gezogen, dass es in diesem Prozess weniger um Exklusion als um die Durchsetzung eines abgestuften Integrationsmodus neoliberaler Prägung geht, „der neben den *working poor* auch die Erwerbslosen unter Hartz IV einbezieht" (Chassé 2008, S. 68).

Was dies für die Lebenswelten der Menschen bedeutet, zeigt jede Stadterkundung, die sich nicht nur in den touristischen Zentren und den prosperierenden Wohngebieten einer sozial integrierten Mittelschicht bewegt, sondern auch die „abgehängten" Peripherien deutscher Städte einbezieht. Ob wir uns vom Leipziger Waldstraßenviertel in die entleerten Viertel des Leipziger Ostens mit ihren tausenden leer stehenden Wohnungen, von der Münchener City ins Hasenbergl im Norden der Stadt oder von Berliner Oberschichtvierteln nach Kreuzberg oder Neukölln bewegen – in allen Fällen bietet sich dem Beobachter das Bild einer sozialen Spaltung, wie sie auch in den Statistiken der Armutsberichterstattung ihren Niederschlag findet. Dass etwa die lokalen Armutsberichte von Berlin und München im Jahre 2004 jeweils eine starke Zunahme der sozialen Segregation in diesen Städten beklagten, ist nur der zusätzliche Beleg für eine Entwicklung, deren problematische Folgen sich landauf, landab in zahllosen Städten und Regionen auch mit „bloßem Auge" beobachten lassen. Heinz Bude gibt dafür in seinem Essay: „Die Ausgeschlossenen – das Ende vom Traum einer gerechten Gesellschaft" ein Beispiel, das die soziale Situation heutiger Städte prototypisch verdichtet.

> „...oder man nimmt nach 20 Uhr einen Bus vom schmucken Rathausplatz in ein bestimmtes Neubaugebiet des sozialen Wohnungsbaus am Rande Celles, Aachens oder Reutlingens: Jedes Mal gerät man in eine soziale Zone mit hoher Arbeitslosigkeit oder massiver Unterbeschäftigung, wo die Straßen dreckig, die Bushaltestellen demoliert, die Häuser mit Graffiti übersät und die Schulen marode sind. Hier treffen ökonomische Marginalisierung, ziviler Verfall und räumliche Abschottung zusammen. Die Menschen, die man in Billigmärkten für Lebensmittel trifft, wirken abgekämpft vom täglichen Leben.... Die Jugendlichen hängen herum und warten darauf, dass etwas passiert...Hier leben Menschen, die sich daran gewöhnt haben, wenig zu besitzen, wenig zu tun und wenig zu erwarten. Sie kommen selten in andere Gegenden, lernen kaum andere als Ihresgleichen kennen und misstrauen den Angeboten, die ihnen von Stadtteilinitiativen oder Beschäftigungsprojekten nahegelegt werden" (Bude 2008, S. 9f).

Was macht all dies mit der Sozialen Arbeit? Dass die angesprochenen gesellschaftlichen Verwerfungen ihre Spielräume enger werden lassen und an den sozialstaatlichen Orientierungsbeständen früherer Tage kräftig zehren, ist nicht zu übersehen. Aber ein bisschen ist es in der Sozialen Arbeit ja vielleicht so wie bei der aktuellen Finanzkrise: Irgendwann will man alles gar nicht mehr so genau wissen, kann das permanente Klagen über leere Kassen, Stellenabbau und wachsende Unsicherheit nicht mehr hören und dreht den Spieß um, indem man sich als dynamischer Marktteilnehmer mit kräftigen Ellbogen und hoher Konkurrenzbereitschaft präsentiert. Dass dies auch für die Praxis der Kinder- und Jugendhilfe gilt, zeigt eine Erhebung zur Problematik des „komplexen Hilfebedarfs", die kürzlich in Zusammenarbeit mit dem Landesjugendamt am Lehrstuhl Sozialpädagogik an der Universität Leipzig durchgeführt wurde. Auffällig häufig berichteten MitarbeiterInnen der Sozialen Arbeit über eine zunehmende Verdichtung und Komplexität der Problemlagen, die ihre Klientel belasten – während die Zeitbudgets, die ihnen zur Bearbeitung dieser Probleme zur Verfügung stehen, auch infolge eines wachsenden Konkurrenzdrucks in der Sozialen Arbeit selbst immer weiter beschnitten werden. Eine von uns befragte Person brachte es auf den Punkt: „Der Wind ist rauer geworden" (Hein/Neudert/Rahtjen 2008).

In einem anderen Kontext hat Manfred Kappeler die aktuelle Grundstimmung der Sozialen Arbeit als ambivalente Mischung charakterisiert. In einem Kommentar zum Jugendhilfetag 2008 in Essen schreibt er:

> „Hinter der Hochglanzfolie des *Marktes der Möglichkeiten*, auf dem sich die Kinder- und Jugendhilfe der Öffentlichkeit als ein einziges Erfolgsunternehmen präsentierte, (zeigte sich) eine insgesamt defensive Kinder- und Jugendhilfe, die um das Erreichte von gestern trauert" (Kappeler 2008, S. 374f).

Raumbilder Sozialer Arbeit – eine Erkundung in fünf Stationen

Das eben verwendete Bild des Erkundungsgangs soll im Folgenden auf die Situation der Sozialen Arbeit übertragen werden, um die angesprochenen Zusammenhänge sowohl auf der Ebene des sozialpädagogischen Diskurses als auch auf der Ebene der Alltagspraxis genauer auszuloten. Dabei soll deutlich werden, welche Folgen die fortschreitenden Polarisierungstendenzen für das sozialräumliche Profil Sozialer Arbeit besitzen, und wie sie die „Arbeitskulturen" der Praxis verändern. Den Begriff *Raumbilder* übernehme ich von Fabian Kessl und Christian Reutlinger. In ihrer Sozialraum-Studie definieren sie Raumbilder als

> „Deutungsmuster, das heißt Erklärungszusammenhänge, die es den Akteuren erlauben (sollen), soziale Erfahrungen in einen generellen Sinnzusammenhang zu stellen – im Falle der Raumbilder also die sozialen Erfahrungen angesichts der sich verändernden Raumordnungen" (Kessl/Reutlinger 2007, S. 73).

In einer Zeit, in der massive Erosionsprozesse die Lebenswelten der Menschen untergraben und eben die Ressourcen auszehren, an denen die sozialstaatlich orientierte Sozialpädagogik mit ihren Leitkonzepten von Integration und Lebenswelt anzusetzen versuchte, liegt es nahe, diese Exploration mit einem Blick auf das Schicksal der „Lebensweltorientierung" zu beginnen, die das Selbstverständnis der Sozialen Arbeit in den letzten Jahrzehnten in besonderer Weise geprägt hat.

„Lebenswelten gestalten"

Es ist noch nicht allzu lange her, dass Diskussionen zum Selbstverständnis der Sozialen Arbeit von einer offensiven, optimistischen Programmatik sozialer Integration getragen waren. Das Motto des neunten Jugendhilfetages 1992 in Hamburg brachte dies mit der Formulierung „Lebenswelten gestalten" geradezu beschwörend zum Ausdruck. Die viel zitierten Strukturmaximen des achten Jugendberichts haben daraus Handlungsstrategien abgeleitet, in denen es um politische Einmischung, Beteiligung, Prävention, Kooperation und nicht zuletzt um eine stärkere Regionalisierung der Sozialen Arbeit ging. Stets lag darin auch der Versuch, der im Kinder- und Jugendhilfegesetz angelegten Versäulung von Hilfeformen entgegen zu wirken und ihre sozialräumliche Verantwortung zu stärken: den Einzelfall in seinem Umfeld sehen, vom Fall zum Feld vordringen (Hinte et al. 1999), integrierte Hilfeformen; Vernetzung statt ängstlich abgeschottetes Ressortdenken, Jugendhilfe als Querschnittspolitik (vgl. Sächsisches Ministerium für Soziales 2003).

Allerdings: Schon im 1990 erschienen achten Jugendbericht war die Beschreibung dessen, was in der Sozialen Arbeit mit Regionalisierung gemeint ist, mit einem kleinen Zusatz versehen, der beim Zitieren der angesprochenen Strukturmaximen oft vergessen wird: „Regionalisierung ohne sozialpolitische Absicherung", so hieß es dort, „könnte sich als kostengünstige Variante eines allgemeinen Sparprogramms erweisen" (BMFSFJ 1990, S.17). Ein Satz, der aus heutiger Sicht, knapp zwei Jahrzehnte später, fast schon etwas Prophetisches besitzt.

Es liegt mir fern, diese Erinnerung an die Lebensweltorientierung und ihre sozialräumliche Umsetzung wie ein Stück Nostalgie zu präsentieren – etwas Gutes aus der Vergangenheit, das an die heutigen Verhältnisse aber leider nicht mehr „anschlussfähig" ist. Wie dringend der Bedarf an lokaler und regionaler

Vernetzung sozialer Hilfen gegenwärtig ist, zeigt sich wohl nirgends deutlicher als beim Thema Kindeswohl. Und selten war der Bedarf an einer Sozialen Arbeit, die in der Lage ist, *Lebenswelten zu stützen*, so offenkundig wie bei der Prävention von Missbrauch und häuslicher Gewalt, der Errichtung sozialer Frühwarnsysteme oder der Verbesserung von Bildungschancen junger Menschen durch eine vertiefte Zusammenarbeit zwischen Jugendhilfe und Schule. Trotzdem ist nicht zu übersehen, dass sich gerade diese Diskussionen in einem Feld voller Spannungen bewegen. Da sind zum einen die einschneidenden finanziellen Engpässe, die alle Hilfesysteme seit geraumer Zeit dazu zwingen, in ihren Tätigkeitsfeldern zwischen unverzichtbaren „harten" Kernaufgaben und „weichen" Zusatzaufgaben zu unterscheiden, die unter dem Diktat allgegenwärtiger Sparzwänge noch am ehesten eingeschränkt werden können – zum Beispiel die Jugendarbeit und vieles, was mit Prävention zu tun hat. Zugleich beweisen die großen und kleinen Skandale des Bildungssystems immer wieder aufs Neue, wie viel die Probleme überlasteter Schulen, aber auch die komplexen Betreuungsaufgaben der Heimerziehung, der Kinder- und Jugendpsychiatrie oder des Strafvollzugs mit den Widersprüchen einer ökonomisch und sozial auseinander driftenden Gesellschaft zu tun haben.

Fremdenfeindlichkeit und Region als Problem der Jugendarbeit

Dass dies für die Soziale Arbeit in den Regionen in besonderer Weise gilt, zeigt die zweite Station des Rundgangs, die nach Sachsen führt. Wo wir, wie es in vielen sächsischen Regionen der Fall ist, mit massiven und anhaltenden Abwanderungsbewegungen vor allem gut ausgebildeter junger Menschen konfrontiert sind (und hier wiederum vor allem: junger Frauen), ist der Keim für eine sich selbst verstärkende Negativspirale gelegt. Ein Beitrag des Kulturbüros Sachsen von Friedemann Bringt (2005) hat dies anhand zahlreicher Interviewzitate für die ländliche Region um Pirna und Königstein deutlich gemacht. Gezeigt wird, wie eine von ökonomischer Perspektivlosigkeit und Abwanderungstendenzen geprägte Stimmung zum Nährboden für eine rechte Ideologie wird, die es sich anmaßen kann, als Dominanzkultur aufzutreten. Indem die Belastungen, die sich aus der erzwungenen Arbeitsmigration ergeben, noch um die Schließung von Schulen, Jugendräumen oder Jugendhilfestrukturen verstärkt werden, kristallisiert sich bei den Zurückgebliebenen ein Grundgefühl von Benachteiligung heraus, das nach Schuldigen sucht und diese im Fremden, Anderen und Schwächeren findet. Im Extremfall kann es sich, wie im genannten Beitrag weiter ausgeführt wird, mit weit zurück liegenden Opfer-Erfahrungen verbinden – etwa Heimatvertreibung und Zwangsumsiedlung (vgl. Bringt 2005, S. 15).

Von hier aus ist es dann nur noch ein kurzer Weg zu Vorstellungen von einem bewusst in Kauf genommenen „Ausbluten der Region“, gegen das von den verantwortlichen Stellen nichts unternommen wird und daher die Gegenwehr aller heimatbewussten, national gesinnten Kräfte herausfordert. Der Identifikationswert solcher Vorstellungen ist klar: Sobald die Kränkung über Erfahrungen sozialer Entwertung abgespaltet und im regionalen Umfeld nach außen gewendet werden kann, lässt sie sich nicht nur persönlich leichter ertragen, sondern stiftet eine scheinbar unverbrüchliche Form von Gemeinschaft, in der die Verletzung des Selbstbildes kollektiv „aufgehoben“ werden kann. Um hier auf eine Formulierung von Lothar Böhnisch Bezug zu nehmen:

> „Die Tiefenstruktur der männlichen Sozialisation, die im Aufwachsen und in der Erziehung von Jungen im Kindes- und Jugendalter angelegt ist, spielt dabei eine relative Rolle. Denn die Tendenz zur Abwertung von Schwächeren und die Idolisierung einer außenfixierten Männlichkeit, die der männlichen Sozialisation in unserer Gesellschaft strukturell innewohnt, kann von den meisten Jugendlichen im Laufe ihrer Biographie einigermaßen ausbalanciert werden. Bei den rechtsextrem orientierten jungen Männern hingegen schlägt innere Hilflosigkeit in den Hass auf das Fremde und Schwächere um, da sie in ihren Familien und ihrem sozialen Umfeld biographisch wenig Möglichkeiten hatten, sich zu finden und für das, was aus ihnen kommt, Anerkennung zu gewinnen. In den Szenen rechtsgepolter Männerkultur können sie sich gleichsam umgekehrt spiegeln“ (Böhnisch 2007, S. 74).

Ökonomische Faktoren wie Arbeits- und Perspektivlosigkeit, regionale Faktoren wie demographische Umschichtungen und Abwanderungsdruck, kulturelle Faktoren rechtsextremer Ideologiebildung und Genderfaktoren wirken nicht getrennt voneinander. Zwischen ihnen gibt es ein wechselseitiges Verstärkungsverhältnis, das sich am besten dort durchsetzen kann, wo infrastrukturelle Gegenpole fehlen. Je spärlicher sich die vorhandenen sozialpädagogischen Angebote aus der Sicht von Jungen und Mädchen darstellen, desto attraktiver werden die Netzwerke der rechten Szene mit ihren Erlebniswelten, ihren Verheißungen von „Raumaneignung“ und ihren Identitätsversprechungen (vgl. auch Simon 2007, S. 287).

Worum es in dieser Situation geht, ist nichts anderes als die Umkehrung des Trends zum Abbau der regionalen Jugendarbeit, den wir gerade (aber nicht nur) in Ostdeutschland in den letzten Jahren erlebt haben. Nur eine langfristig angelegte Jugendarbeit, die ihren Auftrag nicht nur im Zurverfügungstellen von Räumen, sondern in der inhaltlichen und politischen Auseinandersetzung mit regionalen Entwicklungen sieht, kann die kommunalen Gegen-Netzwerke aufbauen, die für eine nachhaltige Bekämpfung rechter Strukturen entscheidend sind. Auf der labilen Basis kurzfristiger ABM-Strukturen kann dies mit Sicherheit nicht gelingen. Was weiterhin notwendig ist: Schulen, die sich dem Sozialraum öffnen; die die Auseinandersetzung mit dem Rechtsextremismus als eigenen Bildungsauftrag begreifen, statt ihn an die Jugendarbeit zu delegieren; Jugendhilfestrukturen, die als Unterstützung und nicht als Bevormundung erlebt werden.

Sicherheitsräume und Angsträume

Bei der dritten Station dieses Rundgangs geht es um das Verhältnis von Sicherheit und (Kriminalitäts)Angst. Das im Zitat aus dem achten Jugendbericht angesprochene Sparprogramm ist in der Sozialen Arbeit längst bittere Wirklichkeit geworden und berührt die Frage nach den Grundlagen ihres Hilfeverständnisses: Einerseits bleibt sie darauf bedacht, ihr in langwierigen Reformdiskussionen erworbenes sozialpolitisches Selbstverständnis zu verteidigen. Andererseits wird ihr immer unverblümter eine Auskunft auf die Frage abverlangt, bei welcher Klientel sich welcher betreuende, erzieherische oder therapeutische Einsatz überhaupt noch „lohnt". Und wenn in der Öffentlichkeit von Prävention die Rede ist, drängt sich der Eindruck auf, dass es dabei nicht mehr um persönliches *empowerment* im ursprünglichen sozial- und gemeindepsychologischen Sinn des Begriffs, sondern vordringlich um die Bewältigung von Sicherheitsproblemen geht.

Um dies zu einer These zu verdichten: Unter dem Druck sozialer Polarisierung verschiebt sich der Präventionsdiskurs von der Ebene der Sozialintegration auf die Ebene der Sicherheitspolitik. Angetrieben von der wachsenden Angst vor Unsicherheit, geht es in diesem Präventionsverständnis primär nicht mehr um die Unterstützung von Personen, sondern um die Überwachung von Räumen im Sinne von Früherkennung und Risikobekämpfung – mit einer Pointe, die von den Verfechtern des Konzepts allerdings meist unterschlagen wird: Was auf der einen Seite durch Überwachung und Kontrolle an *Sicherheitsräumen* geschaffen wird, führt auf der anderen dazu, dass nicht überwachte Räume mehr und mehr zu *Angsträumen* werden und die Nachfrage nach Sicherheit weiter verstärken.

Fabian Kessl und Christian Reutlinger haben dies als Teufelskreis der Kriminalprävention bezeichnet: Immer mehr Orte und Regionen müssen mit Hilfe von Videotechnik und Spezialdiensten überwacht werden, um jenen fragilen Zustand herzustellen, der als Sicherheit bezeichnet wird – und sei es nur für die Dauer eines Augenblicks, der schon das Vorgefühl neuer Unsicherheiten in sich trägt. An einer Stelle beziehen die Autoren sich auf Jan Werheims Studie: Die überwachte Stadt, in der aufgezeigt wird, dass der verstärkte Einsatz von Sicherheitsstrategien und sozialer Segregation nicht weniger, sondern mehr Ängste nach sich zieht:

> „Dadurch, dass Sicherheit residentielle Segregation überhöht und dadurch, dass sich zusätzlich innerhalb der funktionalen Segregation resp. innerhalb konkreter Orte verschärfte Trennungspozesse von Klassen, Gruppen, Inkludierten und Exkludierten, Etablierten und Außenseitern zeigen, werden nicht nur primäre soziale Beziehungen für die von Ausgrenzung Bedrohten beeinträchtigt, es reduzieren sich auch (flüchtige) Kontakte, sekundäre soziale Beziehungen zwischen sozial, ethnisch und kulturell verschiedenen Menschen… Es könnte durch Sicherheitsausrichtung und Ausschluss somit ein paradoxer Effekt eintreten: Mit der Zunahme von Unbekanntem und damit Störendem für diejenigen, die sich über Sicherheit abgrenzen, nimmt die Angst in den Städten eventuell nicht ab, sondern zu" (Wehrheim 2002, S. 217f, zit. nach Kessl/Reutlinger 2007, S. 113).

Welche Zusammenhänge es zwischen den sozialen Abstiegsängsten einer verunsicherten Mittelschicht und dem Bedürfnis nach sozialer Ausgrenzung von Bedürftigen und Schwachen gibt, das ist auch das Thema der großen Studie über die Kontrollgesellschaft, die der amerikanische Kriminologe David Garland (2006) vorgelegt hat. Die folgende Passage seines Buches formuliert eine These, die gerade im Blick auf die regionale Entwicklung der Sozialen Arbeit von Bedeutung ist:

> „Abgestoßen von ungezügeltem Egoismus und antisozialen Einstellungen, doch zugleich gebunden an ökonomische Strukturen, die genau diese Kultur immer wieder neu hervorbringen, sucht die ängstliche Mittelschicht heute nach Lösungen für ihre eigene Ambivalenz, indem sie sich mit Nachdruck der Kontrolle der Armen und der Ausgrenzung von Randgruppen widmet" (Garland 2006. S. 195; Übers. C.v.W.).

Nun gut, könnte man sagen, das ist Amerika. Aber auch hierzulande sind Diskussionen über die Ursachen von Gewalt regelmäßig Ausdruck der von Garland angesprochenen Ambivalenz. Die Anfang des Jahres 2008 von Roland Koch ausgelöste Kriminalitätsdebatte war dafür ein besonders beklemmendes Beispiel. Quasi über Nacht wurde in einem denkwürdigen Zusammenspiel von Politik und Öffentlichkeit ein neues „Raumkonzept" für den Umgang mit delinquent auffälligen Jugendlichen lanciert – und zwar mit beträchtlichem Medienecho: Was in der Lebenswelt von Familien, Schulen, und Einrichtungen der Jugendhilfe nicht mehr zu bewältigen ist, könnte künftig doch mit Hilfe eines (wie es großspurig hieß) „flächendeckenden Ausbaus“ räumlich ausgelagerter Erziehungscamps gelingen, wo männlichen Problemkids mit Hilfe einer autoritären Billigpädagogik ein Ort der „letzten Chance“ geboten wird. Als ginge es darum, Bernhard Buebs pädagogische Phrasen über bedingungslose Gefolgschaft in der Erziehung und Unschuld im Verhältnis zur Macht (Bueb 2006, S. 61) umgehend mit einer Gebrauchsanleitung für die Jugendhilfe zu versehen, empfahl sich bekanntlich vor allem das Boxcamp Kannenberg in dieser Diskussion via RTL-Reportage als Beispiel zur Nachahmung – Drill und Härte statt therapeutischer Kuschelpädagogik. Ich erspare mir an dieser Stelle weitergehende Bemerkungen zur Metaphorik des „Lagers“ (vgl. dazu Brumlik 2008). Auch sie gehört, nicht anders als die leichtfertige Verwendung des Begriffs „Ghetto“ oder die Rede von den „Grenzen der Erziehung“, zu den ambivalenten Merkmalen einer Debatte, die sich weniger an der empirischen Analyse von Verhaltensweisen Jugendlicher als an Angst verstärkenden Metaphern über die von ihnen ausgehenden Gefahren und Bedrohungen orientiert (vgl. Kersten 2009, S. 225 ff.).

Jugendhilfe als Notfallambulanz

Die vierte Station unserer Erkundung führt ins Jugendamt des Berliner Bezirks Wedding. In einer aufschlussreichen Reportage mit dem Titel „Die verhinderten Retter vom Jugendamt“ beschrieben Anita und Marian Blasberg in der ZEIT im Mai 2008 den Arbeitsalltag eines Sozialpädagogen, der dort seit den frühen siebziger Jahren tätig ist. Die Rede ist von den Erfahrungen, die er heute, in einer Situation von personeller Ausdünnung und steigendem Problemdruck, gerade auch mit sozialräumlicher Arbeit macht. Gezeigt wird, wie die einstige sozialpädagogische Aufbruchstimmung von Dienstleistungsorientierung und „gleicher Augenhöhe“ mit den Klienten einer gereizten, von chronischer Überlastung geprägten Atmosphäre gewichen ist. Zu Wort kommen Kolleginnen und Kollegen, deren Alltag es nicht mehr ist, Familien zu helfen, sondern nur noch das Schlimmste zu verhindern. Nicht mehr der tatsächliche Betreuungsbedarf, sondern die Kosten bestimmen, was gemacht wird – und die Angst, vielleicht der nächste zu sein, der für einen Missbrauchsskandal oder den Tod eines Kindes verantwortlich gemacht wird. In vielen Fällen hat der Kostendruck so sehr zugenommen, „dass vieles, was früher ein *Bedarf* war, heute keiner mehr ist“ (ebd.: S. 16). Das berufliche Selbstverständnis, aber auch die persönliche Situation dieses Sozialarbeiters wird dadurch aufs Äußerste belastet: keine Zeit mehr für persönliche Besuche und langfristige Beziehungsarbeit, ständiger Termindruck, Schreibarbeit, bei der die Lebenswelt seiner Klienten außen vor bleibt. Personen gerinnen zu Fällen. Über die Arbeit von Familienhelfern heißt es:

> „Sie hetzen von Termin zu Termin, pro Klient bleiben ihnen manchmal nur wenige Minuten. Weil der Staat die Preise diktiert, müssen auch die freien Träger sparen. Wollen sie an Aufträge kommen, können sie sich meist nur unterbieten. Seitdem Wörsdorfer (Name des befragten Jugendamtsmitarbeiters; C.v.W.) nicht mehr selbst in die Wohnungen geht, kennt er die Lebensumstände seiner Klienten nur noch aus den Akten".

Auf der anderen Seite steht der neue Chef des Jugendamts, dessen Perspektive eine ganz andere ist. Was für seine Sozialarbeiter den Kern des Problems ausmacht, erscheint ihm als dessen Lösung: Jugendämter, so sieht er die Lage, müssen in Zukunft eher wie Krankenhäuser funktionieren. Aus Sozialarbeitern werden Rettungssanitäter, die nur noch dann ausrücken, wenn ein Notfall den Einsatz unvermeidlich macht; die ihre Diagnosen erstellen, die weitere Behandlung aber Spezialisten überlassen. Indem soziale Arbeit mehr und mehr auf die Behandlung von Krisenfällen reduziert wird, kann so zwar das Arbeitsvolumen begrenzt werden – letztlich aber um den Preis, dass das Jugendamt wieder zur Eingriffsbehörde wird.

> „In Talkshows fordern Politiker gern neues Personal und bessere Frühwarnsysteme, tatsächlich aber müssen in den Jugendämtern immer weniger Mitarbeiter immer mehr Fälle bearbeiten. Wohl nirgends ist das Budget so eng wie in der Hauptstadt, vielleicht ist deshalb das Jugendamt in Mitte so etwas wie ein Fernglas, durch das man sehen kann, wohin die Jugendhilfe steuert".

Also, was zeigt dieses Fernglas? Wohin steuert die Jugendhilfe und wie entwickelt sich die Soziale Arbeit, wenn mehr als drei Millionen Kinder und Jugendliche in Armut leben; wenn sich die Zahl der Familien, die unter Betreuung durch das Jugendamt stehen, binnen weniger Jahre vervielfacht hat, und wenn immer weniger Fachkräfte immer mehr Fälle zu bearbeiten haben?

Rückkehr des Almosens

Auch das folgende, fünfte Beispiel führt ins Zentrum dieser Fragen und hat mit der sozialräumlichen Präsenz sozialer Arbeit zu tun. Die nachfolgende Betrachtung könnte auch in München oder Bochum ansetzen, aber sie beginnt in Dresden, wo im Herbst 2008 ein überregionales Treffen städtischer *Tafeln* stattfand. Das Bild, das durch die Medien ging, könnte kaum symbolträchtiger sein – ein sozialpädagogisches Raumbild von neuer Art und Qualität: Im Hintergrund die Dresdner Frauenkirche, Schloss, Coselpalais und Touristengruppen, auf dem weiten Platz davor Tische mit essenden Menschen; eine Aktion der 1995 von

Edith Franke gegründeten Dresdner Tafel, über die nachzulesen ist, dass die Zahl der von ihr betreuten Bedürftigen seit Einführung der Hartz-Gesetze um 70% angestiegen ist und dass von ihr pro Woche ca. 11.000 Menschen versorgt werden. Bundesweit sind in Deutschland gegenwärtig etwa eine Million Menschen täglich auf öffentliche Essensausgaben angewiesen (Märkische Allgemeine Zeitung, 4.2.2009).

In einem Aufsatz über Perspektiven der Sozialen Arbeit hat der Erfurter Sozialpädagoge Ronald Lutz (2008) die wachsende Bedeutung von Tafeln, Suppenküchen, Kleiderkammen, kostenlosem Mittagessen für Kinder, Restaurants des Herzens und weiterer Formen caritativer Notversorgung aufgegriffen und mit dem hier diskutierten Thema gesellschaftlicher Polarisierung verknüpft. Einrichtungen dieser Art haben in den letzten Jahren an Bedeutung unzweifelhaft zugenommen und stellen heute ein wichtiges Element im Spektrum sozialer Hilfen dar. Dass das ehrenamtliche Engagement der hier tätigen Helferinnen und Helfer Anerkennung verdient, steht wohl außer Zweifel – und dennoch konfrontiert diese Wiederkehr des Almosens die professionelle Sozialarbeit mit einer Realität, mit der sie lange Zeit ganz einfach nicht mehr gerechnet hatte. Das Fatale, so Lutz, liegt darin, dass solche lokalen und regionalen Versorgungsnetze einerseits dringend notwendig sind, weil sie einer wachsenden Zahl von Menschen zu einer materiellen Basisversorgung verhelfen. „Andererseits schreiben sie aber auch das Elend fest, indem sie es nur noch verwalten, besänftigen und lindern" (Lutz 2008, S. 156) und einer vom Sozialstaat abgekoppelten Parallelwelt Vorschub leisten, in der Spendensysteme an die Stelle von Rechtsansprüchen treten. Dadurch, dass Arme ähnlich wie in der mittelalterlichen Almosenkonzeption auf die Rolle des Nehmenden und Empfangenden festgelegt werden, steigt die Gefahr, dass ihre Kompetenz zu Selbsthilfe und Autonomie weiter verschüttet, ihre Abhängigkeit festgeschrieben und die Spaltung der sozialen Arbeit selbst beschleunigt wird.

> „Soziale Arbeit spaltet sich dann aber noch stärker, als es ohnehin schon erkennbar ist, in eine Zwei-Klassen-Sozialarbeit (mit) zwei Elementen, die sich sozusagen polar gegenüber stehen; diese stellen sich in zwei Klassen der Unterstützung und der Hilfestellungen dar: Zum einen eine professionelle und individuelle Beratung und Betreuung auf einer sozialwirtschaftlichen Basis, die jene Förderung und Unterstützung bietet, die zur Zielerreichung der Hilfe, zur adäquaten Umsetzung des Hilfeplans, notwendig sind; zum anderen eine Grundversorgung... auf einem eher niedrigen professionellen Niveau" (Lutz 2008, S.157f).

Spaltung der Sozialen Arbeit?

Mit dem letzten Beispiel hat dieser sozialräumliche Rundgang einen Punkt erreicht, der wieder zur Eingangsfrage zurückführt: Was „machen“ die gesellschaftlichen Verwerfungen der letzten Jahre mit der Sozialen Arbeit? Was Ronald Lutz in der zitierten Passage anspricht, lässt sich auch als Prozess struktureller Übertragung beschreiben und bringt das Risiko auf den Punkt, in dem sich die Soziale Arbeit zur Zeit befindet: Ein zunächst nur auf der Makro-Ebene beschreibbares Problem (Polarisierung/Spaltung) schlägt mehr und mehr auf die handlungspraktische Ebene durch, dringt in den Alltag der Sozialen Arbeit ein und lässt ihr mühsam erworbenes Funktionsverständnis von politischer Einmischung und Gestaltung des Sozialen ins Leere laufen. Um dies an weiteren Praxisbeispielen zu verdeutlichen: Der 2003 erschienene zweite Sächsische Kinder- und Jugendbericht äußerte sich kritisch darüber,

> „dass eine sozialpädagogische Familienhelferin mitunter bis zu acht Familien pro Woche zu betreuen und pro Familie daher in einer Woche durchschnittlich allenfalls drei bis vier Stunden Zeit zur Verfügung hat“ (SMS 2003, S.183).

Wie sich die Maßstäbe verschieben, zeigt sich etwa daran, dass von einer Fachkraft heute vielerorts bis zu dreizehn Familien betreut werden müssen, was dann auf eine Betreuungszeit von ca. zwei Stunden pro Woche hinausläuft. Ob das, was unter solchen Rahmenbedingungen möglich ist, noch die intensive, lebensweltorientierte Form von Begleitung und Hilfe sein kann, von der die Lehrbücher und Gesetzeskommentare erzählen, erscheint mehr als fraglich. Der soeben erschienene dritte Sächsische Kinder- und Jugendbericht stellt zunächst einen tendenziellen Bedeutungsverlust der stationären Hilfeformen (vor allem der Heimerziehung) fest, dämpft aber zugleich die Hoffnung, dies führe quasi von selbst zu einer Stärkung der ambulanten Hilfen. Mit Blick auf die sozialpädagogische Familienhilfe heißt es:

> „Allerdings sind innerhalb des Gesamtsystems in den vergangenen Jahren Entwicklungen zu beobachten, die kritisch zu diskutieren sind. So verzeichnet die Sozialpädagogische Familienhilfe als einzige Hilfeform signifikante Zuwachsraten… Diesem Zuwachs steht jedoch eine Stagnation bzw. Verschlechterung der strukturellen Ausstattung des Handlungsfeldes gegenüber“ (SMS 2009, S.20).

Auch der ansonsten eher nüchtern gehaltene statistische Informationsdienst Komdat brachte in seiner Ausgabe zum Jugendhilfetag 2008 seine Sorge um ein weiteres Auseinanderdriften der Kinder- und Jugendhilfe mit nachdrücklichen Formulierungen zum Ausdruck: Spaltet sich die Kinder- und Jugendhilfe? Steht ihre Einheit zur Disposition? Die Zahlen, auf die er sich stützt, müssen hellhörig machen. Gerade in Bereichen, die für das regionale Profil der Kinder- und Jugendhilfe ausschlaggebend sind, wie Jugendarbeit und ambulante Hilfen, belegen sie Rückgänge in der Personalausstattung (hier vor allem im Bereich der Vollzeitkräfte) die weit über den so genannten Demografieverlusten liegen: Jugendarbeit in Ostdeutschland: minus 39%; Hilfe zur Erziehung (ambulant und teilstationär): minus 12%; Ostdeutschland insgesamt: minus 18%; Rückgang des Stellenvolumens in der Kinder- und Jugendhilfe in Ostdeutschland insgesamt von 1998-2006: minus 51%.

Viele weitere Beispiele könnten sich hier anschließen – etwa aus dem Kita-Bereich, wo in einer Anhörung zum Kinderförderungsgesetz unlängst die Befürchtung geäußert wurde, dass es künftig „öffentlich geförderte Edel-Kitas zu hohen Preisen und Prekariats-Kitas zum Billigtarif geben wird“ (Blumenberg 2008, S.47); oder aus der regionalen Gesundheitsforschung – z.B. in Bremen, wo die Gesundheitsbehörde der Stadt 2006 eine Studie über die Auswirkungen sozialer Polarisierung auf die Lebenserwartung der Menschen in unterschiedlichen Wohngebieten der Stadt vorlegte und markante Zusammenhänge zwischen Sozialer Ungleichheit, Lebenserwartung und Gesundheit aufzeigte. Vor allem bei Männern in den untersuchten sozial belasteten Wohngegenden belegt die Studie eine signifikant geringere Lebenserwartung sowie hohe gesundheitliche Gefährdungen in Form verschiedener Krankheitsbilder, Stress u.a. (vgl. Gesundheitsamt Bremen 2006, S.10ff).

Es sei dahingestellt, ob die hier zusammengetragenen Beispiele und Beobachtungen wirklich bereits von einer Spaltung der Sozialen Arbeit zeugen – in jedem Falle belegen sie eine Tendenz in diese Richtung, auf deren negative Folgen nicht nachdrücklich genug hingewiesen werden kann. Nur eine nachhaltige Stärkung sozialraumorientierter Ansätze und regionaler Jugendhilfestrukturen kann diesem Trend etwas entgegensetzen. Aber diese dürfen nicht zu einer „Pädagogik für den Rest“ gemacht werden, wie dies bei einem falschen Verständnis von Regionalisierung leicht geschieht. Denn sobald das gehäufte Auftreten sozialer Probleme in einer bestimmten Region zu homogenen Bildern von abgehängten Modernisierungsverlierern gerinnt, bei denen jetzt endlich einmal *sozialraumorientiert* eingegriffen werden muss, schlägt der Sinn des Konzepts ins Gegenteil um. Soziale Räume erscheinen dann wie abgeschlossene Container mit nichts als Problemen, oder wie Richard Sennett es einmal ausgedrückt hat, wie *Mülleimer des Sozialen*, deren Schwierigkeiten bitteschön zuerst einmal auf der

Verhaltensebene geregelt werden sollten. Wohin das führen kann, zeigt das Beispiel des damaligen Noch-Vorsitzenden der SPD Klaus Beck, der einem Arbeitslosen empfahl, sich erst einmal die Haare schneiden zu lassen – und dann könne man ja vielleicht mal über einen Arbeitsplatz reden.

Orte und Standorte

Die Beispiele haben gezeigt, dass sich die Lebenswelten der Menschen in den gesellschaftlichen Umbrüchen der letzten Jahrzehnte tiefgreifend verändert haben, und dass sich dies auch auf den Stellenwert der Sozialen Arbeit auswirkt. Teile des öffentlichen Raums wurden durch die Konzentration von Konsumangeboten, Geschäftszentren oder Banken aufgewertet, andere erfuhren als Bezirke mit hoher Problemverdichtung bzw. „Soziale Brennpunkte" eine kontinuierliche Abwertung. Die Grenzen dazwischen erscheinen heute wieder schärfer gezogen als zuvor, was sich nicht nur am Trend zur Kommodifizierung von Sicherheit zeigt (ablesbar am Aufschwung privater Sicherheitsdienste zum Schutz von *shopping malls*, Bahnhöfen, Stadien und anderen öffentlichen Orten), sondern auch an den international beobachtbaren Tendenzen zur Entstehung von *gated communities* demonstrieren lässt. Aus Regionen wurden Wirtschaftsstandorte, die in einem ständigen Wettbewerbs-Szenario um Investitionen, mediale Aufmerksamkeit, Studierende, Touristen und anderes konkurrieren und auf regionalen oder überregionalen Märkten ihre Einzigartigkeit anpreisen müssen.

Wir kennen das aus der Medienwerbung einzelner Bundesländer, die ihre Vorzüge als Alleinstellungsmerkmale zu vermarkten suchen und sich davon – wie jüngst im Fall der „Abwerbungsaktion" junger LehrerInnen von Sachsen nach Baden-Württemberg – auch durch wiederholte Appelle nicht abbringen lassen. Viel von der einst so gern beschworenen Solidarität zwischen starken und schwachen Regionen bleibt dabei auf der Strecke und macht einer Konkurrenz-Mentalität Platz, wie sie der baden-württembergische Ministerpräsident Öttinger in einer Fernsehdiskussion zu Fragen der Bildungspolitik mit gespielter Naivität auf den Punkt brachte: Was können wir dafür, dass wir besser sind als die anderen? Auch in der Bildungs- und Schulpolitik, inzwischen sogar in der Jugendhilfe, begegnen uns immer häufiger Formulierungen, in denen nicht mehr von Orten, sondern von *Stand*orten die Rede ist. Was hat es mit dieser geheimnisvollen Metamorphose auf sich?

Wo Orte auf so genannte *Stand*orte reduziert werden, bestimmt sich ihre Bedeutung nicht mehr aus ihrer je spezifischen Tradition und Kultur, sondern aus ihrer Stellung in einem umfassenden ökonomischen Verdrängungswettbewerb. Nur den flexibelsten unter ihnen soll es gelingen, Anschluss an die globalisierten Netzwerke zu finden, in denen die strategischen Informationen zirkulieren und die Entscheidungen fallen. Je nach Durchsetzungsfähigkeit können sie innerhalb dieses Netzwerks aufgewertet, neutralisiert oder schlicht abgekoppelt werden – was dazu führt, dass Städte und Regionen unter Druck geraten, ein marktgängiges „Image" von sich zu produzieren und dieses möglichst professionell zu veräußern. Sie folgen dabei der Einsicht, „sich auf regionalen, nationalen und internationalen Märkten behaupten zu müssen und versuchen sich als Standort erfolgreich anzupreisen und zu verkaufen" (Kessl/Reutlinger 2007, S. 94). Um einem solchen Druck langfristig standhalten zu können, müssen sie sich allerdings der Logik unterwerfen, dass es auch in diesem Monopoly um ökonomische Zuwendung(en) nur wenige Gewinner, aber viele Verlierer gibt.

Manuel Castells, Autor einer großen soziologischen Studie über das Informationszeitalter (2001), hat diesen Zusammenhängen eine grundlegende Reflexion gewidmet. Der uns alltäglich vertraute *Raum der Orte* mit seinen gewachsenen urbanen Formen und regionalen Differenzierungen, wird im Zuge der Gobalisierung von einer neuartigen räumlichen Logik überlagert. Unter Anspielung auf die zunehmende Beschleunigung der Daten-, Informations- und Geldströme, die diesen Prozess prägen, spricht Castells hier metaphorisch von einem *Raum der Ströme* – einem Netzwerk simultaner Interaktionen, das die einzelnen im Netzwerk miteinander verknüpften Orte tendenziell bedeutungslos werden lässt. In dem Maße jedoch, wie die Bedeutung von Orten auf die Funktion bloßer Verknüpfungspunkte innerhalb übergreifender Netzwerke reduziert wird, schwindet ihre lebensweltliche Bedeutung als Rahmen von Kultur, Tradition und Sozialisation. Orte und Regionen existieren in dieser Logik immer weniger aus sich selbst heraus, sondern werden zu *Durchgangsstationen* für Austauschprozesse, die von ihnen allenfalls marginal beeinflusst werden können. Wer „außen vor" bleibt, muss erleben, wie die Gewinne des Spiels im buchstäblichen Sinne vorbeiströmen, wie die interkontinentalen Öl- und Gaspipelines durch tausende Kilometer von Elendsgebieten in den ökonomisch abgeschriebenen Regionen Asiens oder Afrikas.

Beschleunigt werden die beschriebenen Vorgänge durch einen universellen Druck zur Vergleichzeitigung von Ereignissen, zur Komprimierung von Zeit. Auch hierfür findet Castells eine paradoxe Metapher, indem er von *zeitloser Zeit* spricht (im Schlusskapitel seiner Studie über *Beschleunigung* benutzt der Soziologe Hartmut Rosa die Formulierung „rasender Stillstand", um die veränderten Zeitstrukturen der Moderne zu kennzeichnen; Rosa 2005, S. 460ff). Zusammengenommen bewirken diese Vorgänge ein Grundmuster von Inklusion und Exklusion, das über den Stellenwert von Orten bzw. Regionen und damit letztlich auch über die Brauchbarkeit bzw. Unbrauchbarkeit von Menschen entscheidet.

> „Die herrschenden Funktionen werden in Netzwerken organisiert, die dem Raum der Ströme angehören, der sie über die ganze Welt hinweg miteinander verknüpft und zugleich untergeordnete Funktionen und Menschen in vielfältige Räume… fragmentiert, die aus immer stärker segregierten und abgekoppelten Örtlichkeiten bestehen… Die gesellschaftliche Konstruktion der neuen herrschenden Formen von Raum und Zeit entwickelt ein Meta-Netzwerk, das nicht-wesentliche Funktionen, untergeordnete Gruppen und entwertete Territorien abschaltet. Damit entsteht eine unendliche soziale Distanz zwischen diesem Meta-Netzwerk und den meisten Individuen, Tätigkeiten und Orten auf der ganzen Welt. Nicht, dass die Menschen, Orte oder Tätigkeiten etwa verschwänden. Aber ihre strukturelle Bedeutung verschwindet, weil sie unter die unsichtbare Logik des Meta-Netzwerks subsumiert wird, wo der Wert produziert wird, kulturelle Codes geschaffen werden und über Macht entschieden wird. Die neue soziale Ordnung, die Netzwerkgesellschaft erscheint den meisten Menschen als meta-soziale Unordnung“ (Castells 2001, S. 535).

Schluss

Die gegenwärtige Finanzkrise (die sich mit fortschreitender Dauer immer mehr als soziale und kulturelle Krise erweist) ist vielleicht das beste Beispiel für die Art von Unordnung, die Castells meinte, und deren zerstörerische Folgen gemäß dem Prinzip: Privatisierung der Gewinne/Sozialisierung der Kosten nun wieder in die lokalen und regionalen Lebenswelten der Menschen zurück verlagert werden. Was Castells für die globale Ebene als Verlust des Ortes und Komprimierung der Zeit beschrieb, findet sich auch in der alltäglichen Praxis der sozialen Berufe wieder. Immer mehr gehen ihnen gerade die Ressourcen verloren, die für eine am Konzept der Lebenswelt orientierte Praxis unabdingbar sind: genügend *Zeit* für reflexiv organisierte Ansätze von Bildung, Betreuung und Erziehung, geeignete *soziale Räume*, öffentlicher *Diskurs*.

Wie die hoch differenzierte professionelle Methodenlandschaft zeigt, verfügen Sozialarbeiterinnen, Lehrer, Helfer, Erzieherinnen und Therapeuten heute zwar über eine Vielzahl von Konzepten für die Gestaltung einer solchen Praxis (vgl. Heiner 2009). Doch handelt es sich dabei um Konzepte, die nur auf gesicherten sozialstaatlichen Fundamenten überlebensfähig sind und in den Prozessen gesellschaftlicher Polarisierung, von denen in diesem Beitrag die Rede war, zunehmend ausgehöhlt werden. Worin die Risiken bestehen, die bei einer ungebremsten Fortsetzung des Trends drohen, haben Fabian Kessl und Hans Uwe Otto in einer soeben erschienenen Veröffentlichung mit der Formulierung „Soziale Arbeit ohne Wohlfahrtsstaat?" auf den Punkt gebracht – wohlgemerkt: *noch* mit einem Fragezeichen versehen (Kessl/Otto 2009). In einer Situation, in der die Probleme der Sozialen Arbeit die Öffentlichkeit nur dann interessieren, wenn es um Missstände oder skandalisierbare Einzelfälle geht, könnte aus dem Fragezeichen allerdings schnell ein Ausrufungszeichen werden.

Literatur

Bauman, Z. (2005): Verworfenes Leben: Die Ausgegrenzten der Moderne. Hamburg

Blasberg, A. und M.: Die verhinderten Retter vom Jugendamt, in: Die ZEIT, 21.5.2008

Blumenberg, F.J.: Anhörung zum Referentenentwurf des Kinderförderungsgesetztes, in: Dialog Erziehungshilfe 2-3 (2008): 47-48

Böhnisch, L.: Der „neue" Rechtsextremismus, in: AFET Hrsg. (2007): Soziale Auffälligkeit und Soziale Integration, Hannover: 66-75

Böhnisch, L, /Schröer, W. Thiersch, H. (2005): Sozialpädagogisches Denken. Weinheim, München, Juventa

Borchert, J.: Befunde und Diagnosen zur Kinderarmut in Deutschland, in: Deutsches Kinderhilfswerk e.V. (Hrsg.) (2007): Kinderreport Deutschland

Bringt, F. (2005): Wir leben dort wo andere Urlaub machen. Auswertung von Experteninterviews zu Ressourcen und Problemen der Demokratieentwicklung in Reinhardsdorf-Schona; Kulturbüro Sachsen, Dresden

Brumlik, M. (2008): Ab nach Sibirien? Wie gefährlich ist unsere Jugend? Weinheim

Bude, H. (2008): Die Ausgeschlossenen. Das Ende vom Traum einer gerechten Gesellschaft, München

Bude, H., Willisch, A. (2006): Das Problem der Exklusion: Ausgegrenzte, Entbehrliche, Überflüssige, Hamburg

Bueb, B. (2006): Lob der Disziplin. Eine Streitschrift, Berlin

BMFSFJ (Bundesministerium für Familie, Senioren, Frauen und Jugend) Hrsg. (1990): Achter Jugendbericht, Bonn

Castel, R (2000): Die Metamorphosen der Sozialen Frage, Konstanz

Castells, M. (2001): Das Informationszeitalter Wirtschaft. Gesellschaft. Kultur. Bd. 1: Die Netzwerkgesellschaft, Opladen

Chassé, K.A. (2008): Überflüssig. Armut, Ausgrenzung, Prekarität. Überlegungen zur Zeitdiagnose, in: Bütow, B./Chassé, K.A./Hirt, R.: Soziale Arbeit nach dem Sozialpädagogischen Jahrhundert. Positionsbestimmungen Sozialer Arbeit im Post-Wohlfahrtsstaat, Opladen und Farmington Hills, 59-76

Dangschat, J. S. (2006): Modernisierte Stadt – Gespaltene Gesellschaft, Wiesbaden 2002

Garland, D.: The Culture of Control. Crime and Social Order in Contemporary Society, Chicago

Gesundheitsamt Bremen (2006): Die Auswirkungen sozialer Polarisierung. Zur Entwicklung der Lebenserwartung und der Sterblichkeit in ausgewählten Bremer Wohngebieten; Freie Hansestadt Bremen, Kommunale Gesundheitsberichterstattung; Bremen

Häußermann. H.: Die Krise der „sozialen Stadt“, in: Aus Politik und Zeitgeschichte 10-11/2000

Hein, D./Neudert, K./Rahtjen, S. (2008): „Der Wind ist rauer“; Schlussbericht zum Projekt: Kinder und Jugendliche in komplexen Problemsituationen, Leipzig

Heiner, M. (2007): Soziale Arbeit als Beruf. Fälle – Felder – Fähigkeiten, München

Hinte, W./Litges, G./Springer, W. (Hrsg.) (1999): Soziale Dienste: Vom Fall zum Feld. Soziale Räume statt Verwaltungsbezirke, Berlin

Kappeler, M.: Von der Heimkampagne zur Initiative des Vereins ehemaliger Heimkinder. Über den Umgang mit Vergangenheitsschuld in der Kinder- und Jugendhilfe, in: Neue Praxis 4/2008: 371-384

Kersten, J.: „Ghettos“, Gangsta-Stil und der Rüthlifluch, in: Helsper, W. u.a. (Hrsg.) (2009): Schule und Bildung im Wandel. Anthologie historischer und aktueller Perspektiven, Wiesbaden: 225-233

Kessl, F./Otto, H.U. (2009): Soziale Arbeit ohne Wohlfahrtsstaat? Zeitdiagnosen, Problematisierungen und Perspektiven; Weinheim und München

Kessl, F./Reutlinger, C. (2007): Sozialraum. Eine Einführung; Wiesbaden

Knopp, R. (2006): Soziale Arbeit und Soziale Stadt, in: Deinet, U./Gilles, C./Knopp, R. (Hrsg.): Neue Perspektiven der Sozialraumorientierung, Berlin

Lutz, R.: Innovationen und Transformationen – Reflektionen zur Straßensozialarbeit, in: Neue Praxis 2/2008: 146-165

Komdat Jugendhilfe (2008), Jubiläumsheft zum Jugendhilfetag Essen, Juni

Rosa, H. (2005): Beschleunigung; Frankfurt/M.

SMS (Sächsisches Staatsministerium für Soziales) (2003): Zweiter Sächsischer Kinder- und Jugendbericht, Dresden

SMS (Sächsisches Staatsministerium für Soziales) (2009): Dritter Sächsischer Kinder- und Jugendbericht, Dresden

Schreiner, O. (2008): Die Gerechtigkeitslücke. Wo die Politik die Gerechtigkeit spaltet, Berlin

Simon, T.: Lebenswelten junger Menschen und Antworten der Jugendhilfe auf Herausforderungen in rechtsextrem belasteten ländlichen Räumen, in: Neue Praxis 3/2007: 278-293

Wehrheim, J. (2002): Die überwachte Stadt – Sicherheit, Segregation und Ausgrenzung Opladen

Autorinnen und Autoren

Ahrbeck, Bernd, Prof. Dr.
Professor an der Humboldt-Universität Berlin, Institut für Rehabilitationswissenschaften. *Arbeitsschwerpunkte*: Verhaltensgestörtenpädagogik und psychoanalytische Pädagogik mit den Schwerpunkten Hyperaktivitäts- und Aufmerksamkeitsstörungen und Aggression in der Adoleszenz.

Bittner, Günther, Prof. Dr. phil, Dipl.-Psych.
Professor an der Pädagogischen Hochschule Reutlingen 1969, Universität Bielefeld 1973; seit 1977 Universität Würzburg (emeritiert 2005). Psychologischer Psychotherapeut, Psychoanalytische Weiterbildung (abgeschlossen 1966). *Arbeitsschwerpunkte*: Pädagogik der Lebensalter, pädagogische Biographieforschung, Grundfragen der Psychoanalyse, sowie Psychoanalyse d. Erziehung.

Bröcher, Joachim, Prof. Dr. habil.
Professor an der Hochschule Magdeburg-Stendal. *Arbeitsschwerpunkte:* Pädagogik der Kindheit und des Jugendalters; Pädagogik und Didaktik bei Lern- und Verhaltensproblemen sowie Schulverweigerung; Lernen und Lehren in heterogenen Gruppen; Schulentwicklung; Coaching von Lehr- und Leitungspersonen; Begleiten von Veränderungsprozessen in Organisationen; ästhetische Bildung.

Crain, Fitzgerald, Prof. Dr. phil.
Dozent an der Universität Basel. Seit 1980 Professor an der Pädagogischen Hochschule. Emeritiert 2008. Beratend tätig in der Heimerziehung. *Arbeitsschwerpunkte:* Psychoanalytische Sozial- und Sonderpädagogik.

Dörr, Margret, Prof. Dr. phil., Dipl.-Soz., Dipl. Soz.-Päd.
Professorin an der Katholischen Fachhochschule Mainz, Fachbereich Sozialarbeit/Sozialpädagogik. *Arbeitsschwerpunkte:* Theorien Sozialer Arbeit, Psychoanalytische (Sozial)Pädagogik, Biographie- und Sozialisationstheorie.

Gerspach, Manfred, Prof. Dr.
Professor an der Hochschule Darmstadt; Fachbereich Gesellschaftswissenschaften und Soziale Arbeit *Arbeitsschwerpunkte*: Erziehung im Elementarbereich;

die Arbeit mit sog. verhaltensauffälligen Kindern sowie die Psychoanalytische Pädagogik, die Heilpädagogik und die integrative Pädagogik.

Göppel, Rolf, Prof. Dr. phil, Dipl.-Päd.
Professor für Allgemeine Pädagogik an der Pädagogischen Hochschule Heidelberg. *Arbeitsschwerpunkte:* Psychoanalytische Pädagogik; Kindheits- und Jugendforschung, biographisch orientierte Pädagogik.

Herz, Birgit, Prof. Dr. phil.
Professorin an der Leibniz Universität Hannover, Institut für Sonderpädagogik. *Arbeitsschwerpunkte*: Pädagogik bei Verhaltensstörungen, Kooperation zwischen Schule und Kinder- und Jugendhilfe, Geschlechterdifferenz.

Permien, Hanna, Dr. phil.
Wissenschaftliche Referentin am Deutschen Jugendinstitut, Abt. Jugend und Jugendhilfe. *Arbeitsschwerpunkte:* Geschlechterforschung, Evaluation von Jugendhilfe-Angeboten, biographische Adressaten-Forschung, Gesundheitsförderung in der Kinder- und Jugendhilfe.

Plewig, Hans-Joachim, Prof. Dr. jur. MA
Professor an der Leuphana Universität Lüneburg, Devianzpädagogik Universität Hamburg, Richter am Landgericht Hamburg. *Arbeitsschwerpunkte:* Lernprozesse in Konzepten ‚Umgang mit abweichendem Verhalten' – Jugendliche in schwierigen Lebenslagen – (EU-Projekte; Jugendstrafvollzug Hamburg).

von Stechow, Elisabeth, Dr. phil.
Wissenschaftliche Assistentin am Institut für Heil- und Sonderpädagogik der Universität Gießen. *Arbeitsschwerpunkte:* Theorie und Geschichte der Verhaltensgestörtenpädagogik.

Sturzenhecker, Benedikt, Prof. Dr. phil., Dipl.-Päd.
Professor an der Universität Hamburg, Fakultät für Erziehungswissenschaft, Psychologie und Bewegungswissenschaft. *Arbeitsschwerpunkte*: Sozialpädagogik/Außerschulische Kinder- und Jugendbildung, Demokratiebildung, Jungenarbeit.

Weidner, Jens, Prof. Dr.
Professor an der Hochschule für Angewandte Wissenschaften Hamburg, Fakultät Wirtschaft und Soziales; Miteigentümer des Deutschen Instituts für Konfrontati-

ve Pädagogik; Inhaber der Beratungsfirma ASS-Management. *Arbeitsschwerpunkte*: Gewaltprävention, AAT/CT®, Konfrontative Pädagogik, Positive Aggression.

Winkler, Dana, Dipl. Sonderpädagogin
Sonderpädagogin mit dem Schwerpunkten Verhaltensgestörten- und Lernbehindertenpädagogik. Wissenschaftliche Mitarbeiterin an der Humboldt-Universität Berlin, Institut für Rehabilitationswissenschaften. *Arbeitsschwerpunkte:* Lernbehindertenpädagogik und Verhaltensgestörtenpädagogik mit Schwerpunkt Dissozialität bei Jugendlichen.

v. Wolffersdorff, Christian, Prof. Dr.
Professor für Sozialpädagogik an der Erziehungswissenschaftlichen Fakultät der Universität Leipzig. *Arbeitsschwerpunkte:* Jugendhilfeforschung; Probleme der erzieherischen Hilfen, insbesondere Heimerziehung und freiheitsentziehende Maßnahmen/geschlossene Unterbringung; Jugendkriminalität und Kriminalpolitik; Drogenkonsum und Suchtprävention; Kooperation von Jugendhilfe, Jugendpsychatrie und Schule.